深圳市哲学社会科学规划课题成果之一

政府财务报告质量提升研究

成放晴 苏 洋 主编

中国财经出版传媒集团
中国财政经济出版社

图书在版编目（CIP）数据

政府财务报告质量提升研究／成放晴，苏洋主编
.--北京：中国财政经济出版社，2023.5
ISBN 978-7-5223-2118-9

Ⅰ.①政… Ⅱ.①成… ②苏… Ⅲ.①国家机构－财务管理－研究报告－中国 Ⅳ.①F812

中国国家版本馆CIP数据核字（2023）第052947号

责任编辑：王　飏　　　　责任印制：张　健
责任校对：张　凡

中国财政经济出版社 出版

URL：http://www.cfeph.cn
E-mail：cfeph@cfeph.cn

（版权所有　翻印必究）

社址：北京市海淀区阜成路甲28号　邮政编码：100142
营销中心电话：010-88191522
天猫网店：中国财政经济出版社旗舰店
网址：https://zgczjjcbs.tmall.com
北京密兴印刷有限公司印刷　各地新华书店经销
成品尺寸：185mm×260mm　16开　16印张　308 000字
2023年6月第1版　2023年6月北京第1次印刷
定价：68.00元
ISBN 978-7-5223-2118-9
（图书出现印装问题，本社负责调换，电话：010-88190548）
本社质量投诉电话：010-88190744
打击盗版举报热线：010-88191661　QQ：2242791300

课题编号：SZ2022B046

《政府财务报告质量提升研究》
课题组编委

课 题 组 负 责 人：成放晴　苏　洋

主　　　　　编：成放晴　苏　洋

副　　主　　编：王　芳　王继中　张顺和

编　写　人　员：王政力　杜　伟　赵成燕　柳木华　李丽虹
　　　　　　　　蒋　燕　李　莉　谢丹丹　黄　越　黄珈珈
　　　　　　　　张凯文　周笑波

专　著　编　辑：成旱雨　黄楚娟

参与课题相关工作其他人员：区锦英　陈红霞　尹西丽　卢艳芳
　　　　　　　　　　　　　杨凯熙　黄　媛　沈伟璇

前言
Foreword

建立权责发生制政府综合财务报告制度是党的十八届三中全会提出的一项重大改革任务，2014年财政部发布的《权责发生制政府综合财务报告制度改革方案》（以下简称《改革方案》），全面部署了政府财务报告改革工作，明确了改革的基本原则，确定了指导思想和主体目标及任务，同时对具体内容有了明确的组织保障措施，并确定了改革的时间表和路线图。提质增效是本次改革的重要方向，"提质"不仅要着眼于当前发展中的薄弱项，更要着力提升会计质量，满足经济社会发展的要求；"增效"主要是为了服务于国家治理体系建设，加快治理能力现代化，提升所需会计工作的效率及效果。

党的二十大明确高质量发展是全面建设社会主义现代化国家的首要任务，是"十四五"乃至更长时期我国经济社会发展的主题，关系我国社会主义现代化建设全局，这进一步凸显了高质量发展的全局意义和长远意义。2023年是全面贯彻落实党的二十大精神开局之年，也是实现我国经济由高速发展向高质量发展的关键之年，我们必须坚持稳字当头、稳中求进，保持政策连续性和针对性，加强各类政策协调配合，形成共促高质量发展合力。

近年来，政府财务报告制度改革的进程及成果受到社会各界广泛关注，财政部相应建立了政府会计准则的制度体系及相关制度，并结合实际情况不断地提升和完善，同时稳步推进财务报告编制的试点工作和正式编报工作，取得了积极成效。与此同时，解决当前诸多政府财务报告编报质量问题也被提上议事日程。财政部在近两年关于编报财务报告的通知中，也将工作重心从关注财务报告的编制办法、编报流程提升到注重财务报告的编报质量，要求发挥政府部门财务报告逆向反馈和促进管理的作用，为领导决策提供信息支持。因此，政府财务报告的编报质量直接影响着财政金融等国家政策的有效落实，是实现全面建成社会主义现代化强国的基础性工作的重要环节，是防范经济运行中发生系统性风险的重要保障，也是中长期规划和其他相关规划的重要依据。为此，本书在学习借鉴国内外相关成果及相关案例的基础上，针对如何提高政府财务报告编报质量提出了建设性意见。

　　基于政府财务报告编报质量的各类影响因素，本课题组结合多年参与会计改革发展及会计实务工作经验，综合运用问卷调查法、因素分析法等方法，探究了政策、财务、业务等各方面对政府财务报告编报质量的影响，具体包括政策法规完善情况的影响、政府财务报告编报组织管理的影响、政府会计核算情况的影响、成本会计推行进程的影响、政府财务报告审计公开的影响、经济活动内控管理的影响、预算绩效改革的影响以及政府数字化转型的影响。在此基础上，深入研讨总结提炼了一系列政府财务报告编报质量提升措施，提出了一系列切实可行的意见和建议，以期进一步促进业财融合和提升政府财务数据编报质量的同时，为政府部门管理层和相关财务工作人员提供实务操作借鉴。

成放晴　苏　洋

2023 年 1 月

目录
Contents

第一章　政府财务报告概述 ·· 1

　　第一节　政府财务报告基本概念 ·· 1
　　第二节　政府财务报告的主要内容 ·· 6
　　第三节　政府财务报告相关概念辨析 ······································· 9

第二章　政府财务报告改革的背景及意义 ······································ 14

　　第一节　政府财务报告改革的国际背景 ·································· 14
　　第二节　我国政府财务报告的改革背景 ·································· 17
　　第三节　我国政府财务报告改革的作用和意义 ························· 18

第三章　我国政府财务报告改革的内容和进程 ······························· 23

　　第一节　我国政府财务报告改革的顶层设计 ··························· 23
　　第二节　我国政府财务报告改革的进程 ·································· 27

第四章　我国政府财务报告编报现状与质量因素分析 ······················ 41

　　第一节　财务报告编报历年工作通知情况 ······························ 41
　　第二节　财务报告编报要求和内容 ·· 45
　　第三节　现阶段影响财务报告质量的因素分析 ························· 52

第五章　组织管理对财务报告质量的影响及提升措施 ······················ 64

　　第一节　组织管理影响财务报告质量的问题分析 ····················· 64
　　第二节　提升财务报告质量的相关措施 ·································· 66

第六章　政府会计核算对财务报告质量的影响及提升措施 …… 76

　　第一节　政府会计核算影响财务报告质量的问题分析 …… 76

　　第二节　质量提升措施 …… 98

第七章　成本会计推行对财务报告质量的影响及提升措施 …… 116

　　第一节　成本会计影响财务报告质量的问题分析 …… 116

　　第二节　提升财务报告质量的相关措施 …… 119

第八章　财务报告审计公开对财务报告质量的影响及提升措施 …… 129

　　第一节　审计公开影响财务报告质量的问题分析 …… 129

　　第二节　提升财务报告质量的相关措施 …… 132

第九章　内控管理对财务报告质量的影响及提升措施 …… 138

　　第一节　内控管理影响财务报告质量的问题分析 …… 138

　　第二节　提升财务报告质量的相关措施 …… 147

第十章　预算绩效管理对财务报告质量的影响及提升措施 …… 159

　　第一节　预算绩效管理影响财务报告质量的问题分析 …… 159

　　第二节　提升财务报告质量的相关措施 …… 163

第十一章　政府数字化转型对财务报告信息的应用及质量推动 …… 168

　　第一节　数字政府的发展背景与数字治理需求 …… 168

　　第二节　数字化转型对政府财务报告数据的影响 …… 175

　　第三节　政府财务报告赋能政府数字治理发展 …… 179

附录一　2022年度政府综合财务报告样式 …… 183

附录二　2022年度政府部门财务报告样式 …… 204

附录三　关于政府财务报告质量提升的问卷调查 …… 236

参考文献 …… 242

后　　记 …… 246

第一章 政府财务报告概述

按照党中央、国务院的决策部署，国务院在 2014 年底批转财政部《权责发生制政府综合财务报告制度改革方案》要求逐步建立以编制和报告政府资产负债表、收入费用表等报表为核心的权责发生制政府综合财务报告制度，从而加快推进政府会计改革、提升财务管理水平，并促进政府会计信息公开化、推进国家治理体系和治理能力现代化。

党的第二十次全国代表大会再次吹响了高举中国特色社会主义伟大旗帜、为全面建设社会主义现代化国家而团结奋斗的新号角，未来国家的现代化发展将成为一项伟大而重要的事业，前途光明，任重道远。在努力以中国式现代化全面推进中华民族伟大复兴的奋斗征程中，要在未来五年实现经济高质量发展取得新突破、科技自立自强能力显著提升、构建新发展格局和建设现代化经济体系取得重大进展等目标任务，必须增强忧患意识，坚持底线思维，建立健全体制机制，夯实政府治理基础，从而发挥基础性、先导性、全局性作用。

政府财务报告作为政府治理的基础性环节，财务报告的质量直接关系着政府治理功能的发挥和治理效果的实现。

第一节 政府财务报告基本概念

政府财务报告是为信息需求者所编制的，以财务信息为主要内容、以财务报表为主要形式、全面系统反映政府财务受托责任的综合报告。本节从我国目前的政府债务管理、国有资本管理，以及政府治理方式转变等宏观管理角度，分别从以下六个维度辨析政府财务报告相关的基本概念、构成要素及相互关系。

一、公共环境与政府财务报告

政治、经济、社会等环境随着现代社会的蓬勃发展而悄然发生变化，导致信息使用者对信息需求产生了极大的改变，这一改变也在一定程度上影响着政府信息披露，如果目前的会计信息不能满足使用者的需求，那么会计改革就势在必行。通过多位专家学者的深入研究，一个国家的环境产生了变化，无论是政治环境，还是经济环境，抑或是其他环境，都会影响利益相关者对信息的需求，同时也会推动相关政府改革，从而使得信息需求与环境变化相匹配。陈立齐、李建发（2003）认为，建设政府财务报告体系需要在相应的公共环境之内，简言之，政府财务报告所涵盖的内容可窥见一国的政治体制和经济环境。路军伟、李建发（2006）认为，由于每个国家大相径庭的国情，其所处的公共环境也截然不同，那么政府财务报告也相应会存在差异。

中国市场经济的蓬勃发展和市场经济体制的不断完善，使得政府职能也随之产生变化，政治、经济环境的改变也促使政府会计要除旧布新，基于本国特有环境，政府财务报告要与现行环境相匹配，不能生搬硬套他国制度。基于此，田五星、王海凤、黄世忠、王晨明、王平等专家学者深入研究了政府会计、政府财务报告与所处环境的关系，以此来激发改革政府财务报告的新思路。政府会计与公共环境之间的关系犹如"鱼和水"般紧密相连，因此要构建与时俱进的政府财务报告，不仅要周全考虑政府内部环境，还要对国际环境的变化具有敏锐的触角。

二、受托责任与政府财务报告

针对财务报告的目标，现如今学术界各专家学者大多持两种主张：一是受托责任观；二是决策有用观。受托责任观更倾向如实反映受托情况，而决策有用观更注重提供进行决策的相关有用信息。就政府财务报告而言，一方面，依据委托代理理论，社会公众将各类资源委托给政府代为行使管理权，政府即负受托责任，社会公众与政府之间则会形成委托—代理关系，政府要对社会公众负责并需履行受托责任，那么政府财务报告的首要目标即为反映受托情况；另一方面，上文也谈及政府财务报告与其所处环境之间的关系，政府财务报告的目标应与管理组织的目标相统一，即在此公共环境之下，以反映受托情况为政府财务报告的首要目标。

关于履行政府的受托责任情况及对受托资源的管理情况需要通过公开相关信息进行客观呈现，而政府财务报告是政府信息披露的重要渠道和手段，其不仅能够直观地反映履行受托责任的结果,还能充分反馈公共资产是如何被分配和使用的。巴顿(Patton,1992)认为在所有的政府信息披露手段之中,政府财务报告相较于其他披露手段更客观可靠。政府财务报告的首要目标是反映受托责任已被诸多专家学者所广泛认可和接受,陈穗红、石英华(2007)、李晓慧(2010)等学者都把政府履行受托责任定位为财务报告的目标。

三、财政透明度与政府财务报告

财政透明是指政府向社会公众最大限度地全面、详细、可靠、及时地披露政府财政活动的相关信息。相关信息使用者可以根据政府披露的信息客观评价政府受托责任的履行情况。20世纪70年代末80年代初,一场声势浩大的"新公共管理运动"在全世界范围内掀起,自此关于财政透明度的讨论一直未停歇。站在政府的角度,财政透明度不仅可以塑造政府公正清明的形象以及树立政府公信力,还可以为执政者提供准确的信息以此帮助执政者做出相对正确的决策,真正做到取之于民,用之于民。站在社会公众的角度,财政透明度不但可以帮助其了解政府的财政活动,还可以加强其对政府的信心,从而进一步降低委托代理的成本。那么如何实现财政高透明度就成为亟须解决的问题,要想实现财政高透明度就必须坚持向社会公众披露相关财政活动信息,而政府财务报告作为披露政府财政活动的重要渠道,也恰是社会公众获取政府相关财政活动信息的通道,所以政府财务报告就自然而然成为实现财政高透明度的平台。

国际货币基金组织(IMF)于2001年发布《财政透明度手册》,明确规范了部门定位、责任划定、信息质量等多方面的内容,尤其是关于财务报告的部分提出了相关要求。政府财务报告是实现政府财政透明度的"基石",是政府和社会公众就政府财政活动的"连接走廊"。

四、政府绩效评价与政府财务报告

财政部会计准则委员会(CASC)认为,政府绩效评价是指运用科学合理的方法构建一套完善的评价体系,再按照一定流程来评价政府工作及其效果。"新公共管理运动"促使各国政府开始进行政府管理改革,逐渐开始重视绩效的作用,不再只局限于合法合规方面,而是对政府管理的效率和效果也明显提升了重视程度。主观判断不足以支撑绩效的评定,更需要客观数据、客观指标作为评价标准来衡量绩效,而政府财务报告中涵盖了相关绩效信息,能够在一定程度上反映政府工作的效率及效果。换言之，政府财务报告制度的不断完善能够促进政府绩效管理改革，进一步提升政府工作的效率及效果，有利于打造高效高质型政府，有利于提高社会公众对政府的信任度。

就国外研究而言，国外专家学者对绩效的研究大多是将政府会计、政府财务报告、政府绩效评价三者相结合，其认为政府绩效评价不可缺少政府财务报告的参与。马丁（Martin，1999）及马维塔（Mwita，2000）均认为政府财务报告不仅能够真实反映受托责任的履行情况，而且对开展政府绩效评价起着非常重要的作用。就国内研究而言，得益于我国社会主义市场经济体制的不断完善，国内经济方兴未艾，政府为提高其政府管理的效率和效果而打破了传统行政管理的束缚，进行了政府行政管理改革，使得国内专家学者将目光聚焦于政府的绩效评价之上，对政府绩效评价展开广泛研究。政府绩效评价立足于政府有"质"有"量"的信息之上，戚艳霞等（2008）认为在绩效导向的观念下，需要足质足量的相关信息。李婧（2008）认为政府绩效评价需要强有力的信息数据支撑，而会计信息系统正是其建设的重点内容之一。

五、权责发生制与政府财务报告

权责发生制和收付实现制是两种不同的会计核算基础，其区别主要在于财务数据纳入核算的时间。不同的会计核算基础会影响政府财政活动在政府财务报告的体现程度及其效率、效果，也会影响社会公众对政府的看法及评价，所以对于如何选择会计核算基础的研究就显得十分必要且有意义。

我国政府会计改革前的会计核算基础主要是收付实现制，但在此基础上形成的政府财务报告存在诸多不足，如相关会计科目（资产、负债等）反映内容不完整，权利及义务变化不能反映，政府财政活动效果也得不到反映等。为解决这些问题，我国进行了政府会计改革，即有了会计核算基础从收付实现制到权责发生制的转变。

转变成权责发生制有利于会计未来的发展，其应用显得极其有意义：首先，政府会计以权责发生制为会计核算基础有助于政府加强管理，从而降低债务风险。埃尔伍德（Ellwood，2002）认为政府会计以权责发生制为会计核算基础能够满足全面反映政府财务信息的相关要求，提升政府资源的利用效率；其次，政府会计以权责发生制为会计核算基础可以提供更为完整的财务信息。莫索（Mosso，2006）认为政府会计以权责发生制为会计核算基础能够满足信息使用者对财务信息的要求；最后，经济合作与发展组织（OECD）认为以权责发生制为会计核算基础能够弥补收付实现制所带来的问题，能够提高政府资源的利用效率，以此帮助政府进行优化管理。

六、现代预算制度与政府财务报告

建立政府财务报告制度有利于完善现代预算制度。从以下三个方面来介绍。

第一，预算会计及管理的有效衔接需要政府财务报告制度的建立。预算会计报告作为会计报告的组成部分，发挥着强有力的支撑作用。在国发〔2014〕63号文件中，提出要推进"财务会计与预算会计适度分离并相互衔接"。同时，2018年12月修订的《预算法》中，第58条规定"各级预算的收入和支出实行收付实现制"，第97条规定"各级政府财政部门以权责发生制为基础制定年度财务报告"。政府财务会计反映政府收入、资产、净资产、负债、其他费用等财务信息及运行绩效，而政府预算会计则反映各部门预算及执行信息，两体系互相衔接，互为补充，全面反映了政府财政预算执行情况和财务状况。预算在前，决算在后，预决算报告离不开财务报告，财务报告是对预算的有效衔接，促进预算向更为科学化、精细化方向改革，促进完善预算会计功能。

第二，落实政府预算公开制度离不开建立政府财务报告制度。2018年12月修订的《预算法》中，以"建立健全全面规范、公开透明的预算制度"为宗旨，划分相关法律责任，明确以下信息需强制性公开：（1）预算、预算调整、决算、预算执行情况的报告及报表；（2）财政转移支付安排、执行的情况以及举借债务的情况；（3）机关运行经费的安排、使用情况；（4）政府采购的情况等。由此可知，关于预算的信息公开具备强有力的法律依据，但是信息公开需要合适的渠道，建立政府财务报告制度刻不容缓。

第三，预算跨年度平衡机制的实施需要政府财务报告制度的建立。2018年12月修订的《预算法》中，第32条规定"各级预算应当根据年度经济社会发展目标、国家宏观调控总体要求和跨年度预算平衡的需要，参考上一年执行情况、有关支出绩效评价结果和本年度收支预测"，各部门、各单位要"依法履行职能和事业发展的需要以及存量资产情况，编制本部门、本单位预算草案"。由此可知，预算编制要合法、合理、可靠，需要做好中长期规划、滚动预算及跨年度平衡。权责发生制是建立政府综合财务报告制度的核心，不以现金的实际收支来确认本期收入、费用，因而更充分、真实地反映了公共资源的权责利益，避免了收付实现制下的失真报告及短期行为,可大幅减少年终"突击花钱"的乱象,有利于预算跨年度平衡机制的实施。

第二节 政府财务报告的主要内容

一、政府财务报告体系的主要构成部分

政府财务报告分为政府部门财务报告、政府综合财务报告两个部分。

政府部门财务报告主要反映本部门财务状况、运行情况等,为部门资产负债管理、预算管理、绩效管理等提供信息支撑。

政府综合财务报告分为本级政府和行政区政府。本级政府综合财务报告和行政区综合财务报告指出本级政府和行政区政府的整体财务状况、财务运行情况和政府中长期可持续性发展等数据,同时综合财务报告是考核地方政府绩效、评估地方政府信用等级、预警债务风险、编制全国和地方资产负债表以及制定财政中长期规划和其他相关规划的重要依据。

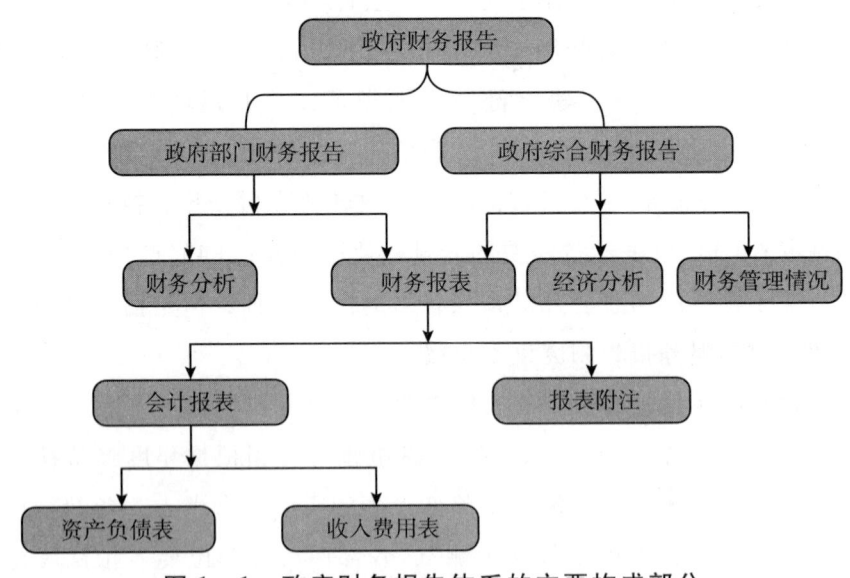

图 1-1 政府财务报告体系的主要构成部分

如图 1-1 所示,政府部门财务报告包括财务分析和财务报表,而政府综合财务报告不仅有财务报表,还包含经济分析和财务管理情况;财务报表由会计报表和报表附注两部分组成,会计报表包含资产负债表和收入费用表。报表附注重点

对财务报表作进一步解释说明，一般披露会计报表编制基础、遵循相关制度规定的声明、合并范围、重要会计政策与会计估计变更情况、会计报表重要项目明细信息及说明，以及需要说明的其他事项。

二、政府财务报告的目标

政府财务报告目标与政府财务报告使用者的定位和政府管理需求直接相关。政府财务报告目标的选择直接决定了政府财务报告披露的内容和形式，以及政府会计准则的会计主体、会计核算基础和会计政策等相关问题。政府财务报告的主要目标是提供满足使用者需求的信息，特定需求因国家和地区而异。

政府财务报告能够充分反映政府的财务状况、运行情况和现金流量，为社会公众提供所需信息。由于需适应市场经济发展，财政部门应当逐步建立公共财政体制，确保财政资金使用的有效性和财务管理的公开性、公正性和透明性，并考量部门预算的合理性及实际效果、有效监控财政资金的使用情况和政府采购成本的公平性。

为提高我国财务报告体系的监督机制，完善我国政府的透明度，使社会公众的受托情况得到监督，我国逐渐开展有关资金使用情况等问责制度。通过建立绩效评价体系，建立有效的监督网络，从而不断提高社会监督力度。目前显示，外界的舆论对资金使用情况越来越重视，提高绩效评价体系，建立完善的会计准则、会计管理制度成为一项非常重要的课题。

三、政府财务报告的主体

在政府财务报告的试编中，我国主要采用两种筹资标准和公众受托责任来确定报告目标，此标准的好处在于能够使政府财务报告的主体与预算主体互相衔接。简单来说，如果一个实体每年都有来自财政的拨款或经政府授权取得的预算外的收入，那么都应该作为政府财务报告的主体。

四、政府财务报告的会计基础

财务报告的会计基础，是指收入、费用等资金的转移以及确认相关资产和负债、财务报表中报告时点的问题。记账的基础并不依靠计量属性的选择，仅与特定时间点的选择有关。实际上在国际会计师联合会公立单位委员会第 2 号研究公告《中央政府财务报表的要素》中，无论是权责发生制、还是收付实现制，都做出了相应的阐述。

一是收付实现制下，当实际收到或者支出对应的现金后才能进行确认；二是权责发生制下，在收到或者支付现金的当下，实时做出确认。权责发生制体现了当下收支的实时变动情况，包括使用的经济数量、服务潜力，同时体现对应的折旧或资本化等情况；三是修正的收付实现制，通常是在会计期末之后的特定时期内可以收到的应收账款和在会计期末之后的一定期间内必须偿还的债务确认为收入和支出；四是修正的权责发生制，不提供固定资产的折旧和无形资产的摊销，因为通常不确认有形和无形资产的内容。值得注意的是，这四个会计标准通常在两者之间没有明确的界限。

为实现会计基础目标，需在各种会计基础之上进行确认。在不同环境下，会计基础的确认是不同的，在特定的环境下选择特定的会计基础，是满足财务报告目标的条件之一。特定环境中最合适的会计准则取决于业务的性质和报告的类型，以及开发和维护必要的财务信息系统的成本和收益。

五、政府财务报告的使用者

借鉴发达国家和国际公共部门会计准则委员会对政府财务报告使用者的确定和分类，结合我国的实际情况，我国政府财务报告使用者主要包括以下几类：

（1）各级政府及政府部门（包括财政部门）：属于政府的管理者，同时也是内部部门使用者，需要获得真实、完整、准确、及时的政府财务信息来制定经济决策和加强公共财政管理。

（2）各级人民代表大会及其常务委员会：这类机关主要负责审批政府预算草案和预算执行报告，并监督政府对公共资源的管理和使用，从而需要借助政府财务报告提供的财务信息来评价政府受托责任的履行情况、公共资源的管理与使用情况、预算执行的合规性及政府绩效等。

（3）各级审计部门：通过政府财务报告上的财务信息可以监督和审查公共资源的筹集、管理和使用情况。

（4）社会公众：包括纳税人、民众、社会团体等，作为公民具备审视的权利，可以根据政府财务报告对公共资源的使用、公民缴纳的税金是否有效使用进行评价。

（5）投资者和债权人：投资者和债权人可以将政府财务报告提供的财务信息作为主要凭证，来做出是否对政府债券进行投资或借款的决策。

（6）政府商品与服务供应商：这类人群需要通过政府财务报告了解政府的财务能力、购买能力以及购买规模来保障自身的商业利益。

（7）其他利益相关者：这类人群主要有评级机构、经济和财务分析人员、高级管理人员等。

由此可知，政府财务报告拥有广泛的使用者，既包括政府机构使用者也包括政府外部使用者。政府机构使用者是指政府管理部门和决策部门，他们基于管理与决策的目的来制定特定类别的财务信息。政府外部使用者是与报告主体存在紧密关系的外部人士和团体，例如社会公众、立法机关、财务分析人员、政府债券投资者、政府商品与服务供应商等。

第三节 政府财务报告相关概念辨析

一、政府财务报告与政府决算报告的关联与区别

（一）两者的联系

1. 两者均从账务中生成

目前平行记账方式对经济业务同时进行财务会计和预算会计的处理，是针对同一经济业务的两种角度的会计反映，数据源、业务源一致。平行记账是在新政府会计制度改革背景下提出的应用于新政府会计制度的记账方法，指针对同一经济业务既要按照权责发生制进行登记又要按照收付实现制进行登记。换言之，同一张记账凭证可以同时进行账务处理，平行记账能够准确且全面地反映政府财务报告所需的政府财务状况和运行成本，以及政府决算报告所需的预算执行情况。

新政府会计制度的颁布和实施，创新性地构建出了将财务会计和预算会计适度分离的政府会计管理体系。在核心原则下，实现针对同一经济业务，可以通过不同的会计基础来核算，实现政府会计的双功能。在新政府会计制度模式下，这种核算方式可以实现相互协调和补充，确保整个政府会计核算体系更加完善。

2. 两者有机衔接

两者报表间存在一定的勾稽关系，如在报表附注中的"本年盈余与预算结余差异调节表"就有充分体现。调节表充分展现了在政府会计制度的双功能体系下，财务会计的收入、费用科目与预算会计的预算收入、预算支出科目的计量与

确认差异，以及财务会计的净资产（本年盈余）科目与预算会计的预算结余科目之间差异的形成原因。调节表连接着政府财务会计与政府预算会计，能够平衡检验两者之间的逻辑关系。

（二）两者的区别

1. 目的不同

政府财务报告包括编制资产负债表、收入费用表等，体现政府各期的财务状况和运行情况，为提高资产使用效率和信用评估结果、抵御负债风险提供保障；政府决算报告的编制主要以收付实现制为基础，以预算会计核算生成的数据为准，从流量方面，与当年预算相比较，从而更好地发现问题，科学地解决问题。

2. 基本编制不同

正常的收入支出核算模式可直观地反映现金运行情况，但是如果受限于资产信息的闭塞，也无法直截了当地计算实际损失和收益。同时，由于不合理的收入支出比例，导致不能准确地计算实际产生的成本，从而增加风险。准确的收入支出核算制度是政府会计进行年底收入支出决算的主要途径，通常政府部门会在1—2月编制报告。

权责发生制能够相对准确地展示某一时期内的经济运行情况，可以同实际产生的收入支出区分开来，更有利于分配当期费用，可以真实反映财务状况及实际运行成本。一般情况下，以权责发生制为基础的政府财务报告的编制时间为每年的4—6月。财务会计生成的核算数据能作为较准确的决策依据，方便政府、社会公众以及单位体系内的使用者进行中长期资源配置的规划。

3. 内容不同

政府决算报告的目标体现在为报告使用者提供全年的真实收支执行情况，通过对比预算执行情况，充分为之后的预算提供有价值的参考，同时也是主要的监管凭证。政府财务报告通过体现财务信息，包括资产负债、收入费用等内容，充分反映公共受托责任的履行情况，为使用者提供强有力的决策依据，有助于日常的监督管理。

4. 编制方法不同

财务决算报告的编制是以预算会计核算生成的数据为准。政府财务报告需要不同经济主体、多个部门的经济业务往来进行完整的合并抵销，还需要以财务会计数据作为基础，总体来说，执行起来相对烦琐复杂，配合难度相对较大。

5. 目前的监督机制不同

政府决算报告已按要求进行公开，政府财务报告尚在推行中，尚未开展审计，暂不具备公开的条件。

二、政府财务报告与企业财务报告的关联与区别

（一）两者的联系

财务报告是会计对于全年或特定时间收入支出核算的表现形式，分析财务报告不仅是进行数据的解读，同时也要通过报告对未来进行规划。目前报告的形式分为两种：一种营利性（公司和企业）财务报告，另一种是非营利组织（政府和民间非营利组织）财务报告。企业财务报告和政府财务报告存在一些共同点，目标都是为报告使用者提供参考依据，反映管理者的受托责任履行情况，无论是企业财务报告还是政府财务报告都体现了当期的财务活动、经营成果，并对期末财务状况进行确认。

1. 两种报告均可提供所需相关信息

企业财务报告使用者是利益相关者，其会从企业财务报告中找到相关的信息以便于做出决策。而政府财务报告使用者的主要使用对象是政府自身，主要目的是分析资产负债及收入费用情况，并对上一年度的整体财务状况进行研究。目前新政府会计改革的主要方向是将财务报告面向人民群众并满足广大人民的需要，并逐步提供向社会公众展示财政的信息透明化，以满足社会公众的需求和提升监管。

2. 两者均反映管理者的受托责任履行情况

企业可以根据企业财务报告管理企业的业绩。投资人通过查看受托人的经营业绩和受托责任履行情况来决定受托人的去留，如果结果差强人意，投资人则有权根据自己的分析结果将其辞退，而政府财务报告则只反映受托责任的履行情况。

3. 两者均以权责发生制为会计基础

企业财务报告和政府财务报告的编制都采用权责发生制为会计基础。在权责发生制下，会计确认以交易或事项是否实质发生为评判标准，将不同性质的业务按照会计要素的具体分类确认资产、负债、收入、费用，在准确计量企业或政府资产、负债、收入、费用的同时，及时披露企业或政府的或有债务、隐性债务情况，真实反映企业或政府的净结余以及偿债能力。

(二) 两者的区别

1. 目标不同

财务报告目标的选择确定了报告需披露的内容和形式,并确定了会计主体、会计依据、会计政策等相关问题。

我国政府财务报告的主要目标有两点:第一点是如何给予政府管理上的需要;第二点是履行政府受托的责任。在新政府会计改革初期,关键是要根据政府管理的需要,实现第一目标,主要提供宏观经济管理上的信息。在此基础上,综合考虑不同人群对信息的需求,会越来越多地展示外部需求的信息内容。

企业财务报告使用者通过企业财务报告可以分析出各个阶段的财务发展状况、经营业绩和现金流量等信息,并对受托责任的履行情况进行评价,有助于企业财务报告使用者做出经济决策。从管理责任的角度看,会计信息的可靠性更加突出,历史成本主要用于会计计量,会计信息更加强调相关性,会计计量除了坚持历史成本外,如果使用其他计量属性可以提供更多的相关信息,就会在历史成本之外使用更多的其他计量属性。因此,财务报告的目标定位直接决定了整个财务会计体系的结构,包括会计要素的确认、计量和报告。

2. 主体不同

政府财务报告是规定政府财务范围的首要因素。目前在我国,仅有行政单位和事业单位具备政府功能,在合理界定政府单位基础上,结合我国当前情况,我国政府财务报告分为政府部门和政府整体这两方面。其中政府部门的财务报告由部门内自行编制。各个级别的政府财务部门负责编制各自的财务报告,由财政部最终负责汇总各级地方政府综合财务报告。

企业财务报告主体的概念是在会计主体的基础上发展而来的,根据相关财务报告的概念性体现,报告事宜涵盖所有与现有或潜在股权持有人、债权人及其他融资提供者的利益有关的经济活动。在经济上,每个经济活动区域都构成一个相应的报告主体。

3. 内容不同

各国的政府财务报告通常由文字说明和财务报表两大部分构成。在此基础上,一些国家还增加了宏观经济方面的内容,例如整体经济发展和未来经济发展趋势,以便对整体经济环境做出更好的预测。通过借鉴相关经验,增加财务报表和文字说明,包括报表附注以及对应的相关报表。文字说明部分,包括两个方面内容:一是分析政府财政经济的报告,主要解读宏观经济发展;二是政府财政财务管理报告，充分展示出管理上取得的成效和遇到的困难。政府部门的财务报告主要是财务报表，主要对其经济活动进行披露。企业财务报告由财务报表、报表附注和财务状况报表组成，财务报表根据回复的内容分为资产负债表、利润表、现金流量表和所有者权益变动表；报表附注是对财务报表编制的依据、原则、方法和主要内容进行说明，以便使用者了解财务报表的内容。报表附注有利于增进会计信息的可理解性，提高会计信息可比性和突出重要的会计信息。财务报表主要说明企业的生产经营情况、利润的实现和分配情况、资本的增减和周转情况、纳税情况、各种财产和重大变化情况；对企业当期或下期财务状况有重大影响的事项；对企业资产负债表日至财务报告日期间财务状况变化有重大影响的事项，以及需要澄清的其他事项。

第二章 政府财务报告改革的背景及意义

第一节 政府财务报告改革的国际背景

从 20 世纪 80 年代开始，西方发达国家开始进行政府会计改革，逐渐重视政府履行受托责任，建立了政府财务报告制度。在过去的 40 多年间，全球范围越来越多的国家开始在其政府管理中实现由收付实现制向权责发生制的转型。综合各国的改革经验来看，更多关注的是政府财务报告的目标、主体、主要内容、披露的特殊事项、编制程序及要求。

一、政府财务报告目标

国际公共部门会计准则委员会观点：政府财务报告首先提供关于如何融资并满足现金需求的信息；然后对资金的出处、如何对资金进行合理的分配和使用提供依据，对资金的融资手段、债务偿还的风险以及履约能力提供参考；其次对财务变动情况、服务成本、效力效果等方面取得的成绩进行很好的预测和评估。

美国政府观点：政府财务报告应反映预算的完整性；它帮助开展绩效评价，对财务变动情况进行预测，对能否履约未来预算资源、未来义务和满足公共所需提供建议，同时真实有效地反馈出管理水平和内控合规效果。

加拿大政府观点：政府财务报告应体现说明政府所控制的全部财务资源的范围和性质；展示年末政府财务状况；对年末政府财务状况的变动情况进行说明；直观地反映政府对受托公共资源的管理情况。

英国政府观点：政府财务报告应如实反映公共资源的使用情况、未来收支规划情况，并对如何充分有效使用公共资源做出强有力的管理支撑。

二、政府财务报告主体

国际上界定政府财务报告主体的方法主要有以下四种。

（1）基金授权分配法：以财政性资金的分配作为确定报告主体的范围。

（2）控制法：财务报告的范围标准体现在政府对主体或交易是否具有控制力。

（3）法律主体法：通过立法来决定哪些或哪类机构作为报告主体。

（4）受托责任法：以社会公众委托政府履行的职责作为确定政府财务报告范围的标准。

实务中通常将四种方法搭配使用，并以其中一种方法为主。最常用的是基金授权分配法和控制法。美国、加拿大、澳大利亚等国以控制法为主。

三、政府财务报告的主要内容

虽然国家不同，但是财务报告的主要内容都包括财务报表、文字说明、其他介绍和分析等。

美国、法国、加拿大、澳大利亚等发达国家的政府财务报表普遍采用"3A+2B"的模式：

"3A"——以权责发生制为会计核算基础编制的报表：资产负债表、运营业绩表、现金流量表。

"2B"——以预算为核心编制的报表：预算比较表、预算协调表。

美国除编制"3A+2B"五张传统的财务报表之外，还编制社会保险情况表、财政可持续能力表。

四、政府财务报告披露的特殊事项

1. 应收税款

目前，美国、加拿大、法国等对应收税款均采用权责发生制为会计核算基础进行确认和计量。在权责发生制核算基础上，应收税款能够清晰地反映出在年度内相关人员尚未支付的款项，款项金额通常可以根据相关模型计算及经验得出。美国、加拿大在编制财务报告初期，通常以财年结束后30天或60天内收到的上一年度的税款作为应收税款。法国在税务部门开出完税凭证时确认应收税款，可操性更强。

2. 普通固定资产及折旧

普通固定资产及折旧主要采用历史成本法和重置成本法。政府与相关部门及相关领域内的专家共同商讨确定固定资产的折旧方法和折旧年限。

3. 基础设施资产

基础设施资产通常包括道路、桥梁、机场等设施。加拿大对基础设施资产要计提折旧，折旧年限一般为5—40年。美国、英国通过定期对基础设施进行估值来替代对其进行折旧处理，同时根据估值进行调整账面价值，其差额计入政府成本。

4. 应付雇员养老金福利

这主要是给雇员的延后补偿，需要通过精算获得相应的数据。美国政府资产负债表中的"应付联邦雇员和老兵福利"负债，就是根据估算的雇员未来福利现值减去未来雇员平均缴款的现值得出的。在加拿大，设立了专门的养老金管理部门来专职管理雇员的养老金及福利，并由国库委员会进行监管。

5. 社会保险承诺

政府以各类社会保险为媒介，对在一定范围内和条件下的相关群体提供相关福利，这属于社会政策承诺，体现了政府所承担的社会责任。在美国，社会保险承诺不合并计入资产负债表，但会在财务报告中披露相关内容。

五、政府财务报告的编制程序及要求

编制程序：首先从会计系统中收集财务数据；其次对收集到的财务数据进行总结和分类；再次汇总财务数据；最后展示财务报表相关的信息披露。

在国际上编制权责发生制政府财务报告一般有两种做法：一种是日常会计核算基础采用收付实现制，年末按照权责发生制原则进行转换，如美国、中国香港等；另一种是日常会计核算基础采用权责发生制，直接生成财务报告，如英国、加拿大等。

各国普遍要求政府各部门在财政年度结束后，在规定时间内编制完成本部门的财务报告，经审计后提交财政部门，由财政部门负责编制政府整体财务报告。

第二节　我国政府财务报告的改革背景

一、人民币国际化的需要

人民币国际化不仅指人民币能够在境内外流通，而且指其能成为国际上普遍认可的计价、结算及储备货币的过程。由于我国是经济排名全球靠前的国家，人民币在境内外流通的趋势是不可阻挡的，其流通的进一步扩大必将导致人民币的国际化。人民币国际化离不开以下三个必备条件：（1）政府全面支持经济高质量发展。中国特色社会主义市场经济体制的成功，无不彰显中国强大的经济实力，尤其关注拓展本土市场空间、强调技术创新、注重产业革新；（2）政府具有健全的市场经济基础性制度。以产权为核心，完善了市场准入，保障了市场的公平竞争；（3）政府建立国际金融中心及现代化金融市场体系。2021年，根据"全球金融中心指数"报告，我国已建立包括实力强劲的香港、上海、北京金融中心及深圳、广州、青岛、天津、成都、大连金融中心等后起之秀。

作为以公有制为主体的综合经济体，编制政府财务报告是外界了解中国经济发展状况、资产负债情况的权威窗口，有利于增强世界各国和国际机构对中国发展前景的信心，增强各国增加储备和使用人民币进行贸易、投资的愿景，为加快人民币国际化创造更加有利的条件。

二、财政透明度测试的需要

财政透明度能够衡量政府治理水平，经济合作与发展组织（OECD）将提高财政透明度作为促进政府良好治理的一项重要措施。完善权责发生制政府财务报告制度，需要推动全面反映政府受托责任履行情况向全社会公开，并能以清晰直观的方式使得相关报告使用者能够进一步了解国家财政情况。国家在宏观调控上和改善民生上，以及促进社会和谐发展等方面履行的责任，需要进一步提高财政透明度，彰显政府治理水平，回应社会关切。

据不完全统计，国际上已有50多个国家和国际组织实施了这项改革。伴随着我国经济的高质量发展，经济体量不断扩大，导致我国政府的财政信息受到广泛关注。IMF正在建立国际公共部门资产负债数据库，并且在发布的《财政监测报告》中围绕公共部门资产负债表推出财政政策分析和风险管理新框架。IMF希望我国提供数据支持,以推出中国案例。因此,必须顺应国际公共财政管理发展潮流,加快推进这项改革,对外发布准确、权威、具有国际可比性的政府财务信息,提高我国在国际公共财政管理领域的影响力。

三、主权债务信用评级的需要

国家主权信用评级是指通过特殊符号表示相关评级机构按照一定程序、方法评定主权机构的政治、经济和信用等级。国家主权信用评级内容广泛,主要包括国家国内生产总值增长趋势、国际收支情况、外债总量及结构、财政收支、政策实施、国际贸易收支、国际储备、投资、失业率及通货膨胀水平等,评级结果也在一定程度上表示该主权机构的偿债意愿和偿债能力。此外,国家政局稳定也是主权信用评级的重要基本因素。如果主权机构的政府局势不稳定,肯定会影响其评级结果。因此,编制并发布政府综合财务报告将为评级机构客观审慎评价一个国家的主权信用提供十分重要的依据。

第三节　我国政府财务报告改革的作用和意义

一、厘清家底,加强资产管理

(一) 有利于提高公共财政管理水平

在现代财政制度的背景下,一方面,财政管理水平的提升不仅仅在于收入、支出的管理,更在于资产、负债的管理;另一方面,做好预算管理只是财政管理的一个维度,要想全面提升政府的财政管理就必须注重政府全面的财政管理。建立权责发生制政府综合财务报告制度,对尽早发现政府财政管理中的漏洞具有显著的意义,也可以就此形成倒逼机制,从而有助于政府完善财政管理的漏洞。例如,试点地区通过编制政府财务报告,大力厘清单位往来款项,不断加强对资产负债的管理;财政部也在逐步建立健全相关制度。目前,已发布公共基础设施、政府储备物资等政府会计准则,正在研究制定城镇保障性住房资产、政府储备土地资产等方面的管理办法。这就说明这项改革发挥了作用,促进有关方面加强管理、完善办法。全面开展政府财务报告编制工作后,可以更加清晰完整地反映政府财务状况和运行情况,将会对我国公共财政管理水平提升产生深远的影响。

(二) 有利于识别政府政策长期成本

欧洲主权债务危机指发端于希腊,蔓延至爱尔兰、葡萄牙、西班牙和意大利(简称"欧洲五国")的债务危机,大多数危机的结局是债务违约或债务重组。以"欧洲五国"为代表的债务危机,最直接原因是政府资产负债管理不当导致不能偿还到期债务。通过编制政府财务报告强化政府资产负债管理,不仅可以摸清国家的家底,提高"国家财富"管理的透明度,而且能够将中短期经济政策的长期成本显性化。在研究我国政府政策带来短期利益的同时,识别出政策的长期成本,通过政府资产负债表等分析工具和公开的信息渠道,进一步揭示政府政策长期成本等关键问题。

(三) 有利于提高财政透明度

随着党和国家统一部署,各级财政部门预决算公开的力度越来越大,中央部门决算公开工作社会反响较好。这也从一个侧面说明,社会对财政信息公开有着非常强烈的期待。但是,对社会公众非常关心的政府"家底"情况,以及政府运行成本,财政部还拿不出准确的数据,更谈不上对外公开,财政透明度建设仍然任重而道远。

在党和国家的支持下,预决算信息公开工作取得诸多令人瞩目的佳绩:范围不断扩大、内容不断细化、质量不断提高。与此同时,不能沉浸在过去的成绩,要着眼于自身的不足,目前尚无法公开政府的资产负债表,无法公开政府的运行情况表。人大代表、政协委员有关这方面工作的建议和提案,以及一些专家学者在媒体上发表的文章,都建议推进这项改革,满足各方面了解政府真实财务状况的需求。打造透明财政,是广大财政干部义不容辞的责任,因此,必须加快推行以权责发生制为会计核算基础的政府财务报告制度改革,争取尽早向社会公众公布反映政府财务状况的信息,进一步提高财政透明度,以保障人民的知情权、参与权、表达权和监督权。

(四) 有利于提升国际公共财政管理话语权

从国际上看,编制权责发生制政府综合财务报告已成为国际公共财政管理发展的方向。许多发达国家如澳大利亚、新西兰、美国、英国、加拿大、法国等,早在20世纪80年代就陆续开始推行权责发生制政府综合财务报告制度改革。欧债危机爆发后,欧盟委员会为切实严格成员方财经纪律,增强财政风险防范能力,要求所有成员方都要编制以权责发生制为会计核算基础的政府财务报告。马来西亚、印度尼西亚、菲律宾、南非等发展中国家也编制出权责发生制政府综合财务报告。我国作为世界靠前的经济体，在这一领域的改革相对滞后，必须加快推进改革，尽快编制出全面反映政府财务状况的政府财务报告，增强我国在国际公共财政管理领域的话语权。

二、防范政府债务风险

（一）有利于防范化解财政重大风险

党的二十大报告将防范化解财政重大风险摆在突出位置，提出要增强驾驭风险本领，健全各方面风险防控机制。当前，地方政府债务风险是我国经济运行风险的重点，并与金融风险相互转化，若防控不力，易引发系统性风险。推行权责发生制政府综合财务报告制度改革，能够全面反映政府当前及今后一段时期的财政能力和财政责任，可以为研判财政经济运行走势、合理配置政府资源、科学安排财政收支提供信息支持，是防控地方政府债务风险的一个重要机制保障。这项制度建立起来后，能解决目前决算报告只反映政府当期财政收支的流量信息、无法反映政府资产负债存量信息的弊端，各级政府就能很清楚自己的"家底"，能够进一步监控政府债务，从而实现有效防范财政风险的目标。

（二）有利于实现财政可持续发展

财政可持续发展是一个国家财政状况良好的重要特征，实现财政可持续发展的关键是要防范财政风险。有效识别财政风险程度，仅靠分析收付实现制下的财政收支报表还无法做到，需要通过建立以权责发生制为会计核算基础的政府综合财务报告制度，编制出反映政府财政能力和财政责任的资产负债表，以此来监控政府债务，评估政府偿债能力，从而进一步合理配置政府资源、科学安排财政收支，实现财政中长期可持续发展，这也是国际上通行的做法。正是有了资产负债表这些数据信息，才能采取有针对性的措施促进财政可持续发展。

三、支撑政府绩效管理

（一）有利于加强政府绩效管理水平

政府绩效管理的目标就是要降低运行成本，花更少的钱办更多的事。这就要求政府在选择提供公共产品和服务的方式上，按照成本效益的原则来决策。例如，在决定某项公共服务是由政府部门直接提供还是采用购买服务方式提供，应当比较不同提供方式的成本费用，这样做出的决策才科学合理。编制权责发生制政府综合财务报告可以准确核算出政府各部门、各业务活动的成本与费用，促使政府采用更经济的方法提供公共产品和服务，降低政府运行成本，提升运行效率。因此，这项改革能够有力促进绩效评价工作开展，不断加强绩效管理。

全面提升部门的管理及治理能力是现阶段每个部门的要求，而业务、财务的融合管理思维是有效促进部门管理的重要理念。政府部门财务报告的信息能直接反映出部门的管理薄弱环节，如资产管理是否到位、财务核算是否规范、业务管理是否合规等。政府部门财务报告编制工作已纳入绩效考核管理要求之一，随着财务报告审计的推进，部门作为重要的被审计对象，将对政府财务报告的质量要求不断提高，也是审计监督部门管理的重要手段。同时，部门的运行成本费用也能通过部门财务报告进行反映，为部门内设机构、内部人员考核、绩效管理及未来的部门工作重点提供信息支持，有利于部门提高资金使用效益、防范贪污腐败、提高单位公共服务的水平。

（二）有利于提升预算绩效管理效能

权责发生制政府综合财务报告与我国传统的收付实现制政府决算报告有一个很大的差异，就是可以准确计量各种政府活动的真实成本和产出效益，通过技术手段实现科学制定绩效规划和目标、降低政府运行成本、提高财政资源使用效率等管理目标，在实际工作中具有不可替代的作用。国际上不少国家运用权责发生制财务数据进行绩效管理，例如，日本要求全部中央政府部门以权责发生制为会计基础核算项目的成本信息，以此确定预算规模、衡量政府绩效。我国政府提出要全面实施绩效管理，推进权责发生制政府综合财务报告制度改革是全面实施绩效管理的一个助推器，在推动绩效管理不断迈上新台阶的同时，也会促进财务报告改革的不断深化，实现"双赢"的局面。

四、提升政府数据治理能力和治理水平

随着我国市场经济蓬勃发展和政府治理改革进程的不断深入，各级政府部门愈加重视地区经济运行数据特别是政府财务报告信息，以进一步提升对经济社会发展的分析和预测能力。预测成效取决于获取相关数据的真实性和完整性，而政府财务报告质量也就成为数据链条中最关键的环节。

（一）有利于实现数字财政转型

利用大数据，整合多样化的数据来源，不仅汇聚财政系统自身数据，而且实

现跨部门、跨区域的财政相关信息整合，更是引入了互联网及第三方相关外部数据，打通数据之间的壁垒，在各相关数据中建立互联互通的桥梁，通过主数据关联关系，把财政业务数据和其他数据作为一个整体使用，集成应用起来，让数据更好地服务财政运行管理，逐步形成覆盖全面、业务协同、开放共享的财政大数据应用发展格局，为经济社会发展提供强有力数据支撑和保障。

通过编制政府财务报告，构建系统完备的政府会计准则制度体系，能够为预算管理一体化，以及智慧财政的建设提供高质量财务数据，保障智慧财政平台建设的底层数据架构的安全性和真实性，推进财政财务数据在财政管理中的分析应用价值。

（二）有利于保障智慧城市建设

IDC 发布的《全球智慧城市支出指南》中，预测 2023 年全球智慧城市技术相关投资将达到 1894.6 亿美元，中国市场规模将达到 389.2 亿美元。中国市场的三大重点投资领域依次为弹性能源管理与基础设施、数据驱动的公共安全治理，以及智能交通。在中国 2020 年智慧城市相关支出投入最多的城市为北京、上海、深圳和广州。智慧城市技术的投入与该城市 GDP 和政府预算密切相关，在智慧城市技术的发展阶段，一线城市的支出将持续领先。

（三）有利于推进信用政府建设

与上市公司的年报一样，政府财务报告也需要接受审计，以此来保证其合规性、真实性、完整性。经审计之后，政府财务报告与审计报告将依法一并报送本级人民代表大会常务委员会备案，并按规定向社会公众公开，每一步都会在法律的保障下进行。同时，这份反映着政府行为的综合财务报告，也将是考核地方政府绩效、分析政府财务状况、开展地方政府信用评级等的重要依据。

第三章 我国政府财务报告改革的内容和进程

第一节 我国政府财务报告改革的顶层设计

2014年，国务院批转财政部《权责发生制政府综合财务报告制度改革方案》，明确了改革的总体目标、主要任务、具体内容及配套措施，确定了改革的时间表和路线图，标志着此项改革正式启动。财政部按照党中央国务院决策部署，扎实推进相关工作，取得了阶段性进展。

一、改革的总体目标与主要任务

（一）改革的总体目标

权责发生制政府综合财务报告制度改革是基于政府会计规则的重大改革，总体目标是通过构建统一、科学、规范的政府会计准则体系，建立健全政府财务报告编制办法，适度分离政府财务会计与预算会计、政府财务报告与决算报告功能，全面、清晰反映政府财务信息和预算执行信息，为开展政府信用评级、加强资产负债管理、改进政府绩效监督考核、防范财政风险等提供支持，促进政府财务管理水平提高和财政经济可持续发展。

（二）改革的主要任务

权责发生制政府综合财务报告改革之路任重道远，改革还需在建立健全政府会计体系、政府财务报告体系、政府财务报告审计和公开机制，构建政府综合财务报告分析应用体系这四个方面发力。

1. 建立健全政府会计核算体系

推进财务会计与预算会计适度分离并相互衔接，在完善预算会计功能基础上,增强政府财务会计功能,夯实政府财务报告核算基础,为中长期财政发展、宏观调控和政府信用评级服务。

2. 建立健全政府财务报告体系

政府财务报告主要包括政府部门财务报告和政府综合财务报告。政府部门编制部门财务报告,反映本部门的财务状况和运行情况;财政部门编制政府综合财务报告,反映政府整体的财务状况、运行情况和财政中长期可持续性。

3. 建立健全政府财务报告审计和公开机制

政府综合财务报告和部门财务报告按规定接受审计。审计后的政府综合财务报告与审计报告依法报本级人民代表大会常务委员会备案,并按规定向社会公开。

4. 建立健全政府财务报告分析应用体系

以政府财务报告反映的信息为基础,采用科学方法,系统分析政府的财务状况、运行成本和财政中长期可持续发展水平。充分利用政府财务报告反映的信息,识别和管理财政风险,更好地加强政府预算、资产和绩效管理,并将政府财务状况作为评价政府受托责任履行情况的重要指标。

二、改革的具体内容

实行权责发生制政府会计改革,需要从建立政府会计准则体系和政府财务报告制度框架体系、编报政府部门财务报告和编报政府综合财务报告三个方面入手。

(一)建立政府会计准则体系和政府财务报告制度框架体系

1. 制定政府会计基本准则、具体准则和准则解释及应用指南

基本准则用于规范政府会计目标、政府会计主体、政府会计信息质量要求、政府会计核算基础,以及政府会计要素定义、确认和计量原则、列报要求等原则事项。基本准则指导具体准则的制定,并为政府会计实务问题提供处理原则。具体准则依据基本准则制定,用于规范政府发生的经济业务或事项的会计处理,详细规定经济业务或事项引起的会计要素变动的确认、计量、记录和报告。准则解释是在具体准则实施过程中,对特定经济业务或事项的补充说明。应用指南是对具体准则的实际应用作出的操作性规定。

2. 健全完善政府会计制度

政府会计科目设置要实现预算会计和财务会计双重功能。预算会计科目应准

确完整反映政府预算收入、预算支出和预算结余等预算执行信息,财务会计科目应全面准确反映政府的资产、负债、净资产、收入、费用等财务信息。条件成熟时,推行政府成本会计,规定政府运行成本归集和分摊方法等,反映政府向社会提供公共服务支出和机关运行成本等财务信息。

3. 建立健全财政总会计制度体系

财政总会计以国家预算实施为中心,是承接政府预算和执行的桥梁纽带,反映国家预算的执行情况、报告年度国家和地方决算,是国家的"大账本"。财政总会计制度是财政管理重要基础性制度,是加强财政预算管理、提升国家财政治理效能的坚实保障。党的二十大报告提出"健全现代预算制度"的要求,需要财政总会计在合理限定政府债务规模,对重大财税政策落实情况实施有效监督,科学编制中长期财政规划以及参与国际财金合作和投融资等一系列重要改革举措中发挥决策支持作用。

4. 制定政府财务报告编制办法和操作指南

政府财务报告编制办法应当对政府财务报告的主要内容、编制要求、报送流程、数据质量审查、职责分工等作出规定。政府财务报告编制操作指南应当对政府财务报告编制和财务信息分析的具体方法等作出规定。

5. 建立健全政府财务报告审计和公开制度

政府财务报告审计制度应当对审计的主体、对象、内容、权限、程序、法律责任等作出规定。政府财务报告公开制度应当对政府财务报告公开的主体、对象、内容、形式、程序、时间要求、法律责任等作出规定。

(二) 编报政府部门财务报告

1. 清查核实资产负债

各部门、各单位要按照统一要求有计划、有步骤清查核实固定资产、无形资产以及代表政府管理的储备物资、公共基础设施、企业国有资产、应收税款等资产,按规定界定产权归属、开展价值评估;分类清查核实部门负债情况。清查核实后的资产负债统一按规定进行核算和反映。

2. 编制政府部门财务报告

各单位应在政府会计准则体系和政府财务报告制度框架体系内,按时编制以资产负债表、收入费用表等财务报表为主要内容的财务报告。各部门应合并本部门所属单位的财务报表,编制部门财务报告。

3. 开展政府部门财务报告审计

部门财务报告应保证报告信息的真实性、完整性及合规性，接受审计。

4. 报送并公开政府部门财务报告

部门财务报告及其审计报告应报送本级政府财政部门，并按规定向社会公开。

5. 加强部门财务分析

各部门应充分利用财务报告反映的信息，加强对资产状况、债务风险、成本费用、预算执行情况的分析，促进预算管理、资产负债管理和绩效管理有机衔接。

（三）编报政府综合财务报告

1. 清查核实财政直接管理的资产负债

财政部门要清查核实代表政府持有的相关国际组织和企业的出资人权益；代表政府发行的国债、地方政府债券，举借的国际金融组织和外国政府贷款、其他政府债务以及或有债务。清查核实后的资产负债统一按规定进行核算和反映。

2. 编制政府综合财务报告

各级政府财政部门应合并各部门和其他纳入合并范围主体的财务报表，编制以资产负债表、收入费用表等财务报表为主要内容的本级政府综合财务报告。县级以上政府财政部门要合并汇总本级政府综合财务报告和下级政府综合财务报告，编制本行政区政府综合财务报告。

3. 开展政府综合财务报告审计

政府综合财务报告应保证报告信息的真实性、完整性及合规性，接受审计。

4. 报送并公开政府综合财务报告

政府综合财务报告及其审计报告，应依法报送本级人民代表大会常务委员会备案，并按规定向社会公开。

5. 应用政府综合财务报告信息

政府综合财务报告中的相关信息可作为考核地方政府绩效、分析政府财务状况、开展地方政府信用评级、编制全国和地方资产负债表以及制定财政中长期规划和其他相关规划的重要依据。

第二节　我国政府财务报告改革的进程

一、政府会计准则制度体系建设

（一）组建政府会计准则委员会

2015年12月16日，财政部政府会计准则委员会成立并召开第一次全体会议。组建政府会计准则委员会，是财政部党组为了协调推进政府会计改革，建立健全政府会计准则体系所作出的一项重要决定，也是《改革方案》提出的一项重要任务，目的是在组织上形成强有力的协调机制，保证政府会计改革顺利。

（二）修订发布财政总预算会计制度

1998年，财政部颁布实施《财政总预算会计制度》，2015年10月10日，财政部修订发布了《财政总预算会计制度》，自2016年1月1日起实施，未改变原有制度框架，主要采用"双分录"核算政府股权、债务事项。这是落实深化要求的一项重要举措。

2019年行政事业单位全面推行了权责发生制的综合财务报告制度，总预算会计也相应需要尽快实现权责发生制为基础的制度修订，财政部于2018年起着手研究对《财政总预算会计制度》修订完善，于2022年11月发布了《财政总会计制度》，自2023年1月1日起施行，并对《财政总会计制度》与《财政总预算会计制度》的有关衔接问题做出了处理规定。

（三）制定发布政府会计基本准则

2015年10月23日，时任财政部部长楼继伟签署中华人民共和国财政部令第78号，公布《政府会计准则——基本准则》（以下简称《基本准则》），明确自2017年1月1日起正式施行。为建立统一、科学、规范的政府会计准则体系奠定了基础。

（四）研究起草并制定发布政府会计相关具体准则及应用指南

1. 研究起草政府会计相关具体准则及应用指南

《基本准则》印发后，财政部立即启动了存货等四项具体准则的研究制定工作。依据《基本准则》，着手起草四项具体准则，2015年10月份形成了讨论稿。在会计司内部各处室、单位征求意见和讨论基础上，财政部对四项具体准则讨论稿进行了修改完善，形成了征求意见稿。

2015年11月，财政部印发了《关于征求〈政府会计准则第××号——存货（征求意见稿）〉等四项政府会计具体准则意见的函》（财办会〔2015〕22号），就四项准则公开征求意见。

2. 制定发布政府会计相关具体准则及应用指南

（1）制定发布具体准则。2016年7月6日，财政部发布《关于印发〈政府会计准则第1号——存货〉等4项具体准则的通知》（财会〔2016〕12号）（以下简称"四项具体准则"）。

四项准则的出台，是财政部贯彻落实党中央、国务院关于建立权责发生制政府综合财务报告制度的决策部署的重要举措，标志着政府会计准则体系建设工作继《基本准则》出台后又迈出了坚实的一步，对于进一步规范政府会计主体的会计核算，提高会计信息质量，夯实国有资产管理基础，保障权责发生制政府综合财务报告制度改革顺利推进具有重要的意义。

为了与《基本准则》生效日期保持一致，四项具体准则在附则中明确规定自2017年1月1日起施行。但考虑到政府会计具体准则与未来政府会计制度（会计科目和报表等）的配套，与现行会计准则制度的衔接，以及与政府财务报告编制试点工作协调等因素，将进一步研究四项具体准则的实施范围，具体实施范围和工作安排将由财政部另行通知。

（2）制定发布应用指南。2017年2月21日，财政部发布《关于印发〈政府会计准则第3号——固定资产〉应用指南的通知》（财会〔2017〕4号），与《政府会计准则第3号——固定资产》同步实施。纳入政府财务报告编制试点范围的各行政事业单位，在试点工作中应当参照本应用指南所规定的折旧年限对固定资产计提折旧。

3. 基本建成具有中国特色的政府会计准则体系

财政部在2016年印发了存货、投资、固定资产、无形资产四项具体准则和一项固定资产应用指南的基础上，相继印发了公共基础设施、政府储备物资、负债、会计调整、财务报表编制和列报、政府和社会资本合作项目合同等6项具体准则和一项政府和社会资本合作项目合同应用指南。

（1）2017年4月17日，财政部发布《关于印发〈政府会计准则第5号——公共基础设施〉的通知》（财会〔2017〕11号）。

（2）2017年7月28日，财政部发布《关于印发〈政府会计准则第6号——

政府储备物资〉的通知》（财会〔2017〕23号）。

（3）2018年10月21日，财政部发布《关于印发〈政府会计准则第7号——会计调整〉的通知》（财会〔2018〕28号）。

（4）2018年11月9日，财政部发布《关于印发〈政府会计准则第8号——负债〉的通知》（财会〔2018〕31号）。

（5）2018年12月26日，财政部发布《关于印发〈政府会计准则第9号——财务报表编制和列报〉的通知》（财会〔2018〕37号）。

（6）2019年12月17日，财政部发布《关于印发〈政府会计准则第10号——政府和社会资本合作项目合同〉的通知》（财会〔2019〕23号）。

（7）2020年12月17日，财政部发布《关于印发〈政府会计准则第10号——政府和社会资本合作项目合同应用指南〉的通知》（财会〔2020〕19号）。

（五）制定发布政府会计制度及衔接规定

（1）关于印发《政府会计制度——行政事业单位会计科目和报表》的通知（财会〔2017〕25号）。

（2）关于印发《政府会计制度——行政事业单位会计科目和报表》与《行政单位会计制度》《事业单位会计制度》有关衔接问题处理规定的通知（财会〔2018〕3号）。

（3）关于印发国有林场和苗圃执行《政府会计制度——行政事业单位会计科目和报表》的补充规定和衔接规定的通知（财会〔2018〕11号）。

（4）关于印发测绘事业单位执行《政府会计制度——行政事业单位会计科目和报表》的衔接规定的通知（财会〔2018〕16号）。

（5）关于印发地质勘查事业单位执行《政府会计制度——行政事业单位会计科目和报表》的衔接规定的通知（财会〔2018〕17号）。

（6）关于印发高等学校执行《政府会计制度——行政事业单位会计科目和报表》的补充规定和衔接规定的通知（财会〔2018〕19号）。

（7）关于印发中小学校执行《政府会计制度——行政事业单位会计科目和报表》的补充规定和衔接规定的通知（财会〔2018〕20号）。

（8）关于印发科学事业单位执行《政府会计制度——行政事业单位会计科目和报表》的补充规定和衔接规定的通知（财会〔2018〕23号）。

（9）关于印发医院执行《政府会计制度——行政事业单位会计科目和报表》的补充规定和衔接规定的通知（财会〔2018〕24号）。

（10）关于印发基层医疗卫生机构执行《政府会计制度——行政事业单位会计科目和报表》的补充规定和衔接规定的通知（财会〔2018〕25号）。

（11）关于印发彩票机构执行《政府会计制度——行政事业单位会计科目和报表》的补充规定和衔接规定的通知（财会〔2018〕26号）。

（12）《关于进一步做好政府会计准则制度新旧衔接和加强行政事业单位资产核算的通知》（财会〔2018〕34号）。

（六）制定发布政府会计准则制度解释、相关通知、应用案例、实施问答

1. 准则制度解释

（1）关于印发《政府会计准则制度解释第1号》的通知（财会〔2019〕13号）。

（2）关于印发《政府会计准则制度解释第2号》的通知（财会〔2019〕24号）。

（3）关于印发《政府会计准则制度解释第3号》的通知（财会〔2020〕15号）。

（4）关于印发《政府会计准则制度解释第4号》的通知（财会〔2021〕33号）。

（5）关于印发《政府会计准则制度解释第5号》的通知（财会〔2022〕25号）。

2. 相关通知

（1）《关于贯彻实施政府会计准则制度的通知》（财会〔2018〕21号）。

（2）《关于进一步做好政府会计准则制度新旧衔接和加强行政事业单位资产核算的通知》（财会〔2018〕34号）。

（3）《关于进一步加强公路水路公共基础设施政府会计核算的通知》（财会〔2020〕23号）。

（4）《关于进一步加强水利基础设施政府会计核算的通知》（财会〔2021〕29号）。

（5）关于印发《行政事业单位划转撤并相关会计处理规定》的通知（财会〔2022〕29号）。

（6）《关于进一步加强市政基础设施政府会计核算的通知》（财会〔2022〕38号）。

3. 应用案例和实施问答

（1）应用案例。投资类应用案例——关于处置权益法核算的长期股权投资的会计处理，关于处置成本法核算的长期股权投资的会计处理，关于持有期间采用权益法核算的会计处理；固定资产类应用案例——关于固定资产盘亏的会计处理，关于固定资产盘盈的会计处理，关于计提固定资产折旧的会计处理，关于在建工程的会计处理；负债类应用案例——关于职工薪酬业务的会计处理，关于增值税小规模纳税人增值税涉税业务的会计处理，关于增值税一般纳税人增值税涉税业务的会计处理；报告类应用案例——关于报告日后调整事项的会计处理，关于编制部门合并财务报表的会计处理，关于编制部门合并财务报表中抵销内部业务或事项的会计处理；政府和社会资本合作项目合同应用案例——关于某轨道交通PPP项目合同的会计处理，关于某厨余垃圾处理PPP项目合同的会计处理；公立医院成本核算应用案例——基于估时作业成本法的医疗服务项目成本核算，基于作业成本法的医疗服务项目成本核算，基于当量系数法的医疗服务项目成本核算，科室成本核算等。

（2）实施问答

实施问答包括但不限于：关于应收款项的会计处理，例如，行政事业单位对公务卡相关业务如何进行账务处理，事业单位的应收款项是否都需要计提坏账准备等；关于存货的会计处理，例如，某事业单位因业务活动需要自制一批试剂，请问如何进行账务处理等；关于固定资产的会计处理，例如，某行政单位因工作需要，经批准以经营租赁方式租用其他单位一处办公用房，并对该房屋进行装修改造，装修改造费用应该如何进行会计处理；关于无形资产的会计处理，例如，单位自行开发的应用软件，如确认为无形资产，如何确定其摊销年限等。

（七）研究推行政府成本会计

2019年12月17日，财政部发布《关于印发〈事业单位成本核算基本指引〉的通知》（财会〔2019〕25号），2019年1月1日起实施的新政府会计准则制度较为全面引入了权责发生制基础，为行政事业单位全面开展成本核算提供了可行条件和基础。为准确核算单位运行经费、全面反映行政成本，科学开展政府绩效考评提供扎实有效的信息基础。

基本指引的名称之所以由征求意见稿的《行政事业单位成本核算基本指引》修改为最终的《事业单位成本核算基本指引》，是因为在征求意见过程中，很多反馈意见赞同基本指引对事业单位的适用性，但质疑其对行政单位的适用性，认为行政单位和事业单位的职能目标、成本信息需求等差异较大，行政单位的成本核算对象及其范围难以准确界定，现有费用信息已经基本能够满足行政单位的相关需求。经研究，财政部采纳了上述意见，删除了行政单位成本核算的相关条款，并将指引名称调整为《事业单位成本核算基本指引》。同时，考虑到《事业单位成本核算基本指引》关于成本的基本概念、成本核算的基本原则和方法等对行政单位同样适用，因此在附则中规定行政单位开展成本核算工作可以参照执行。

2021年至2022年度财政部陆续印发特定行业的成本核算具体指引，包括2021年11月22日发布的《关于印发〈事业单位成本核算具体指引——公立医院〉的通知》（财会〔2021〕26号）、2022年9月26日发布的《关于印发〈事业单位成本核算具体指引——高等学校〉的通知》（财会〔2022〕26号）及《关于印发〈事业单位成本核算具体指引——科学事业单位〉的通知》（财会〔2022〕27号），为成本会计核算具体实施提供进一步的指导。

二、政府财务报告政策和实施进程

（一）纳入试点进程

1. 顶层设计阶段（2013—2014年）

（1）党的十八届三中全会首次提出工作任务要求。2013年11月12日，中国共产党第十八届中央委员会第三次全体会议通过的《中共中央关于全面深化改革若干重大问题的决定》提出："建立跨年度预算平衡机制，建立权责发生制的政府综合财务报告制度，建立规范合理的中央和地方政府债务管理及风险预警机制。"这是开展财务报告编报的起源，编报的目标旨在规范政府债务管理。

（2）规范地方债务管理是财务报告首要目标。2014年，在政府层面多个文件中，将推行财务报告制度与规范地方债务联系起来，先后出台了多个文件。

2014年3月23日，《国务院关于落实〈政府工作报告〉重点工作部门分工的意见》（国发〔2014〕15号）：建立规范的地方政府举债融资机制，把地方政府性债务纳入预算管理，推行政府综合财务报告制度，防范和化解债务风险。（财政部、税务总局等负责）

2014年4月30日，《国务院批转发展改革委关于2014年深化经济体制改革重点任务意见的通知》（国发〔2014〕18号），推行权责发生制的政府综合财务报告制度，建立考核问责机制和地方政府信用评级制度。建立健全债务风险预警及应急处置机制，防范和化解债务风险。

2014年9月21日，《国务院关于加强地方政府性债务管理的意见》（国发〔2014〕43号），完善债务报告和公开制度，加快建立权责发生制的政府综合财务报告制度，加强政府信用体系建设，全面反映政府的资产负债情况，各地区要定期向社会公开政府性债务及其项目建设情况，自觉接受社会监督。对于中央出台的重大政策措施（如棚户区改造）等形成的政府性债务，应当单独统计、单独核算、单独检查、单独考核。

(3) 出台相关顶层设计文件,建立政策体系框架。2014年9月26日,《国务院关于深化预算管理制度改革的决定》(国发〔2014〕45号)中对财务报告的工作任务进行了整体部署:建立权责发生制的政府综合财务报告制度。研究制定政府综合财务报告制度改革方案、制度规范和操作指南,建立政府综合财务报告和政府会计标准体系,研究修订总预算会计制度。待条件成熟时,政府综合财务报告向本级人大或其常委会报告。研究将政府综合财务报告主要指标作为考核地方政府绩效的依据,逐步建立政府综合财务报告公开机制。

2014年12月12日,《改革方案》对建立权责发生制政府综合财务报告制度的重要意义、指导思想、总体目标、基本原则、具体任务、配套措施及保障措施进行了详细部署。该文件的出台,标志着财务报告顶层设计的完成。

2. 探索试编阶段(2015—2019年)

(1) 根据《改革方案》要求,2015年起财政部探索开展了财务报告试编工作。

①2015年12月,财政部先后印发了《政府财务报告编制办法(试行)》(财库〔2015〕212号)、《政府综合财务报告编制操作指南(试行)》(财库〔2015〕224号)和《政府部门财务报告编制操作指南(试行)》(财库〔2015〕223号)等三项制度,为试编工作奠定了制度基础。印发的编制办法和操作指南基于原有的会计制度,侧重于对数据进行调整。

②2016年,财政部确定了试点范围、组织开发了政府财务报告信息系统、开展了相关培训。

③2016年,财政部印发了《关于开展2016年度政府财务报告编制试点工作的通知》(财库〔2016〕112号)(以下简称《2016年试点通知》),原国土资源部、原国家林业局等2个中央部门以及山西、黑龙江、上海、浙江、广东、海南和重庆等7个地区,共计606个财政部门和12万多个预算单位按照财政部统一部署开展了2016年度政府财务报告编制试点工作,取得了良好成效。

④2018年,财政部印发了《关于开展2017年度政府财务报告编制试点工作的通知》(财库〔2018〕34号)(以下简称《2017年试点通知》),中央部门试点范围扩大到20个,地方试点新增北京、吉林、江西、陕西等13个地区,试点地区扩大到20个。

⑤2019年,财政部印发了《关于开展2018年度政府财务报告编制试点工作的通知》(财库〔2019〕25号)(以下简称《2018年试点通知》),试点中央部门

达到了 40 个，试点地区包括了全国 36 个省、自治区、直辖市、计划单列市。

（2）在推进试点单位、试点地区逐步扩大的同时，与试编工作相匹配的法规制度也在不断地建立和完善。

①2015 年以来，发展改革委将财务报告编制工作与经济体制改革工作挂钩，在多项文件中都明确了要求。2015 年 5 月 8 日，国务院发布《国务院批转发展改革委关于 2015 年深化经济体制改革重点工作意见的通知》（国发〔2015〕26 号），提出推进权责发生制政府综合财务报告制度建设，制定发布政府会计基本准则，发布政府财务报告编制办法及操作指南。2016 年 3 月 25 日，国务院发布《国务院批转国家发展改革委关于 2016 年深化经济体制改革重点工作意见的通知》（国发〔2016〕21 号），提出研究制定政府会计具体准则，研究建立政府综合财务报告分析指标体系，组织开展政府财务报告编制试点。研究建立涵盖各类国有资产的政府资产报告制度。2017 年 4 月 13 日，国务院发布《国务院批转国家发展改革委关于 2017 年深化经济体制改革重点工作意见的通知》（国发〔2017〕27 号），提出加快制定出台政府会计准则制度，开展政府财务报告编制试点。

②2018 年 12 月 29 日，新修订的《预算法》给予了财务报告法定的定位，《预算法》第九十七条规定各级政府财政部门应当按年度编制以权责发生制为基础的政府综合财务报告，报告政府整体财务状况、运行情况和财政中长期可持续性，报本级人民代表大会常务委员会备案。

③财政部在试编过程中，不断修正编制办法和操作指南，其中 2018 年试点的中央部门，执行《财政部关于修订印发〈政府部门财务报告编制操作指南（试行）〉的通知》（财库〔2018〕29 号）的规定；2018 年试点的地区，执行《财政部关于修订印发〈政府部门财务报告编制操作指南（试行）〉的通知》（财库〔2018〕29 号）及《政府综合财务报告编制操作指南（试行）》（财库〔2018〕30 号）（以下简称《操作指南》）规定，组织本级预算部门编制 2018 年度政府部门财务报告，并在此基础上编制本级政府综合财务报告；部分时点地区财政部门执行《财政部关于印发〈地方政府综合财务报告合并编制操作指南（试行）〉的通知》（财库〔2018〕66 号）规定，编制地方政府综合财务报告。

3. 逐步规范阶段（2019 年至今）

2017 年，财政部发布《关于印发〈政府会计制度——行政事业单位会计科目和报表〉的通知》（财会〔2017〕25 号）（以下简称《会计科目和报表》），自 2019 年 1 月 1 日起施行。政府会计制度实行"双基础、双报告"的政府会计核算模式，要求行政事业单位采用"平行记账"，同步进行权责发生制财务会计核算和收付实现制预算会计核算，从制度层面解决了政府财务报告编制的核算基础问题。为此，在新的核算基础上，财政部也做相应的调整。

（1）2019年12月12日，财政部对政府财务报告编制办法和操作指南进行修订，发布了《关于修订印发〈政府财务报告编制办法（试行）〉的通知》（财库〔2019〕56号）（以下简称《编制办法》）、《关于修订印发〈政府部门财务报告编制操作指南（试行）〉的通知》（财库〔2019〕57号）和《关于修订印发〈政府综合财务报告编制操作指南（试行）〉的通知》（财库〔2019〕58号）（两项操作指南以下简称《操作指南》）等三项制度的印发通知。

（2）2020年4月30日，财政部印发了《关于开展2019年度中央部门财务报告编报工作的通知》（财库〔2020〕17号）、《关于开展2019年度政府财务报告编报工作的通知》（财库〔2020〕18号），纳入2019年度政府部门财务报告编报范围的中央部门共108个，其中68个为首次编报部门。本次通知，明确就是正式编报，不再是试编。

（3）2021年1月18日，财政部印发了《关于开展2020年度政府财务报告编报工作的通知》（财库〔2021〕5号）；2021年2月3日，财政部印发了《关于开展2020年度中央部门财务报告编报工作的通知》（财库〔2021〕10号），其中编制范围已经拓展到所有部门，各部门应将本部门所属行政事业单位、与中央财政有预算拨款关系的社会团体全部纳入编制范围，保证编制范围的完整性。

（4）2021年10月25日，财政部印发了《关于进一步明确政府部门财务报告编制合并范围的通知》（财办库〔2021〕182号），规范了经地方编制管理部门批准同意成立的经费自理事业单位的编报范围。

（5）2022年1月24日，财政部发布《财政部关于开展2021年度政府综合财务报告编报工作的通知》（财库〔2022〕8号）、《财政部关于开展2021年度政府部门财务报告编报工作的通知》（财库〔2022〕7号），财务报告的编报要求进一步严格，编报部门都要认真查实编制主体，保证编制范围的完整性，做到不重不漏。同时还要做好政府部门财务报告与部门决算、行政事业性国有资产报告之间的数据衔接。

（6）2023年1月18日，财政部发布《财政部关于开展2022年度政府部门财务报告编报工作的通知》（财库〔2023〕2号）、《财政部关于开展2022年度政府综合财务报告编报工作的通知》（财库〔2023〕3号），进一步要求着力提升财务报告的编报质量，压紧压实编制审核责任。

（二）财务报告编报办法及指南修订历程

1. 2015年首次发布情况

建立权责发生制政府综合财务报告制度是党的十八届三中全会提出的一项重大改革任务。通过编制政府财务报告，不仅能够进一步完整且清晰地反映政府资产的财务状况、运行情况，能够完善现代财政制度并推进国家治理体系和治理能力现代化进程。

2014年的《改革方案》中明确要求建立政府会计准则体系和政府财务报告制度框架体系，健全完善政府会计制度及建立政府财务报告审计和公开制度，并于2015年制定发布了政府财务报告编制办法和操作指南等三项制度，为开展政府财务报告编制试点工作提供基本规范。

按照《改革方案》要求，财政部连续从2016年至2019年印发了《试点通知》，试点单位从2016年最初的2个中央部门、7个地方；到2018年试点范围进一步扩大到20个中央部门、20个地方，并选择4个地方试点编制上下级合并的行政区政府综合财务报告；再到2019年试点范围扩至40个中央部门、36个地方，并选择12个地方试点编制上下级合并的行政区政府综合财务报告。

总的来说，试点工作相对较为顺利，在试点工作中"摸着石头过河"，为今后在全国推广积累经验打下坚实的基础。一方面，试点单位对本次工作高度重视，工作开展有组织、有顺序，注重业务培训，细化会计核算，保证了试点工作的顺利推进；另一方面，试点工作不仅能够反映试点单位的财务状况和运行情况，还能够反馈出工作产生的问题及疑虑。简而言之，试点单位普遍认为新政府会计制度能够加强政府财务管理，提升管理水平。

下一步，将按照《改革方案》要求，一是继续扩大政府财务报告编制试点范围，总结试点经验，巩固试点成果；二是加强与审计部门沟通，推动制定政府财务报告审计制度；三是研究制定适合我国国情的政府财务报告公开制度。

2. 2018年修订情况

2018年3月1日，财政部发布了《财政部关于修订印发〈政府部门财务报告编制操作指南（试行）〉的通知》（财库〔2018〕29号），核心内容是修订2015年《操作指南》，进一步推进制度改革。修订内容包括以下内容。

（1）固定资产的列报，从仅列报净值变更为列报固定资产原值、累计折旧和固定资产净值。

（2）无形资产的列报，从仅列报净值变更为列报无形资产原值、累计摊销和无形资产净值。

（3）公共基础设施的列报，从仅列报净值变更为公共基础设施原值、累计折旧（摊销）和公共基础设施净值。

（4）在建工程、政府储备物资、长期应付款、经营收入、投资收益、经营费用都新增了附表，分别是附表7、附表9、附表18、附表5、附表21。

（5）会计报表附注中，"4.重要会计政策与会计估计"增加"公共基础设施的类别"。

（6）会计报表附注中，"5.会计报表重要项目的明细信息及说明"的变动比较大，要求的信息也更加细致。

①应收账款明细表、预收账款明细表、其他应收款明细表、应付账款明细表、预付账款明细表、其他应付款明细表中都增加了"本部门以外的非同级政府单位"的项目。

②其他应收款明细表和其他应付款明细表分别增加"应收同级财政"和"应付同级财政"项目。

③长期投资明细信息表变更为"长期投资及投资收益明细表"。

④长期投资信息、固定资产明细表、无形资产明细表、在建工程明细表的列示时点由期初数、期末数，变更为年初数、本年增加、本年减少、年末数。

⑤长期借款的列示时点，由期初数、期末数，变更为年初数和年末数。

⑥事业收入明细表、经营收入明细表、商品和服务明细表等增加"来自本部门以外的非同级政府单位"项目。

⑦会计报表附注中，在"未在会计报表中列示的重大事项"和"需要说明的其他事项"中需列明的明细信息。

（7）修订了行政事业单位的"会计科目与报表项目对照表"，增强了操作指南的应用性。

3. 2020年修订情况

（1）修订的原因。

2015年启动试点时，由于行政事业单位日常会计核算仍以收付实现制为主，编制政府财务报告需要对有关核算数据按照权责发生制原则进行调整，当时印发的编制办法和操作指南基于原有会计制度，侧重于如何对数据进行调整。2017年，财政部印发《会计科目和报表》，自2019年1月1日起施行。新的制度实行

"双基础、双报告"的政府会计核算模式,要求行政事业单位采用"平行记账",同步进行权责发生制财务会计核算和收付实现制预算会计核算,从制度层面解决了政府财务报告编制的核算基础问题。同时,试点过程中既积累了一些经验,也遇到了一系列问题,需要在制度中加以规定。综合上述情况,财政部组织对《办法》《部门指南》和《综合指南》等三项制度进行了全面修订。

(2) 修订的内容。

①编制范围调整。试点初期,将财务报告编制范围暂定与部门决算一致,便于组织开展试点工作,是完全必要的。现阶段,要全面开展编制工作,就必须准确界定部门财务报告编制范围,并在一定时期内保持相对稳定。

修订调整的重点是明确不同管理方式下的部分事业单位是否纳入编制范围。修订后,部门财务报告编制范围由原来"纳入部门决算管理范围的行政单位、事业单位和社会团体"修改为"部门及部门所属的行政事业单位,与同级财政部门有预算拨款关系的社会团体""企业(集团)下属事业单位不编制政府部门财务报告"。

②财务报表调整。从报告文本结构看,政府部门财务报告主要由财务报表和财务分析两部分构成;政府综合财务报告主要由财务报表、政府财政经济分析和政府财政财务管理情况三部分构成。

这次修订集中对财务报表进行调整。一是主要会计报表由三种精减为两种,保留资产负债表和收入费用表,删除了当期盈余与预算结余差异表。主要是考虑到部门财务报告编制范围调整以后,会出现与部门决算编制范围不一致的情况,从合并财务报表层面看,当期盈余与预算结余总额缺乏比较的基础和意义。删除该表,并不影响大部分行政事业单位按照政府会计制度要求编制本单位当期盈余与预算结余差异表,用于分析权责发生制下当期盈余与收付实现制下预算结余的差异情况。二是根据政府会计准则和制度规定,各单位要分别从单位活动类型和经济性质分类两个维度核算反映收入费用情况,因此本次修订将收入费用表设计为两张表格,以满足部门财务管理需要。

③抵销阈值调整。设置抵销阈值是国际上编制政府综合财务报告国家的通行做法,本次修订按照重要性原则从实际出发设置抵销阈值为10万元。综合分析试点情况,10万元以下的抵销事项笔数多(大约占60%)、总额小,但处理成本高、效率低,工作量大,部门单位反映比较集中。设置抵销阈值对财务报表的可靠性及政府财务状况分析不会产生太大的实际影响,却可以大幅减轻工作量,抓

大放小,反而有利于提高报告质量。需要强调的是,应避免机械地理解这一规定,10万元以下且可以确认一致的内部交易事项,原则上应抵尽抵,不受阈值限制。

三、政府财务报告审计、公开、分析

在试点工作基础上,全面开展政府综合财务报告编制工作,建立健全政府财务报告分析应用体系,制定发布政府财务报告审计制度、公开制度等。

(一) 研究建立政府综合财务报告分析指标体系

财政部国库司开展政府财务报告分析应用体系比较研究,形成政府财务报告分析指标应用体系研究报告。同时设立课题,研究建立政府财务报告分析指标体系。

(二) 建立健全政府财务报告分析应用体系

政府综合财务报告中的相关信息可作为考核地方政府绩效、分析政府财务状况、开展地方政府信用评级、编制全国和地方资产负债表以及制定财政中长期规划和其他相关规划的重要依据。财政部在财务报告编制指南中,规定了财务报告分析内容、方法、指标等,以政府综合财务报告反映的政府财务信息为基础,系统分析政府的财务状况、运行成本和财政中长期可持续发展水平,识别和管理财政风险,政府财务报告分析应用体系初步建立。

(三) 研究建立政府财务报告审计公开制度

(1) 2020年4月17日,财政部国库司发布关于"政府财务报告审计制度和公开制度相关问题研究"征询意向公告。

(2) 2020年9月24日,审计署发布《审计署办公厅关于印发政府财务报告审计办法(试行)的通知》(审办财发〔2020〕74号),对政府财务报告审计主体和权限、审计程序、审计内容、审计管辖范围、项目计划管理、组织方式等做出规定,政府财务报告审计机制正式建立。

四、财务管理、资产管理等相关政策的协同实施

保障政府财务报告的质量不仅与按政府会计准则制度规范核算相关,也与按相关的财务管理、资产管理等合规的经济活动相关。

(一) 开展政府资产负债清查核实工作

(1) 2016年1月20日,财政部发布《关于印发〈行政事业单位资产清查核实管理办法〉的通知》(财资〔2016〕1号)。

（2）2016年1月20日，财政部发布《关于开展2016年全国行政事业单位国有资产清查工作的通知》（财资〔2016〕2号），组织开展2016年全国行政事业单位国有资产清查工作，通过资产清查，摸清行政事业单位"家底"，从资产的数量、价值、结构、使用状况等多层面准确反映政府财务、资产情况，为编制政府综合财务报告奠定基础。

（3）2016年5月26日，财政部发布《2016年全国行政事业单位国有资产清查工作指南》，进一步规范行政事业单位资产清查工作。本次资产清查以2015年12月31日为清查基准日，清查范围为2015年12月31日以前经机构编制管理部门批准成立的、执行行政事业单位财务和会计制度的各级各类行政事业单位、社会团体；执行民间非营利组织会计制度、并同财政部门有经费缴拨关系的社会团体等单位。财政部于2016年1月到2016年10月在全国范围内组织开展行政事业单位资产清查工作。

（二）完善行政事业单位国有资产管理政策

2015年12月23日，财政部发布《财政部关于进一步规范和加强行政事业单位国有资产管理的指导意见》（财资〔2015〕90号），2021年2月1日国务院公布《行政事业性国有资产管理条例》（国务院令第738号），与《行政事业单位资产清查核实管理办法》一起完善行政事业单位资产管理。

文中提出研究探索将各级主管部门和行政事业单位代表政府管理的公共基础设施、政府储备资产、自然资源资产等经管资产纳入资产管理范畴，与《管理办法》对资产归属等重要问题进行明确，为下一步政府会计改革、编制权责发生制的综合财务报告奠定良好基础。

（三）完善政府财务规则及制度

《事业单位财务规则》（财政部令第108号）于2022年1月7日发布，自2022年3月1日起施行；财政部于2022年陆续发布了各行业事业单位的财务制度，包括《高等学校财务制度》（财教〔2022〕128号）、《中小学校财务制度》（财教〔2022〕159号）、《文化事业单位财务制度》（财教〔2022〕160号）和修订印发的《广播电视事业单位财务制度》（财教〔2022〕161号）、《文物事业单位财务制度》（财教〔2022〕162号）、《体育事业单位财务制度》（财教〔2022〕163号）以及《科学事业单位财务制度》（财教〔2022〕166号）；《行政单位财务规则》（财政部令第113号）于2023年2月8日发布，自2023年3月1日起施行。

第四章 我国政府财务报告编报现状与质量因素分析

自党的十八届三中全会提出建立权责发生制政府综合财务报告制度，迄今为止，政府财务报告体系建设已取得积极进展：一是政府会计准则制度体系日趋完善，同时进一步明确了政府财务报告的核算基础；二是政府财务报告编制制度框架体系初步建立，制度框架体系确保了关于政府财务报告编制的试点工作能够有条不紊地展开；三是权责发生制政府综合财务报告编制从试点工作逐步推开并实现正式编报，已从实践层面积累了大量的报告编制经验。本章对现阶段影响政府财务报告质量的因素进行了简要分析，进而引申出后面几个章节的具体论述。

第一节 财务报告编报历年工作通知情况

2020年5月4日发布《关于开展2019年度政府财务报告编报工作的通知》（财库〔2020〕18号），2020年5月15日发布《关于开展2019年度中央部门财务报告编报工作的通知》（财库〔2020〕17号），2021年2月9日发布《关于开展2020年度政府财务报告编报工作通知》（财库〔2021〕5号），2021年2月10日发布《关于开展2020年度中央部门财务报告编报工作的通知》（财库〔2021〕10号），2022年1月24日发布《财政部关于开展2021年度政府部门财务报告编报工作的通知》（财库〔2022〕7号）及《财政部关于开展2021年度政府综合财务报告编报工作的通知》（财库〔2022〕8号），2023年1月18日发布《财政部关于开展2022年度政府部门财务报告编报工作的通知》（财库〔2023〕2号）及《财政部关于开展2022年度政府综合财务报告编报工作的通知》（财库〔2023〕3号）。

比较2019年至2022年财政部下达的政府财务报告编报工作通知，可以明显看到许多改进和变化。2019年和2020年政府部门财务报告尚未涵盖所有中央及地方政府部门，但是从2021年开始，这一范围扩大到全国所有政府部门，并且是中央和地方统一部署、统一开展。工作通知的下发时间也越来越早，2019年工作通知的下发时间是5月，2020年的工作通知则提前到2月，2021年及2022年更是提前到1月就下发了。另外在2020年至2022年的工作通知里，对财务报告编制的质量和时效性也提出了更高要求，2021年和2022年还增加了附件，明确了政府综合财务报告和政府部门财务报告的统一样式，建立了标准体系。

一、2019年及之前工作通知情况

（一）对编制工作的要求

一是要严格执行政府会计准则制度，切实做到账实相符、账证相符、账账相符、账表相符，为编制政府财务报告提供完整可靠的会计信息。二是要加强基础管理，健全内部控制机制，认真清理往来事项，加强财政国库部门与资产、债务管理部门的沟通协调，做好相关数据共享衔接。三是要强化信息系统支撑，按照《财政核心业务一体化系统实施方案》和《预算管理一体化规范（试行）》有关要求和政府财务报告编制需要，完善本地政府财务报告信息系统，做好与中央系统对接工作。四是要加强队伍建设，各地要不断充实政府财务报告编制人才队伍，着力提高相关人员的业务水平和工作能力。

（二）对编制质量的要求

着力提升政府财务报告编制质量；在总结试点情况基础上，各地要严格执行全面修订的政府财务报告编制制度，规范管理，高质量完成编制工作；做好内部交易事项对账抵销，正确运用抵销规则（抵销阈值10万元、应抵尽抵）；各地应加强政府财务报告审核分析，不断提升政府财务报告质量；应做好新旧制度衔接，确保2019年度新账会计科目年初余额真实、完整；各地在编报2019年度政府（部门）合并财务报表时，不要求填报年初数、本年增加、本年减少和上年数。

（三）对编制时间的要求

各地应于2020年8月31日前报送省级政府综合财务报告以及所辖市、县级政府综合财务报告；编制地方政府综合财务报告的12个地方应于2020年9月30日前报送本省（市）政府综合财务报告；各地随政府综合财务报告一并报送工作总结;纳入 2019 年度政府部门财务报告编报范围的中央部门共 108 个,其中 68 个为首次编报部门,要求中央各部门应于 2020 年 8 月 31 日前报送政府部门财务报告以及所属单位财务报告,同时报送工作总结。

二、2020 年工作通知情况

(一) 对编制工作的要求

一是要加强组织协调;二是要加强基础管理;三是要注重分析利用;四是要强化系统支撑。最大的变化是,提出各地应加强政府财务报告分析利用工作,多渠道收集相关联的数据信息,探索形成新的分析角度和模式,充分挖掘数据价值。通过财务分析发现问题,剖析原因,找出薄弱环节,更好地为领导决策提供参考,充分发挥政府财务报告编制工作对加强财政财务管理的牵引作用。

(二) 对编制质量的要求

一是要编制本级政府综合财务报告;二是要编制地方政府综合财务报告;三是要准确划定编制范围;四是要做好对账抵销工作;五是要披露财政专户资金情况;六是要进一步加强审核工作。最大的变化是,要求编制本级政府综合财务报告的各地县级政府,在其综合财务报告数据中应包含所辖乡镇政府资产、负债、净资产、收入和费用等情况;编制地方政府综合财务报告的地区从 12 个扩大到 18 个;新增对财政专户资金情况的披露要求,各地应在政府综合财务报告中单独反映财政专户资金情况,即在"货币资金明细表"中单独列示"其他财政存款"反映除社保基金专户以外的财政专户资金余额,在报表附注"需要说明的其他事项"中反映社保基金专户资金余额;强化审核要求,各地对审核发现的问题要边审边改、立查立改,切实提高政府财务报告编制质量。

(三) 对编制时间的要求

各地应于 2021 年 7 月 31 日前报送省级政府综合财务报告以及所辖市、县级政府综合财务报告;编制地方政府综合财务报告的 18 个地区应于 2021 年 8 月 31 日前报送本省(市)政府综合财务报告;应于 2022 年 8 月 31 日前报送工作总结。2021 年是中央部门全面编制政府财务报告的第一年,开始试编中央本级政府综合财务报告;中央各部门应于 2021 年 5 月 31 日前报送政府部门财务报告以及所属单位财务报告,同时报送工作总结。按国家有关规定,部门单位认定为涉密的信息,应当通过光盘等介质进行离线报送,并准确标注报送介质的密级。

三、2021年工作通知情况

(一) 对编制工作的要求

一是要加强组织协调；二是要夯实基础管理；三是要注重分析利用；四是要完善系统建设。最大的变化是基础管理方面，专门要求各地要清查核实代表政府持有的相关企业的出资人权益、政府发行的地方政府债券、举借的国际金融组织和外国政府贷款、政府或有债务等情况，按规定进行核算和反映；明确指出经费自理事业单位要按照部门所属关系编报财务报告。另外，对于财务报告分析利用方面也与上年有所不同，新的要求是各地要积极开展专题分析研究，推动数据共享，扩大应用范围。通过分析发现问题，剖析原因，找出薄弱环节，发挥政府综合财务报告逆向反馈和促进管理的作用，为领导决策和防范财政风险提供信息支撑。

(二) 对编制质量的要求

一是要扩大编报范围；二是要做实对账抵销；三是要加强质量把关。最大的变化是，编报范围进一步扩大，编制合并后的地方政府综合财务报告的地区由2020年的18个原则上扩大到全国所有地区以及新疆生产建设兵团。另外，对于对账抵销工作，明确了财政与政府部门之间，财政内部不同类型资金之间，不同级次政府财政之间的交易事项，经相关方确认无误后抵销。对于财务报告质量的把关，除了延续上一年度加强审核的要求外，新增了与审计部门沟通配合的要求，要积极配合政府财务报告审计，对于审计发现的国库管理方面的问题，要立行立改、即知即改；需要国库部门支持配合的问题，要与审计部门加强沟通，共同督促部门单位及其他有关方面严格执行相关制度，规范管理。

(三) 对编制时间的要求

有关中央预算单位应于2022年5月31日前将2021年度政府部门财务报告（纸质版）和电子数据，以及所属单位财务报告电子数据报送财政部国库司；于2022年5月31日前将本部门编制工作总结（纸质版）报送财政部国库司，同步将电子版发送工作邮箱。各地区政府部门财务报告报送要求由各地根据本地政府综合财务报告编制工作具体部署自行决定。

四、2022年工作通知情况

(一) 对编制工作的要求

一是要强化组织领导，促进整体协同；二是要规范日常管理，夯实编制基础;三是要注重分析利用,挖掘数据价值;四是要完善系统建设,提高支撑能力。最大的变化是,提出进一步加强组织协调,完善工作机制,高效合理安排布置、编制、审核、报送等环节的工作,抓好责任落实。严格执行财政总会计制度,督促部门单位严格执行政府会计准则制度,持续提升会计信息质量,夯实政府综合财务报告编制基础。做好历年数据资料整理汇编,推动数据共享,扩大应用范围。研究完善分析指标体系,探索界定合理指标区间,综合评价本地区财务状况和运行情况。通过分析数据信息,发现政府财务管理面临的新情况、新变化、新问题,研究提出政策建议,为科学决策提供参考。严格按照预算管理一体化规范、系统技术标准和政府财务报告管理系统地方整合实施方案要求,加快推进系统整合。要使用预算管理一体化系统进行编报,加强数据报送管理,确保数据真实、完整、准确。

(二) 对编制质量的要求

一是要规范编制范围;二是要做实对账抵销;三是要压实编审责任。最大的变化是,提出开发区(含园区)应纳入同级政府或设立该开发区地方政府的本级综合财务报告合并范围,与预决算管理相衔接。进一步压实主体责任,厘清不同审核主体之间的权责关系。结合本地实际,完善审核流程,创新审核方式,提高审核效果。细化审核规则,逐步将其内置到系统中,及时纠正审核发现的问题。

(三) 对编制时间的要求

各地电子数据应通过全国预算管理数据汇总系统报送。有关中央预算单位应于2023年4月底前完成部门间对账,于2023年5月底前将2022年度部门财务报告纸质版和电子数据,以及所属单位财务报告电子数据报送财政部(国库司)。

第二节 财务报告编报要求和内容

一、政府财务报告编报要求

(一) 总体要求

在报告编制要求方面,2019年底财政部修订发布了《编制办法》《操作指南》三项文件。三个文件对政府财务报告和政府综合报告编制的内容、方法、过程等进行了详细的说明和指导,《编制办法》规定了政府部门财务报告由政府部门编制，主要反映本部门财务状况、运行情况等。政府综合财务报告由政府财政部门编制，包括本级政府综合财务报告和行政区政府综合财务报告，分别反映本级政府整体和行政区政府整体财务状况、运行情况和财政中长期可持续性等。

政府部门财务报告主要包括财务报表和财务分析，其中财务报表包括会计报表和报表附注，会计报表由资产负债表和收入费用表等构成，财务分析主要包括财务状况分析、运行情况分析、财务管理情况等。政府综合财务报告主要包括财务报表、财政经济分析和财政财务管理情况等。财务报表同样包括会计报表和报表附注，而政府财政经济分析主要包括财务状况分析、运行情况分析、财政中长期可持续性分析等。

政府部门财务报告由部门本级及所属单位按照财务管理关系逐级编制，各部门对所属各单位财务报表进行合并，进而编制本部门财务报表。部门编制合并财务报表时，需对部门内部单位之间发生的经济业务或事项经过确认后抵销，并编制抵销分录，在此基础上分项生成合并财务报表项目。县级以上政府财政部门要合并本级政府综合财务报表和下级政府综合财务报表，编制本行政区政府综合财务报表。

《编制办法》还对政府财务报告数据质量的审核做了规定，明确数据质量审核重点是报告的真实性、准确性、完整性和规范性。除《编制办法》外，《操作指南》强调了部门本级、部门所属行政事业单位（不包括企业下属的事业单位）以及与同级财政部门有预算拨款关系的社会团体应当按照规定编制单位财务报告，并按照财务管理关系报送上级单位；上级单位除编制本单位财务报告外，还应当按规定对本单位和所属单位财务报表进行合并，编制合并财务报告。

同时，《操作指南》明确2020年编制合并财务报告时引入重要性原则，设定抵销阈值为10万元，即对于单位和单位之间的债权债务事项，年末余额不超过10万元的，可以不抵销。对于单位之间的收入费用事项，当年累计发生额不超过10万元的，也可不抵销。但同时规定如具备条件须应抵尽抵，不受阈值限制。

（二）编报范围

1. 政府部门财务报告

部门财务报告编制主体范围包括：部门及部门所属的行政事业单位，不包括企业（集团）下属的事业单位；与同级财政部门有预算拨款关系的社会团体。

依据财政部关于印发《政府会计准则制度解释第2号》的通知，除满足一般原则的会计主体外，以下会计主体也应当纳入部门财务报告编制主体范围：

(1) 部门所属的未纳入部门预决算管理的事业单位。

(2) 部门所属的纳入企业财务管理体系、执行企业类会计准则制度的事业单位。

(3) 财政部规定的应当纳入部门财务报告编制范围的其他会计主体。

其中,《政府会计准则制度解释第2号》及《政府会计准则制度解释第4号》进一步明确部门(单位)所属事业单位,其所属关系应当根据以下原则确认:

(1) 存在财政预算拨款关系的事业单位,以财政预算拨款关系为基础确认所属关系。

(2) 实行经费自理的事业单位,按照"事业单位法人证书"所列举办单位确认所属关系。涉及两个或两个以上举办单位的,按排序第一的举办单位确认,纳入该举办单位的合并财务报表编制范围;举办单位之间有协议、章程或管理办法约定的,按约定执行,不得重复编报。

依据财政部关于印发《政府会计准则制度解释第2号》的通知,以下会计主体不纳入部门财务报告编制主体范围:

(1) 部门所属的企业,以及所属企业下属的事业单位。

(2) 与行政机关脱钩的行业协会商会。

(3) 部门财务部门按规定单独建账核算的会计主体,如工会经费、党费、团费和土地储备资金、住房公积金等资金(基金)会计主体。

(4) 挂靠部门的没有财政预算拨款关系的社会组织以及非法人性质的学术团体、研究会等。

(5) 财政部对部门财务报告编制范围另有规定的,依照其规定。

各单位应当编制本单位财务报告并按照财务管理关系报送上级单位。

上级单位除编制本单位财务报告外,还应当对所属单位财务报表进行合并,形成合并财务报告。

主管部门对所属单位的财务报告进行合并编制部门财务报告,报送同级政府财政部门。

2. 政府综合财务报告

政府综合财务报告编制主体为各级政府财政部门。编制政府综合财务报告需要对本级政府各部门财务报告及其他资金报表如财政总预算会计报表、土地储备资金财务报表、物资储备资金会计报表、政府持有股权的企业财务会计决算报表进行合并。本级政府整体财务状况、运行情况,是指将政府财政、各部门和其他被合并主体的财务报表进行合并，以合并结果反映的财务状况和运行情况。行政区政府整体财务状况、运行情况，是指将本级政府和所辖各级政府的财务报表进行合并，以合并结果反映的财务状况和运行情况。

（三）编报程序

1. 政府部门财务报表编制

按照权责发生制原则，应当以经核对无误的会计账簿数据为基础编制单位会计报表。单位应当严格按照相关财政财务管理制度以及会计制度规定，全面清查核实单位的资产负债，做到账实相符、账证相符、账账相符、账表相符。对代表政府管理的资产，各单位应全面清查核实，完善基础资料，全面、准确、真实、完整地反映。

上级单位除编制本单位会计报表外，应对所属单位之间发生的经济业务或事项进行抵销，编制合并会计报表。抵销事项应当编制抵销分录。

（1）单位资产负债表和收入费用表编制。编制步骤：填列会计账簿数据——编制调整分录（如有）——计算加总数据——生成会计报表。

（2）合并资产负债表和收入费用表编制。编制步骤：汇总单位会计报表——编制抵销分录——生成合并会计报表。

抵销政府部门内部债权债务事项：对经确认的内部债权债务事项，应编制抵销分录——借记"应付票据""应付账款""预收账款""其他应付款""长期应付款"，贷记"应收票据""应收账款""预付账款""其他应收款"；已计提坏账准备的内部债权债务事项，应按债权债务原值编制抵销分录，同时应抵销已计提的坏账准备，借记"坏账准备"，贷记"累计盈余"（以前年度计提的金额）、"其他费用"（当期补提或冲减的金额）。

抵销政府部门内部收入费用事项："上级补助收入"与"对附属单位补助费用"之间存在抵销关系，抵销分录为借记"上级补助收入"，贷记"对附属单位补助费用"；"附属单位上缴收入"与"上缴上级费用"之间存在抵销关系，抵销分录为借记"附属单位上缴收入"，贷记"上缴上级费用"。

"事业收入""非同级财政拨款收入""经营收入""租金收入""其他收入"中属于本部门内部单位的部分与"业务活动费用（商品和服务费用、其他费用）""单位管理费用（商品和服务费用、其他费用）""经营费用（商品和服务费用、其他费用）""其他费用"中属于支付给本部门内部单位的部分存在抵销关系。抵销分录为借记"事业收入""非同级财政拨款收入""经营收入""其他收入"，贷记"业务活动费用（商品和服务费用、其他费用）""单位管理费用（商品和服务费用、其他费用）""经营费用（商品和服务费用、其他费用）""其他费用"。对涉及增值税的应税业务，按扣除增值税后的净额抵销。

2. 政府综合会计报表编制

（1）数据来源：政府部门财务报表，财政总预算会计报表，土地储备资金财务报表，物资储备资金会计报表，政府持有股权的企业财务会计决算报表。其中，前四类报表称为被合并主体报表，后一类报表称为权益报表。

（2）编制步骤：按照"被合并主体报表项目与政府综合会计报表项目对照表"将被合并主体报表各项目数据填列到汇总工作表对应栏；对被合并主体之间发生的经济业务或事项，按照"抵销调整事项清单"编制抵销分录，填入汇总工作表"抵销分录"栏；对应按权责发生制调整的事项，按照"抵销调整事项清单"编制调整分录，填入汇总工作表"调整分录"栏；将汇总工作表各项目对应的原始数据栏、抵销分录栏、调整分录栏中的数据，分别计算出经过抵销调整后的金额；试算平衡后，将数据填入政府综合会计报表对应项目，生成资产负债表和收入费用表。

（3）抵销事项：抵销政府部门之间发生的经济业务或事项；抵销财政与部门之间发生的经济业务或事项；抵销财政内部之间发生的经济业务或事项。

（4）调整事项：调减预算稳定调节基金相关收支；调减债务收入、债务转贷收入；调减债务还本支出、债务转贷支出；调减股权投资等资本性支出；将财政直接支出分析调整填入相应费用栏；将财政总预算会计报表中"专用基金收入"分析调整至政府综合会计报表的"其他收入"；将财政总预算会计报表中"专用基金支出"分析调整至政府综合会计报表相应的费用项目；调减国有资本经营预算收入；调减土地储备资金财务报表中的"交付项目支出"；调增长期投资、应收股利、投资收益；调减财政总预算会计报表中的应付代管资金；根据调整分录中收入调整总额与费用调整总额的差额，调整净资产项目。

3. 会计报表附注编制

会计报表附注具体应包括下列内容：会计报表编制基础，遵循相关规定的声明，会计报表包含的主体范围，重要会计政策与会计估计，报表重要项目明细信息及说明，未在报表中列示的重大项目，需要说明的其他事项。

（1）重要会计政策与会计估计：对会计报表重要项目的含义、确认原则、计量方法等会计政策和会计估计进行解释和说明。涉及长期投资的，应说明相应的确认原则；涉及固定资产和公共基础设施资产的，应说明固定资产和公共基础设施资产的类别、折旧年限及折旧方法；涉及无形资产的，应说明无形资产的类别、摊销年限及摊销方法。

（2）会计报表重要项目明细信息及说明：按照资产负债表和收入费用表项目列示顺序，采用文字和数字描述相结合的方式披露重要项目的明细信息。报表重要项目明细信息的金额合计，应当与会计报表中的相应项目金额衔接一致。

（3）未在会计报表中列示但对政府财务状况有重大影响的项目：按照社保基金的种类，分别列示社保基金的收入、支出及结余情况；资产负债表日后重大事项；逐笔披露政府或有事项的事由和金额，如担保事项、未决诉讼或仲裁的财务影响等，若无法预计应说明理由；逐笔披露政府承诺事项的具体内容；政府部门管理的公共基础设施、文物文化资产、保障性住房、自然资源资产等重要资产的种类和实物量等相关信息；在建工程中土地收储项目金额、面积等情况；以名义金额计量的资产名称、数量等情况，以及以名义金额计量理由的说明；PPP项目合同的总体描述、重要条款及报告期间所发生的项目合同变更情况说明；其他未在会计报表中列示但对政府财务状况有重大影响的事项。

二、政府财务报告的具体内容

（一）政府部门财务报告的内容

根据《部门指南》，政府部门财务报告由部门和部门所属行政事业单位及社会团体逐级编制。各单位应当按照指南规定编制本单位财务报告并报送上级单位；上级单位除编制本单位财务报告外，还应当按照指南规定对所属单位财务报表进行合并，撰写财务分析，形成合并的财务报告。主管部门的部门财务报告即编制的合并财务报告。

政府部门财务报告包括政府部门会计报表、会计报表附注和政府部门财务分析三部分。其中，政府部门会计报表包括资产负债表、收入费用表（1和2）3张主表。资产负债表、收入费用表的主要项目与综合财务报表的项目大致相同，按照资产、负债、净资产、收入、费用分类分项列示，但也做出了一些调整。

会计报表附注涉及29张附表，即货币资金明细表、应收票据明细表、应收账款净额明细表、预付账款明细表、其他应收款净额明细表、长期投资及投资收益明细表、固定资产明细表、在建工程明细表、无形资产明细表、公共基础设施明细表、政府储备物资明细表、保障性住房明细表、PPP项目资产明细表、应付票据明细表、应付账款明细表、预收账款明细表、其他应付款明细表、长期借款明细表、长期应付款明细表、事业收入明细表、经营收入明细表、非同级财政拨款收入明细表、租金收入明细表、其他收入明细表、业务活动费用明细表、单位管理费用明细表、经营费用明细表、商品和服务费用明细表、其他费用明细表。

政府部门财务分析主要包括部门工作目标完成情况、部门财务状况分析、部门运行情况分析及财务管理情况四部分。部门工作目标完成情况主要包括部门基本职能、机构设置、年度工作目标计划及其执行情况、绩效目标及其完成情况等。部门财务状况分析主要针对重要资产项目的结构特点和变化情况、重要负债项目的增减变化情况，分析评估提供公共服务的能力、部门债务规模和债务结构，并运用资产负债率、现金比率、流动比率等相关指标，对当期和中长期未来政府部门的财务风险及其可控程度进行评估和分析。部门运行情况分析对政府部门收入规模、费用规模，以及收入和费用的结构、变化的情况进行分析，特别是重点收入项目的比重与变化趋势、经济形势、相关财政政策等对政府部门收入变动的影响，政府部门控制行政成本的政策、投资融资情况及对费用变化的影响，同时通过相关指标如收入费用率指标对政府部门收入用于支付费用的比例情况进行分析。财务管理情况主要从部门预算管理、内控上的管理、所持有资产管理、人员绩效管理、人才队伍建设等方面反映部门加强财务管理的主要措施和取得成效。

(二) 政府综合财务报告的内容

根据《综合指南》，政府综合财务报告由以下四部分组成：政府综合会计报表、会计报表附注、政府财政经济分析和政府财政财务管理情况。

政府综合会计报表包括资产负债表和收入费用表2张主表。资产负债表、收入费用表与企业资产负债表、利润表的编制方式类似，分别反映政府年末的整体财务状况、政府年度整体运行状况。编制政府综合会计报表的数据主要来源于政府部门会计报表及各类资金报表。资金报表主要包括财政总预算会计报表、土地储备资金财务报表、政府持有股权的企业财务会计决算报表、物资储备资金会计报表。除政府持有股权的企业财务会计决算报表属于权益报表外，其他报表均为合并主体报表。

会计报表附注进一步说明财务报表所涵盖的主体范围，重要的会计政策和会计估计数，财务报表中的重要项目、或有项目和承付项目以及财务报表中未列出的重要项目。会计报表附注涉及19张附表，即货币资金明细表、应收及预付款项明细表、一年内到期的非流动资产明细表、长期投资及投资收益明细表、应收转贷款明细表、固定资产明细表、在建工程明细表、无形资产明细表、公共基础设施明细表、政府储备物资明细表、保障性住房明细表、PPP项目资产净值明细表、应付及预收款项明细表、一年内到期的非流动负债明细表、应付长期政府债券明细表、应付转贷款明细表、长期借款明细表、政府间转移性收入明细表、政府间转移性支出明细表。

政府财政经济分析是指结合国民经济形势对政府总体财务及运行状况、中长期的财政可持续性等方面进行分析，以政府财务报表为首要依据。政府财务状况分析主要针对政府资产、负债的规模、构成分布以及变化趋势，借助相关定量指标，分析政府财务风险的当期及中长期的可控程度。政府运行状况分析主要分析政府收入的规模和结构、政府重点项目收入的占比和变化的趋势，以及按照经济分类的政府费用的规模和构成，尤其要分析政府投融资情况对政府费用变动的影响。中长期的财政可持续性分析主要分析财政财务运行质量和效率，应该结合本地区财政经济形势、财税社保政策、财政税收体制和重点行业产业发展趋势等重要因素，分析政府中长期收入和支出的变化趋势，并对财政收支的缺口（包括各类负债占GDP的比重）进行有效预测。

政府财政财务管理情况，主要从政策要求、主要措施和取得成效等方面，反映政府的预算编制管理、预算执行管理、财政监督管理、绩效管理、政府资产负债管理以及政府收支管理等。

第三节　现阶段影响财务报告质量的因素分析

提升政府财务报告的质量能够显著实现政府会计改革目标及提高治理效率。政府财务报告有效、客观、明晰地反映出政府的整体财务状况、运行情况及其他相关信息，报告中的诸多数据是政府绩效评价、政府信用评级、政府风险评估的基础，同时，这些数据也可以为政府制定中长期规划或其他相关规划提供数据支撑。

总之，政府财务报告试编以来，各编制主体经历并熟悉了编制范围、编制步骤、编制内容、抵销规则等一系列的变化。例如，单位会计报表编制步骤由原来"填列会计账簿数据——编制调整分录——计算加总数据——生成会计报表"四步骤简化为"填写基础信息——填列报表项目"两步骤。通过连续几年政府财务报告试编工作，各部门各单位不断总结、优化编报具体工作，报告编制质量得到了很大提升，但仍有进一步优化的空间。

为了深入分析影响财务报告编制质量的各项因素，课题组精心设计了相关调查问卷，以行政事业单位以及提供政府财务报告相关服务的工作人员为对象开展问卷调查（详情见附录）。

一、问卷结果分析

统计结果如下：

如图4-1所示，60.61%的受访人员认为本部门（单位）组建了财务报告编报工作小组，明确了编审责任、领导责任和监督责任，39.39%的受访人员认为本部门（单位）在这一方面存在不足。

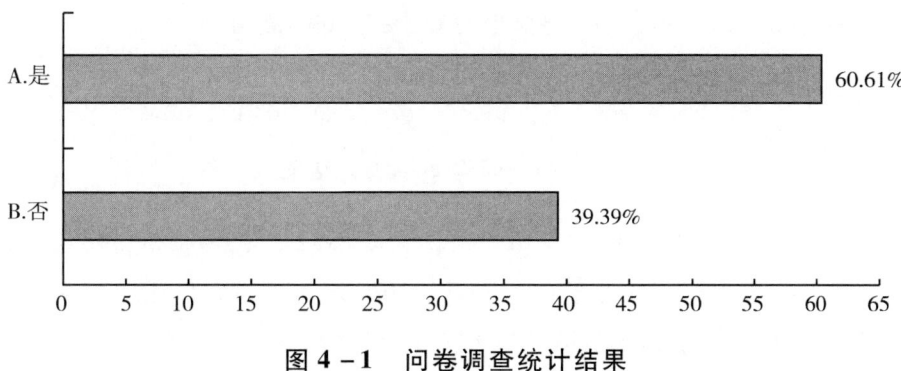

图 4-1　问卷调查统计结果

如图4-2所示，57.58%的受访人员认为本部门（单位）的财务报告编报人员的专业能力能够胜任工作要求，33.33%的受访人员认为需要进行专业培训后才能胜任财务报告编报工作，9.09%的受访人员认为目前无法胜任此项工作。

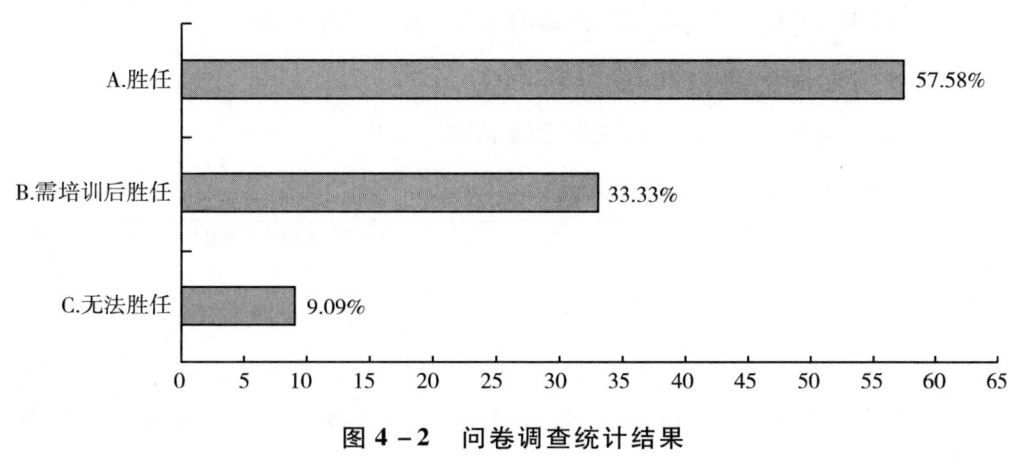

图 4-2　问卷调查统计结果

如图 4-3 所示，部门（单位）在开展对纳入合并抵销的债权债务及收入费用对账时，48.48%的受访人员认为会计政策不一致导致双方科目不对应，42.42%的受访人员认为会计政策不一致导致双方金额不一致，45.45%的受访人员认为双方入账时点不一致导致金额差异，36.36%的受访人员认为账务核算未设置往来对象导致无法对账，30.3%的受访人员认为对账对象全部计入其他单位导致对账遗漏，还有 24.24%的受访人员认为不存在问题。

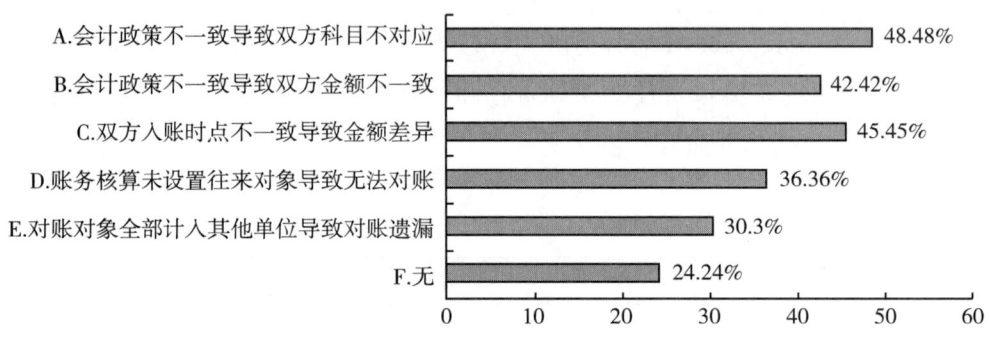

图 4-3 问卷调查统计结果

如图 4-4 所示，60.61%的受访人员认为本部门（单位）编制财务报告时资产报告和财务报告数据一致性不存在问题，30.3%的受访人员认为存在金额不一致的情况，15.15%的受访人员认为存在资产分类不一致的情况，24.24%的受访人员认为存在折旧计提额不一致的情况，12.12%的受访人员认为存在资产范围不一致的情况。

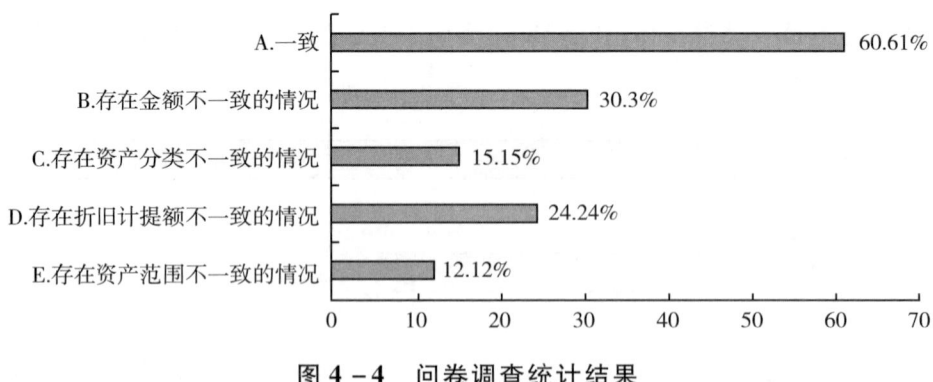

图 4-4 问卷调查统计结果

如图 4-5 所示，在回答本部门（单位）审核本部门（单位）及下属单位的财务报告时发现的问题类型这一项时，33.33%的受访人员选择账簿数据取数错误，36.36%的受访人员选择对账抵销不充分，18.18%的受访人员选择财务报告编制方法错误，33.33%的受访人员选择报告内容不完整，21.21%的受访人员选择报告格式不规范，30.3%的受访人员选择重要资产、往来、收入费用项目列报错误，48.48%的受访人员选择财务分析不准确或财务分析过于简单，24.24%的受访人员认为不存在问题。

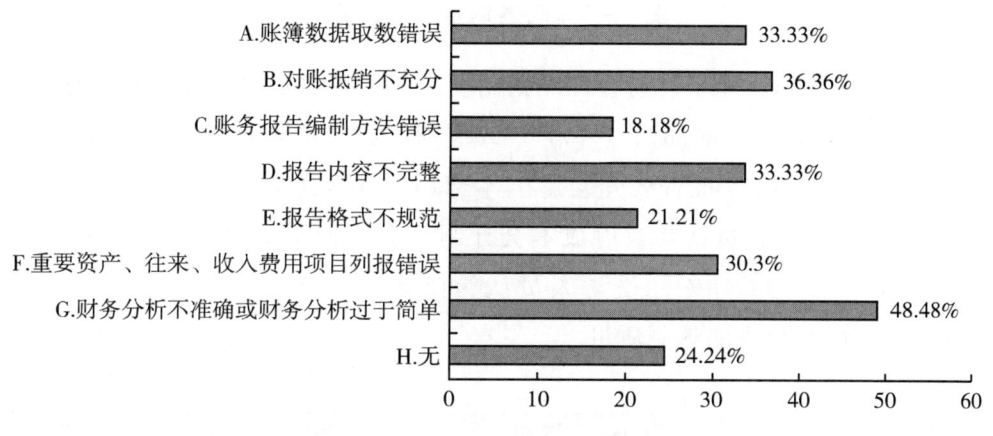

图4-5 问卷调查统计结果

如图4-6所示，27.27%的受访人员对本部门（单位）目前的财务报告质量表示很满意，27.27%的受访人员表示满意，39.39%的受访人员表示一般，6.07%的受访人员表示不满意。

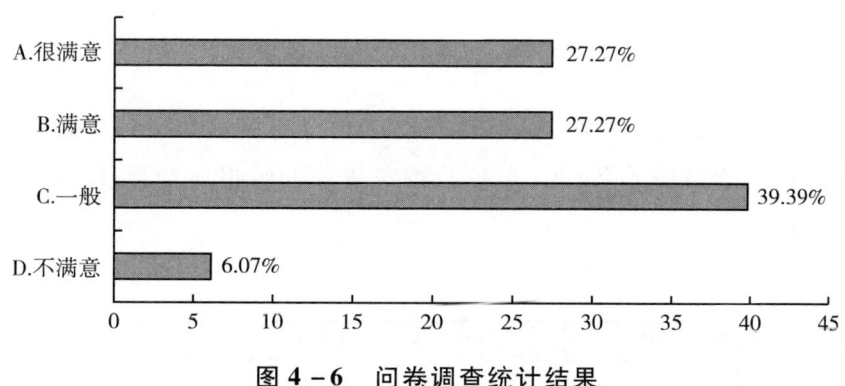

图4-6 问卷调查统计结果

如图4-7所示，90.91%的受访人员认为新的政府会计准则制度及其相关解释或应用指南的出台，有利于提升本部门（单位）的财务报告质量，9.09%的受访人员持反对意见。

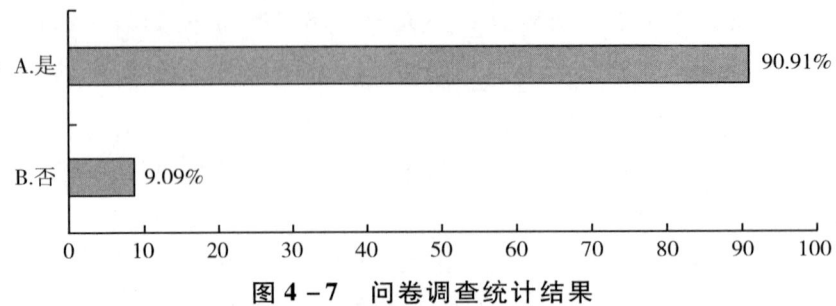

图 4-7　问卷调查统计结果

如图 4-8 所示，除了政府会计准则制度之外，69.7% 的受访人员认为政府财务报告审计制度会影响本部门（单位）政府财务报告的编制质量，57.58% 的受访人员认为把政府财务报告公开会影响本部门（单位）政府财务报告的编制质量，42.42% 的受访人员认为政府成本会计制度会影响本部门（单位）政府财务报告的编制质量，48.48% 的受访人员认为财政总预算会计制度会影响本部门（单位）政府财务报告的编制质量。

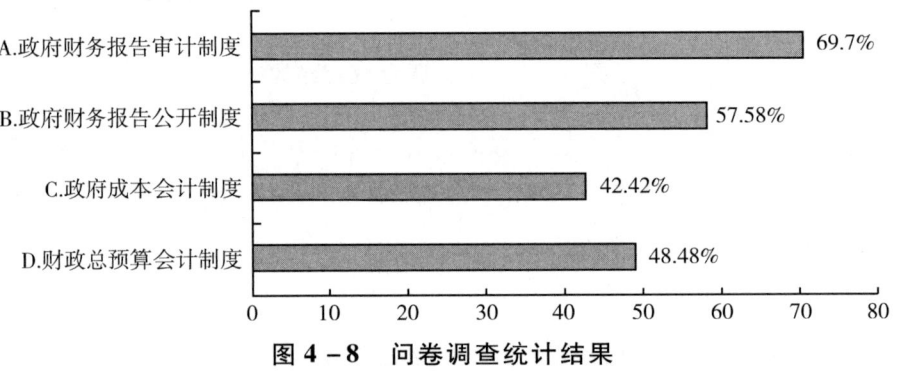

图 4-8　问卷调查统计结果

如图 4-9 所示，78.79% 的受访人员认为信息系统（如会计核算系统、财务报告编制系统）会影响本部门（单位）财务报告的编报质量，21.21% 的受访人员认为不影响。

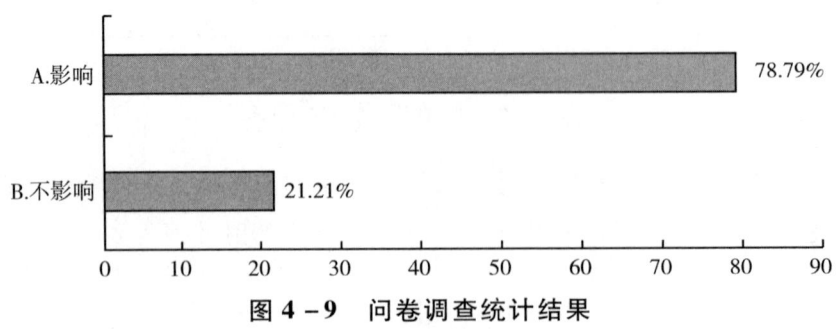

图 4-9　问卷调查统计结果

如图 4-10 所示，在回答对本部门（单位）的财务报告执行内部审计工作是否有利于提升政府财务报告质量这一问题时，93.94% 的受访人员均给出肯定答案，只有 6.06% 的受访人员持反对意见。

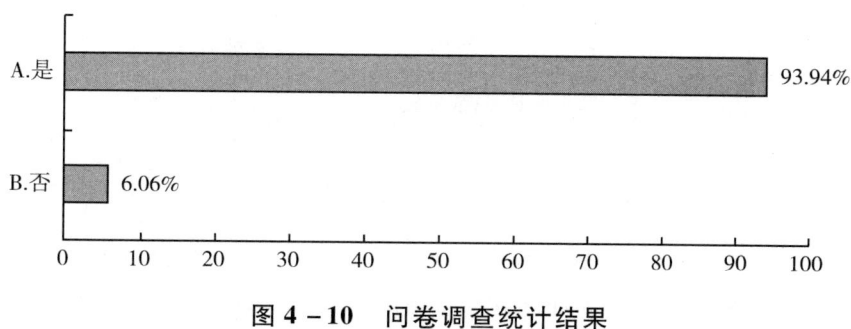

图 4-10　问卷调查统计结果

如图 4-11 所示，从组织管理及监督的角度看，87.88% 的受访人员认为财政部门的参与对本部门（单位）提升政府财务报告质量有积极影响，75.76% 的受访人员认为审计部门的参与对本部门（单位）提升政府财务报告质量有积极影响，39.39% 的受访人员认为纪检监察部门的参与对本部门（单位）提升政府财务报告质量有积极影响，27.27% 的受访人员认为本级人大的参与对本部门（单位）提升政府财务报告质量有积极影响。

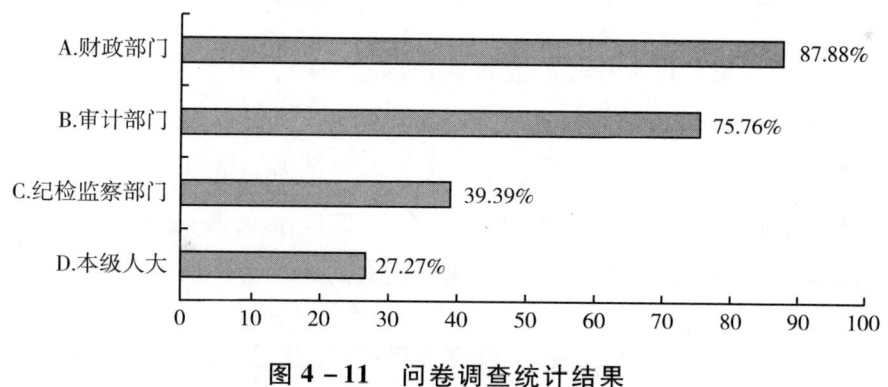

图 4-11　问卷调查统计结果

如图 4-12 所示，在回答本部门（单位）的政府会计核算影响财务报告质量的常见问题这一项时，33.33% 的受访人员选择了会计科目设置不规范，54.55% 的受访人员选择了资产核算不及时，60.61% 的受访人员选择了往来款项长期挂账，18.18% 的受访人员选择了原始凭证不齐全，45.45% 的受访人员选择了未完全按权责发生制确认收入和费用。

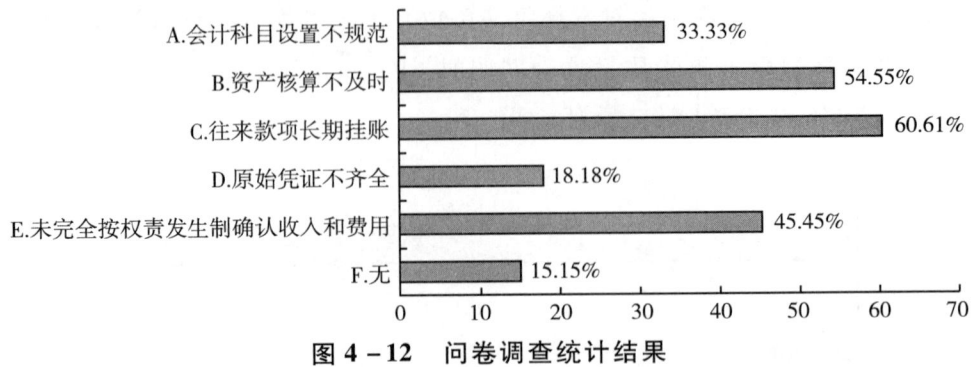

图 4－12 问卷调查统计结果

如图 4－13 所示，87.88% 的受访人员认为成本核算基本指引及相关行业（如公立医院、高等学校、科研事业单位等）的成本核算具体指引的出台，有利于提升本部门（单位）的财务报告质量。12.12% 的受访人员持反对意见。

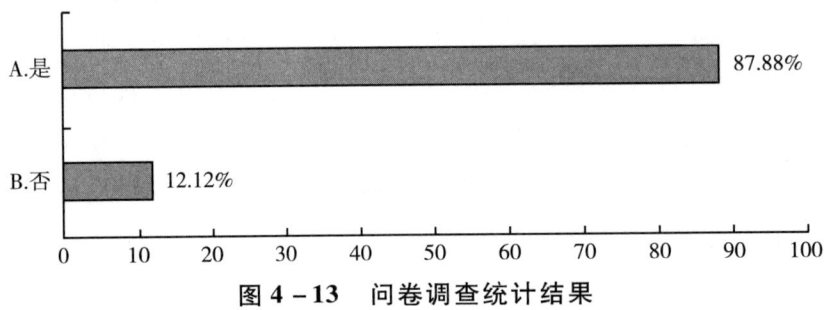

图 4－13 问卷调查统计结果

如图 4－14 所示，在推行政府成本会计的过程中，69.7% 的受访人员认为主要的难点在于特殊资产成本难计量，57.58% 的受访人员认为主要的难点在于核算成本范围不清晰，66.67% 的受访人员认为主要的难点在于成本归集边界不明确，78.79% 的受访人员认为主要的难点在于难以准确匹配成本分配的对象，69.7% 的受访人员认为主要的难点在于缺少配套的成本会计信息系统。

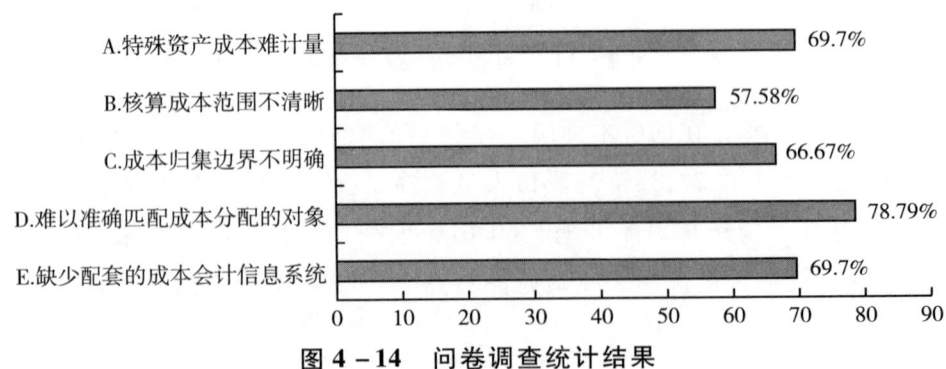

图 4－14 问卷调查统计结果

如图 4-15 所示，96.97% 的受访人员认为除了现行的《政府财务报告审计办法（试行）》以外，急需国家有关部门（如审计署）出台财务报告审计的实施上的具体细则和操作指南等相关规定，从而有效提升财务报告质量。3.03% 的受访人员持反对意见。

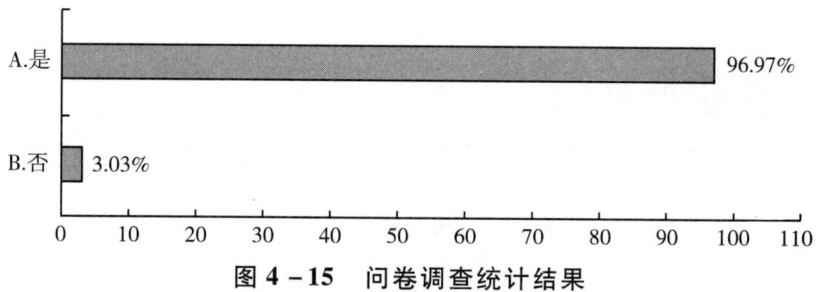

图 4-15 问卷调查统计结果

如图 4-16 所示，96.97% 的受访人员认为加强内部控制建设有利于提升本部门（单位）的财务报告质量。3.03% 的受访人员持反对意见。

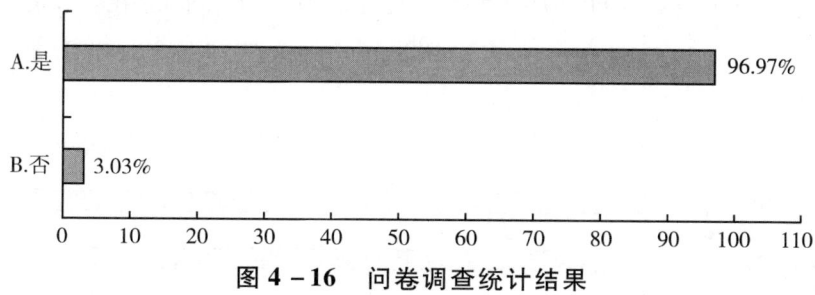

图 4-16 问卷调查统计结果

如图 4-17 所示，考虑到影响本部门（单位）政府财务报告质量的内控因素时，84.85% 的受访人员选择了内控体系不健全，66.67% 的受访人员选择了风险评估不重视，72.73% 的受访人员选择了内控评价走形式，72.73% 的受访人员选择了管理制度不完善，69.7% 的受访人员选择了内控职责不清晰。

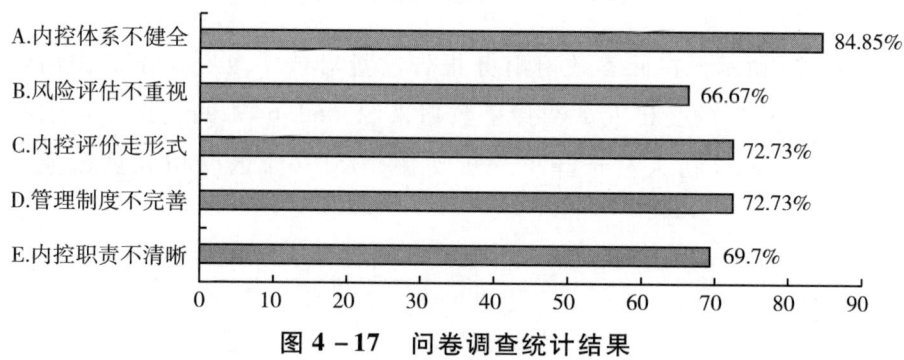

图 4-17 问卷调查统计结果

如图 4-18 所示，90.91% 的受访人员认为加强预算绩效管理有利于提升本部门（单位）的财务报告质量。9.09% 的受访人员持反对意见。

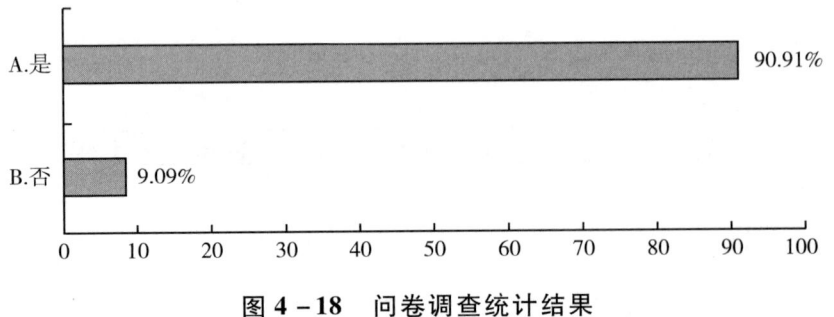

图 4-18　问卷调查统计结果

如图 4-19 所示，从绩效管理的角度考虑，72.73% 的受访人员认为申报绩效目标环节需要高质量财务数据的支撑，72.73% 的受访人员认为设置绩效指标环节需要高质量财务数据的支撑，66.67% 的受访人员认为开展绩效评价环节需要高质量财务数据的支撑，60.61% 的受访人员认为评价结果应用环节需要高质量财务数据的支撑，39.39% 的受访人员认为制定绩效管理制度环节需要高质量财务数据的支撑。

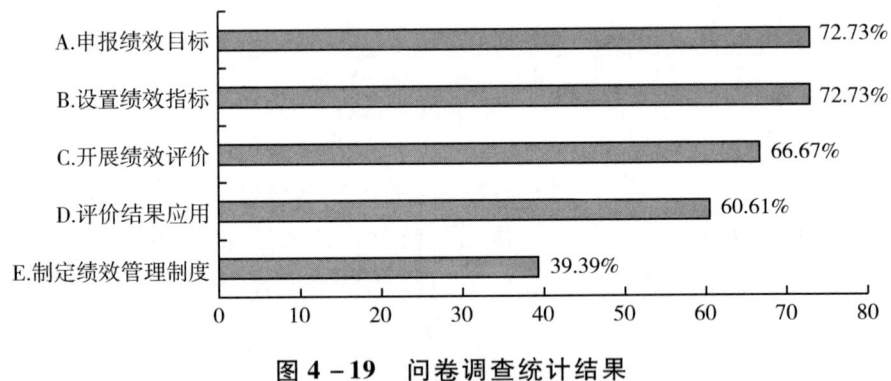

图 4-19　问卷调查统计结果

如图 4-20 所示，在回答政府财务报告质量对数字政府建设的作用体现这一问题时，87.88% 的受访人员选择了数据来源，63.64% 的受访人员选择了质量保证，69.7% 的受访人员选择了分析支持，75.76% 的受访人员选择了决策参考。

第四章 我国政府财务报告编报现状与质量因素分析

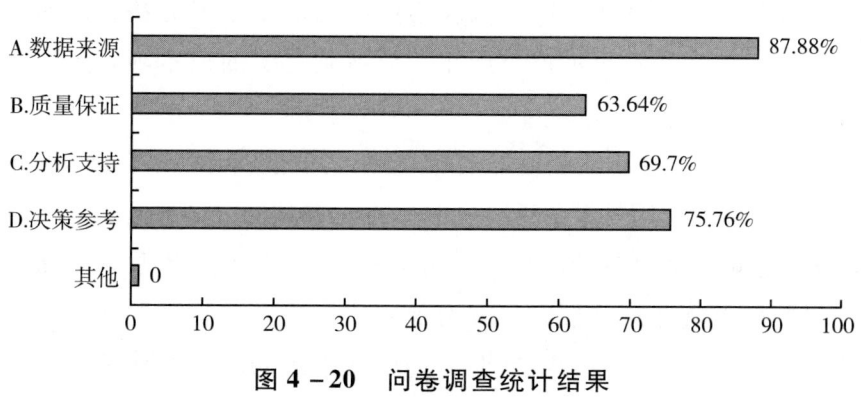

图 4-20 问卷调查统计结果

二、因素具体分析

从调查问卷统计的结果来看,影响财务报告编制质量的主要因素有组织管理因素、会计核算因素、成本会计因素、审计公开因素、内控管理因素、绩效管理因素和数字化转型因素等。各因素的影响机制分析如下。

组织管理方面,在理想情况下,政府综合财务报告应是对各部门财务报告进行汇总后形成的综合性财务报告。为实现编制准确的、科学的、具有整体性的政府综合财务报告的目标,应先编制以权责发生制为会计核算基础的部门财务报告,在对其进行汇总的基础上编制整体性的政府财务报告。在编制政府综合财务报告的过程中要明晰主体责任,实现高效分工,加强协作。除此之外,在填列报告前要统一设置口径,确保报告的可靠性及准确性。在编制报告的过程中,要充分利用人大的预算监督力和外部审计机关的约束力,从而切实提高编制报告的效率和编制内容的科学性。

会计核算方面,建立健全政府会计核算体系是建立权责发生制政府综合财务报告制度的主要基础。没有完善的政府会计核算体系,编制政府财务报告就变成了天方夜谭。构建政府综合财务报告体系,必然建立在会计核算体系基础之上,两者相互衔接。会计核算工作为政府综合财务报告提供基础支撑,政府综合财务报告则是对会计核算最终结果的全面反映,是对财政活动的结果反馈和管理。

成本会计方面,政府成本会计能够反映政府在履职过程中产生的运行费用和履职成本。政府的运行成本多是因为在履行职能过程中消耗了经济资源而产生的,而对政府运行成本进行统计和分析是进行绩效考评的必要前提。采用权责发生制的情况下，成本会计可以引入较为成熟的成本核算方法，从而将在收付实现制基础上无法反映的成本信息归集、分摊到特定的成本项目上，实现资源的有效配置。

审计公开方面，实施政府财务报告审计和公开是保障报告编制质量的首要方法，是提高报告分析应用效果的重要机制安排。审计和公开制度对财务报告质量有显著的正面影响。通过审计的形式，可以很好地为财务报告提供真实可靠的建议，并对其提供信息的质量做出有力保障，通过财务报告的形式对整体财务状况和运行成果进行体现，揭示其背后的财政管理乃至财政政策，从而达到预警风险及支持决策的目的。政府财务报告编制基础与报告项目的附注说明、各类资产负债的形成、收入费用的发生、政府内部的政策和管理职能、各种公共财政法律法规等信息都应予以公开披露，以提高政府财政透明度，增强公众对政府的监督。

内控管理方面，内部控制的主要职责是"保证单位经济活动合法合规、资产安全和有效使用、财务信息真实完整，有效防范舞弊和预防腐败，提高公共服务的效率和效果"，内控的主要目标是保证全面地反映单位真实的财务状况。一方面，行政事业单位中内控的控制方法包括会计控制，可直接影响政府财务报告的信息质量。财务报告是会计工作的一项成果，有效的内部控制有利于保证单位财务会计报告的真实性和准确性。另一方面，对本单位业务活动、经济活动等进行把控，也对财务报告输出的整体质量有着正面影响。内控管理的主要内容包括对环境进行控制测试，对结果进行风险评估，并有效传递真实的控制结果，使财务报告更加真实可靠。

绩效管理方面，政府绩效价值判断的基础和首要指标是政府的成本管控情况，而政府绩效的价值最终体现在政府行为及投入产出的有效性。政府绩效评估与管理贯穿于政府行为的全过程，有利于政府和公共管理部门实现评估、控制、改进等管理目的，可规范政府职能和行为，提高行政资源配置效率，有效控制政府提供公共产品和服务的成本。

数字化转型方面，当今时代是信息时代，数字化正炙手可热，将数字化与政府管理工作进行融合建设数字政府是必然趋势，而财务管理数字化是构建数字政府的重中之重，因此财务管理数字化必然影响政府财务报告的质量。传统的财务管理工作只对业务进行事后监督，仅仅完成核算记账和制作财务报表等财会工作。从20世纪80年代的会计电算化到90年代的会计信息化建设，再到如今政府基于大数据、云计算、物联网等多种高新技术建立财务信息化管理平台，财务管理工作已实现了资金总体规划、资产管理、会计核算、电子文件存储等多功能一体化。财务管理模式发生了变化，财务平台共享模式逐步取代了传统模式，促进了财务数字化转型，实现了资源的优化配置，提高了现代政府治理的质量和效率。

第五章 组织管理对财务报告质量的影响及提升措施

第一节 组织管理影响财务报告质量的问题分析

一、制度层级较低

现行政府财务报告编制制度法律层级较低,对其他部门约束性不强,部门之间的协调配合力度不够,不利于从全局高度推进改革。政府财务报告编制工作是一个复杂的系统工程,包括编制、审计、备案、公开多个环节,需要各参与主体协同参与和配合。通过提高立法层次,可调动各参与主体的积极性,约束各方面的行为,从而进一步推动政府财务报告编制工作,实现加强管理、提高国家治理能力的目标。

二、责任落实情况

政府财务报告制度改革不仅涉及理念转变,还涉及管理政策等问题,其需要的技术性、政策性和敏感性较强。在充分肯定改革前期取得的成绩的同时,还需清醒地认识到改革所面临的系统性、长期性和复杂性。面对新的形势和任务时,需要继续保持推进改革的决心和勇气,同时也要注重改革的系统性、整体性和协调性,明确各层级组织管理责任,切实抓好落实工作。

一是国务院对《改革方案》中的具体实施步骤和时间进度计划,从最高层明确了具体的时间表,尤其是其中提及政府财务报告的分析应用及公开要求,这要求政府财务报告的质量必须达到一定的高度,这是影响政府财务报告质量的首要因素。二财政部每年印发关于财务报告编报工作的通知及要求,在通知中规定了每年编报工作的关注重点、变化、质量要求、保障措施、组织实施培训等。财政部有关财务报告编制工作的组织管理工作的计划性、科学合理性、时间可行性、质量要求严格性等直接影响全国各级（中央、省、市、县等）财务报告工作的进度安排及质量水平。三是领导对政府财务报告的重视、人员岗位责任设定、监督落实等影响财务报告工作的整体工作。从财政及部门两个层面来看，财政及部门领导对政府财务报告工作的重视、组织推进、监督管理等都将对政府财务报告的质量产生影响。为此，需明确单位主要负责人为第一责任人，指定专人负责政府财务报告的工作，从财务制度中明确主体责任，具体落实责任到岗到人，确定监督部门等。四是具体实施政府财务报告工作时，实施的具体工作通知、工作内容布置编制、工作方案编制、工作汇报总结、应用分析等是否科学合理，能否在满足上级主管部门审核规则及质量要求的前提下，结合单位实际及内部审核管理，将直接影响政府财务报告的编制质量。

三、能力建设方面

（一）人员专业能力保障

要深入推进改革，势必需要专业化专能化的人员配备。政府财务报告编制及审核工作是一项专业技术工作，需要具备相应专业能力的人员才能有效地完成。政府财务报告编报人员的专业知识水平（如财务报告编制、合并抵销、财务审核等能力）、账务核算专业能力、财务报告数据分析应用能力等的高低直接决定了财务报告质量的高低。如果人员缺少相应能力，或出现人员资源紧缺、一人多岗、无暇深入学习、无暇顾及此项工作等情况，也无法保证高质量的财务报告成果。此外，政府财务报告编制工作经费保障方面，政府财务报告合并、抵销、对账、分析运用等都是具有一定复杂程度的工作，尤其是分析运用阶段，政府主体本身专业能力不足时，需通过外购专业服务的方式进行，如果财务报告分析应用专题研究投入、课题投入、专项工作费用投入等方面保障不足，都将影响财务报告的质量。

（二）信息系统建设

改革顺利推进的关键在于政府财务报告需要功能完备、运行稳定的信息系统作保障。编制政府财务报告基于会计核算的数据，编制主体涉及全国各级部门（单位），范围大且数量多，那么信息系统建设就显得尤为重要。信息系统的建设要注意不同系统内数据的对接和不同层级的系统对接，制定统一、公开的系统接口标准，实现不同系统之间数据互联互通，从而确保政府财务报告编制的准确性和及时性。

现阶段财务报告主要在财务报告编制软件中单独编制及审核完成后，逐级上报。而目前存在编报软件与政府编报主体会计核算软件相互独立不衔接、编报软件由政府主体自行采购导致不统一，甚至缺少编报软件等问题；编报软件与财务核算软件脱节，容易出现编制过程中财务报告与账务数据不一致的人工处理错误；缺少编报软件的地方单位只能通过手工处理的方式进行，大大影响编报效率且准确性低。

四、审计监督的推进

政府财务报告反映了政府履行受托责任的情况，报告一般来说必须经过严谨细致的审计之后才能对外公布。但是我国目前尚无政府财务报告审计制度，试点单位也尚未披露相关报告，报告的作用尚得不到有效发挥。所以目前财政部门与审计部门应分工协作，根据我国现实情况及实际需求，加快建立政府财务报告审计制度，进一步保障政府财务报告信息质量。

目前，我国政府综合财务报告编制工作稳步推进并已取得了阶段性的成功，现应着手推进建立政府财务报告审计制度进程。目前政府财务报告审计工作仍处于初步探索阶段，试点范围还应进一步扩大。《政府财务报告审计办法（试行）》只是笼统地对政府财务报告审计工作进行了规定，尚存诸多深层次问题，还需进一步完善，制定统一、清晰的审计标准。

第二节　提升财务报告质量的相关措施

一、完善财务报告编报制度

首先，建议研究提升制度层级，立法内容应覆盖编报工作全链条，至少包括编制内容、编制方法、数据来源、编制范围、审计、备案与公开、权责关系、分析应用、违法行为认定与处罚等，并要与预算法、预算法实施条例、政府财务报告审计办法、政府信息公开条例等相关规定做好衔接。

其次，及时完善财务报告编报制度。随着改革的深入，财务报告编报指南及每年的财务报告工作通知也应结合新的政策、文件的发布及时进行修订和完善，如2022年11月发布的《财政总会计制度》直接改变了综合财务报告的编制方法，应相应修订财务报告编制指南中的相关内容。

再次，可优化报表的编制体系设计，在明确主体责任的基础上逐步提高编报效率。政府合并财务报表和部门财务报表需要由政府本级和下属单位共同编制，按照相关财政财务管理制度的规定，结合实际情况独立编制，各报告主体之间既相互独立又环环相扣。

二、压实部门单位财务报告工作的主体责任

思想上的重视能起到事半功倍之效。部门单位作为报告编制的"第一责任人"，要切实履行主体责任，严格审核把关，优化编审流程，提高工作效率，细化审核内容，杜绝基础性错误，及时纠正审核、审计发现的问题，切实提高政府部门财务报告编制质量。一是组织领导或各部门应以较高级别的领导担任财务报告编制小组组长，在思想上高度重视，在工作上认真负责。二是构建工作机制，在客观上细化工作的流程，明确各预算单位的工作职责及分工，强化机关部门间的互相协调，确保工作有序开展。三是强化单位主体责任，将编制责任分解到各基层单位，确保各预算单位对编制报告结果负责，强化单位负责人"一岗双责"，同时让财务人员真正理解政府部门财务报告的编制意图，为编制高质量的政府部门财务报告做好充足的准备。

三、加强财政部门的组织指导

在政府财务报告编制的过程中，财政管理部门担负着重要的组织管理职能。一是要统筹部署各部门单位的政府财务报告编报工作，同时对于相关的问题和困难要给予指导，帮助相关财务人员快速掌握编报方法。二是要对各部门单位报送的政府财务报告进行严格复核，从而确保相关数据的真实性，更加有效地反映政府的资产负债情况。三是要对政府综合财务报告进行专业分析，为政府决策提供客观合理的支撑信息。深圳市财政管理部门在推动全市权责发生制政府综合财务报告改革中的做法比较典型，相关经验值得学习借鉴。

（一）高度重视、强化认识

政府会计制度改革，事关财政管理基础的夯实和各级各类行政事业单位，从而直接影响财政绩效管理水平的提升。因此，深圳市财政管理部门一开始就高度重视政府会计制度改革事宜，早关注、早安排、早落实，及时组织相关管理人员学习政府会计准则制度，安排相关专家进京参加财政部组织的专题培训与学习，与财政部及相关专家建立沟通联系渠道并密切跟踪相关政策和政府会准则制度的

研究与发布，第一时间掌握政府会计制度改革的动向与具体实施要求。在具体实施过程中，深圳市财政管理部门要求所属行政事业单位提前于2018年11月30日开始新旧制度的转换与衔接工作，试点单位更是要在2018年8月20日前完成新旧制度的转换与衔接，为政府会计制度的全面实施提前腾出时间。

深圳市财政管理部门要求各行政事业单位按照"单位负责人对本单位的会计工作和会计资料的真实性、完整性负责"的要求，明确单位负责人提高政治站位，主要负责人亲自挂帅，建立健全政府会计制度的转换与实施工作机制，制定实施工作方案，明确目标、落实责任，市财政局跟踪督办。各行政事业单位成立以单位负责人为组长，由财会、基建、后勤、资产（设备）等各部门领导组成的单位内的政府会计制度实施领导小组，小组成员需要协调在政府会计制度转换过程中的账务处理、往来清理、资产盘点工作。以财会部门为主体组建政府会计制度实施专项工作组，明确具体工作计划和任务，负责政府会计制度的新旧账目对照转换、历史往来账目清理、固定资产、无形资产、政府储备物资、公共基础设施等资产的盘点、补提折旧和摊销、建立新账、核对账目和编制期初资产负债表等具体工作。宝安区在微信工作群通报每日进度、每周进展，给各单位"下战书"，暂停未按要求完成单位的财政资金拨付；龙岗区月报汇总督办资产清查、基本建设和自有账户资金清查，并发文出台具体财务管理政策，解决单位转换实施实际问题；市公安局系统将制度转换作为周例会议题，立"军令状"、签"责任书"，让落后单位紧追直赶。

（二）精心组织、合力推进

政府会计制度的实施，涉及深圳市两千多家事业单位，是一项系统工程。为此，市财政管理部门精心组织，有计划地、扎实地推进全市《政府会计制度》转换实施工作。市财政管理部门先后发布《深圳市财政委员会关于落实〈政府会计制度〉转换实施工作的通知》（深财会〔2018〕77号）、《深圳市财政委员会转发〈财政部关于贯彻实施政府会计准则制度的通知〉的通知》（深财会〔2018〕92号）、《深圳市财政局关于做好政府会计制度转换实施验收工作的通知》（深财会〔2019〕62号）等文件，分别针对政府会计制度转换试点单位实施准备情况、转换实施情况以及转换工作的验收三个不同阶段，对各预算单位开展政府会计制度的转换实施工作进行了细化的要求。

市财政管理部门还在每个通知后都结合实务要求设计了相应的附表，给了单位非常细致的指导，如在《政府会计制度转换实施准备情况表》中明确了准备工作的重点包括建立工作领导小组、培训、转换工作方案、建立操作手册、完成信息化系统改造等内容；在《深圳市行政事业单位政府会计制度转换实施情况表》中对转换实施完成情况、转换实施未完原因、存在问题的典型事项做了罗列，以全面掌握转换实施的具体情况，组织专家组及时给予指导；在《政府会计制度转换工作验收表》中提出工作要求的同时明确了输出成果，如"是否按照新制度完成会计核算流程和规则的梳理"对应要求的输出成果为"财务核算规程或手册"。深圳市财政部门采用阶段理清工作要求、指导和验收等措施，保证了政府会计制度的顺利实施。三个通知中的附表如下。

（1）深财会〔2018〕77号文附表。

《政府会计制度》转换实施准备情况表

单位		完成情况
工作内容	1. 是否建立工作领导小组	
	2. 是否组织领导、财会和相关人员全员培训	
	3. 是否制定制度转换实施工作方案	
	4. 是否完成财务工作手册和操作指引的建立	
	5. 是否完成会计信息化系统改造	
	6. 是否能做到2019年1月1日或之前转换实施	
工作建议		

填表说明：在工作对应的"完成情况"栏内，"完成"的打"√"；"未完成"的打"○"；"未做"的打"×"。

单位（盖章）：
日期：

（2）深财会〔2018〕92号文附表。

《政府会计制度》转换工作验收表

单位：	具体内容	完成情况
1. 是否建立工作领导小组	相关文件	
2. 是否组织领导、财会和相关人员培训	培训工作信息或简报	
3. 是否制定制度转换实施工作方案	相关文件	
4. 是否按照新制度完成会计核算流程和规则的梳理	财务核算规程或手册	
5. 是否根据衔接规定，编制新旧会计科目对照表并进行新账的初始化登记	新旧会计科目对照表、新账建账	

续表

单位：	具体内容	完成情况
6. 是否参照新制度，完成对经济业务和经济事项如实进行会计核算	序时账	
7. 是否完成会计信息化系统改造，实现两套账并行核算	会计信息化系统	
8. 是否完成至少1个月财务会计报表、预算会计报表新旧衔接	财务报表（现金流量表除外）、预算报表	
9. 是否完成转换实施工作总结报告	总结报告	

（3）深财会〔2019〕62号文附表。

深圳市行政事业单位政府会计制度转换实施情况表

填报单位名称（盖章）：　　　　　　　　　　　　　　　填报日期：

序号	单位名称	转换实施完成情况				转换实施未完成原因				存在问题				核算形式		备注
		已提交转换实施验收表	已完成会计信息化改造升级	已完成新制度转换实施	已提交转换实施情况报告	单位领导不重视，未成立领导小组，未制定转换实施方案	单位财务力量和能力不足，未实施转换	单位会计信息系统升级迟缓，改造无法完成	存在制度难题未解决，转换无法完成	尚有资产清查无法厘清	尚有债权债务无法梳理	尚有账外资产无法入账	尚有其他历史遗留问题无法处理	自主核算	集中核算	

填报说明：1. 请市属各单位、各区财政局按上述情况表内容据实填报，分别用"是"或"否"反映情况，市属主管单位和各区财政局须将所属单位及本单位情况汇总后再上报，并加盖单位公章。2. 已完成转换实施标准：完成新账初始化、完成会计信息化系统改造、实现双分录并行核算、出具月报表。3. 该表一级、二级、三级单位均填报，并由一级单位汇总二级、三级单位情况向我局报送。4. 转换实施未完成原因和存在问题请在备注详细说明。

"兵马未动，粮草先行。"为保障政府会计制度的转换与实施，深圳市财政管理部门要求各行政事业单位在人力、物力、财力上对政府会计制度的转换与实施工作给予优先保障。根据深财会〔2018〕92号文件要求，深圳市各行政事业单位大力开展新旧制度转换与实施工作所需的相关经费支出，以及会计系统改造费用、聘请会计师事务所等中介机构服务费等，可以从2018年预算准备金中列支，也可以从2018年项目经费中调剂列支，列入2019年预算新增项目经费。市财政部门的正式文件，为各单位在政府会计制度转换与实施过程中发生的人员（培训）、设备（系统）购置和中介服务等支出，提供了强有力的经费保障，各行政事业单位得以集中力量做好新旧制度的转换与政府会计制度的实施工作。

政府会计制度的转换与实施是一项系统工程。财政管理部门要求各行政事业单位凝心聚力、全身投入，必要时借助外部力量，高质量完成政府会计制度的转换与实施工作。市财政部门自2017年12月组织举办全市行政事业单位550余人参加的第一次大规模政府会计制度培训后，进行了多场次、多形式的专业业务培训，参加人数最多的一场培训达到1400人。专家指导组的专家、教授深入行政区、街道、行政单位、事业单位等进行了30余场次的专题培训，市财政管理部门多次安排第三方中介机构的专业人员对一线财会人员进行新会计制度的会计软件实操训练，上机进行科目设置、会计凭证录制、登记账簿和编制会计报表等操作。这种多场次、多形式、全方位的专业培训，实现了政府会计制度对全市行政事业单位财会人员的全覆盖。市财政管理部门还鼓励各单位聘请第三方中介机构参与制度转换，利用第三方中介机构在会计软件升级改造、政府会计制度培训讲解、新旧制度转换与新制度实施指导等方面的专业优势，加快单位政府会计制度实施进程，减少差错、提高效率。

（三）示范引领、交流共进

确定试点单位，总结经验，为全市政府会计制度的转换实施提供示范样板。2018年7月市财政管理部门召开了"《政府会计制度》转换与实施试点单位培训布置会"，确定22家会计基础工作较好的预算单位作为政府会计制度转换实施的试点单位，通过试点来发现和解决实施中的问题，通过解决问题的方式方法形成转换经验和实施范本。各试点单位按照市财政部门的统一要求，组建本单位政府会计制度实施领导小组、工作小组，组织全员培训，全面盘点资产，彻查往来账项，编制会计核算手册、新旧会计科目对照表，对新账目进行初始化，完成会计信息化系统改造，实现可双分录核算，完成编制2018年7月新财务会计报表、预算会计报表,并核查新旧制度下资产负债表,新制度收入费用表与旧制度收入支出表,新制度财政拨款预算收入支出表与旧制度财政补助收入支出表数据是否完整一致。

根据市财政管理部门的要求,试点单位对新旧会计制度转换进行为期6个月的并行测试,从中检验会计信息系统是否适应新制度,重构的会计核算模式是否符合新要求。通过先行先试和立行立改,收集在解决问题时的方式方法总结经验,全面解决试行新制度过程中出现的问题和操作难点。通过试点制度转换的工作,进一步完成改造升级会计信息化系统,并对常见经济业务会计核算进行梳理,统一相关核算口径和标准,确保各项业务工作有序平稳过渡,以及为其他单位全面开展制度转换实施工作提供经验和借鉴。

市财政部门组织专家对试点单位进行业务指导,并按计划检查进度。截至2018年8月31日,各试点单位已按期完成制度转换实施工作。随后,市财政部门按照试点单位《政府会计制度》转换实施验收表的要求,完成了对22家试点单位《政府会计制度》转换实施情况的逐项检查验收。2018年11月7日,深圳市财政委在市民中心B区大礼堂召开了"《政府会计制度》转换实施试点经验交流和全市工作布置培训会"。试点单位分享了《政府会计制度》转换实施过程中遇到的主要问题和解决方法,最后由专家对《政府会计制度》在试点单位转换实施过程中遇到的问题进行了现场解答和指导。截至2019年7月10日,深圳市2364家行政事业单位已全部顺利完成了《政府会计制度》转换实施工作,取得了预算单位《政府会计制度》转换实施完成率100%的显著成绩。

四、健全财务报告的审计与监督机制

(一)健全政府财务报告的审计制度

建立政府财务报告审计鉴证制度,坚持政府审计与第三方审计相结合,由审计署负责政府财政情况的审计,并由第三方审计机构辅助。政府财务报告经过独立的审计师鉴证并出具权威的审计报告,增强审计报告可信度,强化政府绩效评价。审计工作不可受外界干扰,经过审核的报告方可公示。

在开展政府财务报告审计及结果公开工作时,通过对审计工作指南、规范等的不断完善,确保审计的独立性和权威性,审计部门及时公开政府财务报告的审计结果,接受舆论监督,提高政府财务信息的透明度。与此同时,审计部门与其他各部门之间的沟通反馈是后续审计工作的重点,可以对各部门的后期整改落实进行跟踪及指导。

(二) 强化政府财务报告的国家监督制度

整个国家监督体系包括权力机关监督、行政监督和社会监督三部分，不同监督主体对政府财务报告履行不同的监督职责。具体来说，第一，全国人大及其常委会、地方各级人大及其常委会应对整体政府综合财务报告、地方政府综合财务报告履行监督职责；第二，财政部、地方财政部门应对同级各部门、各单位编制的财务报告履行财政监督职责，从而提升财政部门的内控能力；第三，审计署、地方审计部门应对政府综合财务报告、部门财务报告中的资产负债表、收入费用表、地方债等情况履行相应的审计监督职责，并与财政监督的结果进行比较；第四，发挥媒体监督、第三方监督和公众监督的社会监督作用，合理引导舆论导向，进一步规范政府财务报告的编制工作，发挥第三方监督的独立性，防止政府财务报告失之偏颇，增加公众对政府财务报告的认知度，提升公民的纳税人权利意识。

五、完善政府财务报告的信息披露制度

完善的信息披露制度是保障使用者和监督者需求的重要前提，不仅要满足政府和有关部门的使用需求，而且要满足人大代表的监督需求及社会公众、债权人、投资人和外部投资者的监督和使用、信用评价需求。

为了让使用者能够及时、全面、定期获得他们需要的财务报告，相关人员（包括但不限于政府财政部门和相关业务部门）要在不同环节提供所需的材料，包括政府财务情况报告和预算情况报告等。向社会披露的政府综合财务报告须满足全面性和层次性的要求，应按照信息使用者的需求量身定做相应的报告信息体系。

六、升级完善政府财务报告相关信息系统

政府综合财务报告编制，以部门财务报告为基础，采用类似于编制企业集团合并财务报表的方法，经过层层合并抵销，才能最终完成。由于编制工作涉及单位多、层级多、环节多，比企业集团并表更为复杂，需要功能完备、运行稳定、网络连接顺畅的信息系统作为支撑，对大量数据进行匹配处理，以完成合并抵销。但从中央部门的试点情况看，为兼顾涉密单位编报需要，政府财务报告管理系统开发了单机版和网络版（部署在财政专网），一定程度上增加了利用系统合

并抵销的难度,需要进一步完善系统部署方式和应用模式。地方财政部门还要逐步完善政府财务报告管理系统,规范系统接口,解决向中央报送电子数据的问题。

七、加强政府财务报告业务能力培训

由于基层报告编制人员整体素养参差不齐,基层的政府财务报告编制难度较大且准确度较低,而基层的政府财务报告是政府财务报告的"基石"。因而,若需改变基层的政府财务报告编制困境,就需进一步进行相关业务的培训,通过讲座、知识竞赛、集中培训等多种形式来增强基层人员的业务素养,强化基层人员相关业务的理论学习。基层要向上级单位及时准确地反馈其编制报告过程中所遇问题,上级单位要加强对基层的业务指导,从而逐步克服编制报告过程中的实操等障碍,提升基层的业务能力和实践操作水平,培养一批业务能力强、综合素质高、编制经验丰富的人才队伍。

(一)明确培训对象

政府部门财务报告是财务报告体系的"基石",故对基层部门(单位)的培训尤为重要。政府部门财务报告是政府部门(单位)履职行为的反映,将要面临的政府财务报告的审计和公开也是以部门(单位)为主体责任、以部门(单位)负责人为第一责任人的行为。权责发生制的政府综合财务报告对财务人员的职业判断能力有了高要求,同时对业财融合提出了高要求,故培训的对象除财务人员外,还应包括单位领导、业务人员等。其中,财务人员不仅包括会计、出纳、报账人员,还包括履行代理记账职责的核算会计,须覆盖财政机构、主管部门、基层单位和含核算中心在内的代理记账机构;单位领导除分管财务工作的领导外,还有分管业务工作的领导,如果单位负责人能亲自组织或适当参与,则对培训绩效有非常好的支持;业务人员主要包括资产管理人员、政府投资业务经办人员、专项资金管理人员、部门(单位)主要业务经办人员等。

(二)完善培训内容

目前通常以财务报告编制工作布置后针对编报软件的使用、编报的流程、财务报告编制办法和指南的培训为主要内容,内容偏向于操作,以完成上报工作任务为目标,忽视了保障政府财务报告的质量、分析应用功能的实现等更加核心的任务。如果能在培训内容上加以深入研究,则能让培训工作事半功倍,建议综合考虑以下几方面的培训内容。

（1）权责发生制政府综合财务报告改革方案及改革背景的培训。

（2）政府会计准则体系的培训。

（3）政府财务报告办法、编制指南的培训。

（4）编报当年的编报通知解析及编报操作培训。

（5）影响政府财务报告质量的因素及提升措施的培训。

（6）其他相关政策制度的培训。

（三）优化培训方式

传统的培训方式有线下面授和线上直播，2020年之前以线下面授为主，疫情期间更多转为线上直播，这两种形式各有优势和不足。

对于线下面授，培训老师和培训对象近距离接触，沟通较直接，知识转化相对较好，但存在受众面有限、成本较高等不足。

线上直播最大的优势就是受众面较广，能大幅节约培训成本，但存在培训对象不能持续保持全程专注，沟通不及时，知识转化效果不佳等问题。

建议培训方式多元化，除传统的线下面授和线上直播外，可结合现场教学、研讨会等形式让各相关层级的人员重视财务报告编报工作，让财务人员提升专业能力、职业判断，让财务报告编报工作能够顺利进行，助力政府财务报告成果的高质量输出。

现场教学可通过对其他省、市、部门先进的经验进行观摩，如增加对账务核算、资产管理、在建工程管理、专项资金管理等业务案例的分享，增加业财融合一体化信息系统建设的沟通交流等，以调整本级财政、本部门的培训方式。

研讨会可通过邀请政策发布机构、业内资深专家、实操经验丰富的财务报告编报专业人员来研讨政策方向、实施方案、落地实操等各个视角的观点，以助财务报告改革中的相关人员理解底层逻辑、拓宽思路、勇于创新，真正实现培训出成效，通过培训提升财务报告质量。

第六章 政府会计核算对财务报告质量的影响及提升措施

政府会计核算通过对政府经济业务的财务行为采用标准科学的核算体系进行记录、反映,从而生成政府财务报告,进而实现对政府财务数据的分析和应用。故政府会计核算对政府财务报告质量的影响不仅包括核算工作,还包括政府部门各经济业务的财务规范管理、政府财务报告的编报工作。

规范的财务行为应遵循《事业单位财务规则》《行政单位财务规则》《高等学校财务制度》等行业财务制度以及各政府部门(单位)自己的财务管理制度,政府会计准则体系则是规范政府会计核算工作的依据,而政府财务报告的编制还应按政府财务报告编制办法和操作指南来执行,财务行为、会计核算、财务报告编制共同影响着政府财务报告的质量。因此,财务人员必须从核算会计的视角提升至管理会计的视角,深入分析政府各类经济业务运行中影响政府财务报告的财务管理风险,对政府经济业务形成整体化的财务管理体系,充分将业务与财务融合在一起,既治标又治本,才能从源头上解决政府会计核算工作不到位对财务报告质量的不利影响。

第一节 政府会计核算影响财务报告质量的问题分析

一、政策法规不健全的影响

虽然我国于2018年底已基本建成了中国特色政府会计准则体系,近几年也通过解释、通知、应用指南、实施问答等政策补充来逐步完善,但依然存在政府会计具体准则体系尚不完善、政府会计应用指南等操作性规定覆盖面较少、成本会计制度尚未建立健全、政府财务报告审计制度和公开制度尚未建立等较多问题,对《政府会计制度》的全面准确实施、政府财务报告质量的保障等方面产生了较大影响，具体的影响情况如下：

（一）具体准则尚有较多会计要素、特殊业务未制定出台

（1）在权责发生制下，政府收入、费用的具体准则尚未制定，实务中各行政事业单位对收入、费用的确认时间、确认金额等原则的理解差异较大，直接影响政府财务报告的合并抵销工作。

政府财务报告的编制中，合并抵销是一个重点、难点问题，首先各基层编制单位应准确记录抵销事项的内容，包括应抵销的本部门内部单位收入、费用，本部门以外同级政府单位收入、费用，本部门以外非同级政府单位收入、费用，以及因收入、费用的确认时间而相应确认的应收款项、应付款项、预收款项、预付款项等；其次部门财务报告的编制部门在编制财务报告时应对部门间的业务进行合并抵销；最后各级财政在编制综合财务报告时须对总预算会计与各部门及各部门间的抵销事项进行合并抵销。合并抵销工作涉及各单位、各部门、各财政的层层核对，近几年的政府财务报告编制工作中对账环节占用的时间较多，其中收入、费用确认原则的差异是造成账务不一致的重要原因之一，对政府财务报告的编制效率、编制质量造成不小影响。

因合并抵销工作对政府财务报告编制的重要影响，财政部也通过解释、通知等方式给予了一些操作规定，其中《政府会计准则制度解释第4号》第八条专项规定了关于部门（单位）合并财务报表的编制程序和抵销事项的处理，在核算对账上给了一些便捷的处理方式，但真正从根源上解决问题，还需通过收入准则、费用准则予以统一核算原则、核算口径以及相应的财务管理要求。

（2）文物文化资产、保障性住房等重要资产项目的确认、计量等要素，需进一步明确其具体会计核算的规定。影响财政可持续性的社会保障相关负债如何确认和计量也需要具体准则予以规范。

（3）需进一步完善政府会计准则应用指南等操作性规定。改革方案指出，应用指南是对具体准则的实际应用作出操作性规定。目前已出台10项具体准则，但应用指南只有《〈政府会计准则第3号——固定资产〉应用指南》和《〈政府会计准则第10号——政府和社会资本合作项目合同〉应用指南》两项，不能满足规范管理工作需要。未来逐步出台的具体准则也需要及时发布应用指南进行操作指导。

（二）政府会计准则体系中的配套政策尚不健全

会计准则制度所规范的会计核算是基于财务管理制度所规范的财务行为进行的会计反映，根据政府财政财务管理的进一步完善规范，会计准则制度也需及时完善。

1. 关于公共基础设施的核算问题

公共基础设施是政府会计改革的重要内容，会计准则制度对确认、初始计量、折旧摊销、处置、披露等都作出了要求，但在实务操作中对历史未入账的公共基础设施如何确认入账价值、如何确认折旧年限等都需要进一步的操作指引。

财政部于2018年发布的《关于进一步做好政府会计准则制度新旧衔接和加强行政事业单位资产核算的通知》（财会〔2018〕34号）中提出"在国务院财政部门对公共基础设施折旧（摊销）年限作出规定之前，单位在公共基础设施首次入账时暂不考虑补提折旧（摊销），初始入账后也暂不计提折旧（摊销）。单位在2019年1月1日之前已经核算公共基础设施且计提折旧（摊销）的，在新旧衔接时以及执行政府会计准则制度后可继续沿用之前的折旧（摊销）政策。"但至2022年底，国务院财政部门尚未对公共基础设施折旧（摊销）年限作出相关规定。

财政部、交通运输部于2020年发布了《财政部 交通运输部关于进一步加强公路水路公共基础设施政府会计核算的通知》（财会〔2020〕23号），细化了公路水路公共基础设施的界定、记账主体确认原则、具体构成，对公路水路公共基础设施的初始计量做了进一步明确，且明确了各级业务主管部门对公路水路公共基础设施的重置成本标准制度的职责，发布了公路水路公共基础设施会计明细科目及编码表，提出了明细核算要求；财政部、水利部于2021年发布了《关于进一步加强水利基础设施政府会计核算的通知》（财会〔2021〕29号），细化了水利公共基础设施的界定、记账主体确认原则、具体构成，对水利公共基础设施的初始计量做了进一步明确，且明确了各级业务主管部门对水利公共基础设施的重置成本标准制度的职责，发布了水利公共基础设施会计明细科目及编码表，提出了明细核算要求；财政部等六部委于2022年12月发布了《财政部 住房城乡建设部 工业和信息化部 公安部 交通运输部 水利部关于进一步加强市政基础设施政府会计核算的通知》（财会〔2022〕38号），细化了市政基础设施的界定、记账主体确认原则、具体构成，对市政基础设施的初始计量做了进一步明确，且明确了各级业务主管部门对市政基础设施的重置成本标准制度的职责，发布了市政基础设施会计明细科目及编号表，提出了明细核算要求。上述三个通知为推动公路水路公共基础设施、水利公共基础设施及市政基础设施的入账提供了政策依据，但大多数的历史公共基础设施及市政基础设施需要使用重置成本来确认入账价值，尚需各级主管部门根据实际情况尽早研究出台重置成本的标准，以解决重置成本的入账问题。

2. 关于跨省使用资产的核算问题

厘清家底，将资产完整地纳入账务，明确资产的入账主体、计量方式，保障不重不漏是本次改革的一个重要内容。结合实务中的重点、难点，尽管新的财政政策，与政府会计准则制度相配套的通知、解释中基本提及了不同类型资产的细节核算规定，却存在一些原则不一致以及只解决眼前财务核算问题但未解决未来成本核算问题的情况。例如，《政府会计准则制度解释第4号》中关于固定资产后续支出的会计处理规定："单位对于租入等不由本单位入账核算但实际使用的固定资产，发生的符合资产确认条件的后续支出，应当按照《政府会计制度》中'长期待摊费用'科目相关规定进行会计处理。"这个规定存在入账主体不合理及影响未来成本核算两方面的问题。

（1）关于入账主体不合理的问题。这个规定包括中央驻地方机构由地方提供场所所发生的改造等支出，如海关部门为中央垂管单位，但一般都是使用地方安排的办公场所开展业务活动，因资产由地方入账，故中央驻地方机构是作为"长期待摊费用"来处理的，默认了本单位实际使用的固定资产并非由本单位作为资产的入账主体，这个规定与《政府会计准则制度解释第1号》中以占用、使用资产部门作为会计确认主体存在原则不一致的问题。《政府会计准则制度解释第1号》第四条规定："按规定由本级政府机关事务管理等部门统一管理（如仅持有资产的产权证等），但具体由其他部门占有、使用的固定资产，应当由占有、使用该资产的部门作为会计确认主体，对该资产进行会计核算。"虽然本条是针对同一级政府的规定，但站在全国的角度来看，由占有、使用固定资产的部门作为资产的入账主体更能体现权责发生制原则。另外，其第五条"关于单位无偿调入资产的账务处理"也规定："按照相关政府会计准则规定，单位（调入方）接受其他政府会计主体无偿调入的固定资产、无形资产、公共基础设施等资产，其成本按照调出方的账面价值加上相关税费确定。"对于中央驻地方机构无偿使用地方固定资产，按规定也应按照单位无偿调入资产进行账务处理。

（2）关于影响未来成本核算的问题。如果固定资产的入账主体为地方部门，则资产的折旧摊销列入地方部门的费用以及地方部门的成本，而实际占有、使用固定资产的中央驻地方机构却因未核算此项固定资产而不需承担对应的折旧摊销成本，这样的核算方式既不符合权责发生制原则，又不能为部门运行成本的绩效评价提供完整准确的成本信息，而固定资产相关装修、改造支出的摊销列入使用单位，既不利于作为资产所有权人及入账主体的地方部门对资产的管理，也影响了资产价值核算的完整性。

（三）现行政府会计准则制度尚存在较难理解以及相关规定不明确之处

政府会计准则制度体系政策中有较多按规定办理、按程序审批、经批准后执行等表述，行政事业单位现实中的业务较为复杂，在实施中存在无处获取或不明确相关规定、程序的困扰。

如"1101 短期投资"要求本科目核算事业单位按照规定取得的、持有时间不超过1年（含1年）的投资。但对于是否可以购买理财产品、是否允许事业单位取得短期投资收益、是否可以购买国库券等关于短期投资的取得需要谁批准、对应哪些规定并不明确。

如"1212 应收账款"要求事业单位应当于每年年末，对收回后不需上缴财政的应收账款进行全面检查，如发生不能收回的迹象，应当计提坏账准备。对于账龄超过规定年限、确认无法收回的应收账款，按照规定报经批准后予以核销；按照核销金额，借记"坏账准备"科目，贷记本科目。核销的应收账款应在备查簿中保留登记。事业单位应当于每年年末，对收回后应当上缴财政的应收账款进行全面检查；对于账龄超过规定年限、确认无法收回的应收账款，按照规定报经批准后予以核销，且按照核销金额，借记"应缴财政款"科目，贷记本科目。核销的应收账款应当在备查簿中保留登记。关于上述规定，存在如何判断无法收回、标准是什么、按什么规定、报批的流程是什么、取得哪些文件可以核销、如果一直无法得到批准怎么办等一系列操作问题。

如"1219 坏账准备"要求事业单位应当于每年年末，对收回后不需上缴财政的应收账款和其他应收款进行全面检查，分析其可收回性，对预计可能产生的坏账损失计提坏账准备、确认坏账损失。但实务中存在可回收性的标准不一、口径不一等情况。

如"1501 长期股权投资"要求长期股权投资在持有期间，通常应当采用权益法进行核算。政府会计主体无权决定被投资单位的财务和经营政策或无权参与被投资单位的财务和经营政策决策的，应当采用成本法进行核算。但在权利的判断方面没有明确原则,如是按持股比例还是按人事任免文件?

另有要求因被投资单位破产清算等原因,有确凿证据表明长期股权投资发生损失,按照规定报经批准后予以核销时,按照予以核销的长期股权投资的账面余额,借记"资产处置费用"科目,贷记本科目。但对于确凿证据是什么样的证据却较模糊。

二、转型期财务管理能力不足的影响

(一)政府会计核算模式变革的影响

政府会计改革将会计核算模式调整为前所未有的平行记账模式,为我国会计史上的一大创新,统一了各行业的会计制度后,会计要素发生了重大变化,在之前的预算会计的三大要素(收入、支出及结转结余)上增加了财务会计的五大要素(资产、负债、收入、费用、净资产),相应会计科目的数量也增加至103个,且部分会计科目还存在行业限制,专属于行政单位或事业单位使用,专业难度系数的提升以及信息量的激增给财务人员带来了非常大的挑战。改革前,财务人员依据资金的收支来展开记账基本可以完成大部分核算工作,但改革后的平行记账要求财务人员对一项经济业务既要按收付实现制记录预算会计,又要按权责发生制记录财务会计,何时进行记录、记录的金额是多少等都需要以财务专业为基础的职业判断,引入权责发生制概念带来的核算思维方式的变化给行政事业单位的财务人员带来了空前的难度。

权责发生制的核算基础不仅需依据资金的收支,还需有业务信息作为确认资产、负债、收入、费用的依据,故与业务部门的沟通与信息传递成为影响会计核算是否及时、准确的重要事项。实务中存在较多业务部门按多年的惯例在资金申请支付环节以附件说明业务信息,财务人员也被动地按收到的信息进行会计核算,尤其是采用由会计核算中心等机构进行代理记账的集中核算模式,更是以收到的付款资料为依据进行账务处理,形成了较多未按权责发生制来核算的情况。如一些跨年支付的运行成本,财务人员在年末未获取相关合同、工作进度信息,在次年付款时往往忽略其间的配比原则,将上年的成本费用列入了付款当年的成本费用,造成政府财务报告中当年成本费用数据及相关信息不准确。

(二)资产、负债业务财务管理水平的影响

政府财务报告要求全面、完整、准确地反映政府资产和负债的情况,政府部

门对资产和负债的业财管理水平直接影响财务报告的数据来源及结果反映。2022年12月29日，在北京召开的2022年全国财政工作视频会议中着重强调了资产和负债的财政管理，要求强化国有资产和资本管理，加强会计管理工作，全面提升财政管理现代化水平；要求严肃财经纪律，严格财政收支规范管理，坚决制止违法违规举债行为，切实防范财政风险，加强财政资源统筹，优化组合财政赤字、专项债、贴息等工具，适度扩大财政支出规模，为落实国家重大战略任务提供财力保障。

一方面，国有资产是财务管理中的重中之重，如何理清家底、激活资产充分有效使用、防范国有资产流失、实现国有资产的保值增值是行政事业单位一直以来面临的主要任务。从1988年5月批准成立国家国有资产管理局，作为国务院直属机构，归口财政部管理，就开始了我国国有资产的管理历程，先后经历了起步阶段、逐步完善阶段，2021年更是进入了国有资产管理的新时代，时任总理李克强签署国务院令第738号，颁布了《行政事业性国有资产管理条例》，自2021年4月1日起施行。这是我国行政事业性国有资产管理的第一部行政法规，将保障行政单位履行职能和事业单位提供基本公共服务的行政事业性国有资产纳入法治范围，加强管理和监督，促进国有资产管理的法治化、规范化、科学化，必将对构建安全规范、节约高效、公开透明、权责一致的国有资产管理机制，提高国有资产治理水平和治理能力起到积极作用。2022年11月，财政部发布了《关于盘活行政事业单位国有资产的指导意见》（财资〔2022〕124号），以习近平新时代中国特色社会主义思想为指导，深入贯彻党的二十大精神，完整、准确、全面贯彻新发展理念，着力推动高质量发展，主动构建新发展格局，加快推进行政事业单位各类国有资产盘活利用，建立健全资产盘活工作机制，通过自用、共享、调剂、出租、处置等多种方式，提升资产盘活利用效率，为保障行政事业单位履职和事业发展、促进经济社会发展提供更加坚实的物质基础。国务院、财政部这一系列的政府国有资产管理要求都需每一个行政事业单位深入做好国有资产的业财管理来实现。政府各部门（单位）应结合《行政事业性国有资产管理条例》的要求，深入分析影响各类资产规范管理、准确核算的因素。

另一方面，我国防范债务风险的财政体制改革核心也对政府部门的负债财务管理能力提出了高要求，既需做债务的前期评估、过程管理、后期绩效评价工作，又需及时、清晰、完整地反映债务存量及变动情况。

本课题组对一些重要业务的业财管理情况展开了调研和分析：

1. 固定资产业财管理的影响

固定资产业务是行政事业单位普遍都存在的基础业务，是财务人员、资产管理人员以及资产使用人员最为关注的业务，在固定资产的配置、采购、使用、处置全生命周期中存在较多的实务多样性和复杂性。

（1）在完整性方面，存在财务账与资产台账不符、资产台账与实物不符、资产台账与资产卡片不符、财务报表与资产报表不符等情况，不符的情况主要体现在数量不一致、金额不一致和分类不一致上。

在 2019 年之前，以调表不调账的形式编制政府财务报告时，此类矛盾较为突出，如某部门的财务报告附注中显示某类固定资产累计折旧远大于其原值，深入核查原因为财务账的分类与固定资产台账的分类不一致，财务报表的固定原值取财务账的数据，而累计折旧需细化到每一项资产来计算，故只能取固定资产台账对应的数据，从而出现了一份报表"两张皮"，数据出现了严重的不匹配，即使没有明显错误暴露的部门，也存在较多隐藏的不一致情况。

在 2019 年政府会计制度全面实施后，原则上财务账的数据应来源于资产账，但因核算会计与资产管理员的账务处理时间、信息资料获取不同步等原因，也存在较多财务账面数与资产台账数不一致的情况。

实物与账务不一致是存在较多的问题，财政部已在 2016 年印发的《财政部关于开展 2016 年全国行政事业单位国有资产清查工作的通知》（财资〔2016〕2号）中要求全国政府部门普遍开展资产清查工作；2018 年 12 月，财政部为做好 2019 年政府会计制度的全面实施，又发布了《关于进一步做好政府会计准则制度新旧衔接和加强行政事业单位资产核算的通知》（财会〔2018〕34 号），文中强调"各单位应当在 2016 年资产清查核实的基础上，按照落实国务院向全国人大常委会报告国有资产管理情况制度和政府会计准则制度的要求，扎实开展以下工作：一是进一步清理核实和归类统计固定资产、无形资产、库存物品、对外投资等资产数据，为准确计提折旧、摊销费用、确定权益等提供基础信息。"有些政府部门在 2016 年至 2019 年期间做了多次固定资产盘点，但在 2019 年新旧转换时依然存在较多的实物与账务不一致的情况，账实不一致对财务报告质量的影响既包含固定资产原值不实、累计折旧不准确导致的资产净值虚增或不完整，也包含权责发生制下对累计折旧的计提要对应到相应的费用科目的不准确，进一步影响未来的成本核算不能客观反映，使绩效预算的管理没有可靠的数据信息做保障。

（2）固定资产的入账价值影响政府财务报告资产信息的准确性，在固定资产盘盈、在建工程转固定资产、固定资产以名义价值入账等方面存在较多的问题。

固定资产盘盈的入账价值存在财务人员对政策的理解不全面不深入而造成的不入账或入账不合理的情况。《政府会计准则第 3 号——固定资产》第十四条规定："政府会计主体盘盈的固定资产,按规定经过资产评估的,其成本按照评估价值确定;未经资产评估的,其成本按照重置成本确定。"这个规定相对概要,只提到了评估价值和重置成本,实务中可结合第十二条关于捐赠的规定"政府会计主体接受捐赠的固定资产,其成本按照有关凭据注明的金额加上相关税费、运输费等确定;没有相关凭据可供取得,但按规定经过资产评估的,其成本按照评估价值加上相关税费、运输费等确定;没有相关凭据可供取得、也未经资产评估的,其成本比照同类或类似资产的市场价格加上相关税费、运输费等确定;没有相关凭据且未经资产评估、同类或类似资产的市场价格也无法可靠取得的,按照名义金额入账,相关税费、运输费等计入当期费用",同时须关注《行政事业单位资产清查核实管理办法》第二十一条规定:"固定资产盘盈是指行政事业单位清查出的无账面记载或者反映的固定资产。固定资产盘盈根据固定资产盘点单、盘盈情况说明、盘盈价值确定依据(同类资产的市场价格、类似资产的购买合同、发票或竣工决算资料)等进行认定。"故综合相关业财制度,固定资产盘盈的入账价值可结合实际情况按评估价值、市场价值、重置成本、名义价值的顺序来分析确认,财务人员只有全面掌握相关的会计准则制度以及资产业务管理办法才能有更好的职业判断,准确进行入账价值的核算。

在建工程转固定资产的过程中,财务人员往往因价值不能确认而不能及时转固定资产,没有深入地研究政策要求,只是抱着宁可等待竣工决算报告也不可自行处理的态度,不能应用职业判断把握好谨慎性与原则性的关系,致使政府财务报告中的固定资产价值不准确。

固定资产以名义价值入账存在较多不合规的情况,在政府会计改革之前没有明确的适用规定,财务人员一般在没有单据或账务不清的情况下采用以 1 元名义价值来进行固定资产的账务核算。财政部 2018 年 12 月发布的《关于进一步做好政府会计准则制度新旧衔接和加强行政事业单位资产核算的通知》(财会〔2018〕34 号)中明确规定:"根据政府会计准则制度,可以按照名义金额计量的资产只包括接受捐赠的库存物品、固定资产、无形资产,以及无法确定成本的盘盈库存物品、固定资产和无形资产。单位在新旧制度转换时,对于原账中在相应资产科目核算的以名义金额计量的库存物品、固定资产和无形资产,应当仍然按名义金额转入新账的相应资产科目；对于原未入账的上述资产，仅当没有相关凭据且未经资产评估、同类或类似资产的市场价格也无法可靠取得时，才能按照名义金额入账。"上述通知明确了固定资产使用名义金额的前提为没有相关凭据且未经资产评估、同类或类似资产的市场价格也无法可靠取得；并且政府会计主体应当根据《政府会计准则第 3 号——固定资产》第二十七条的规定，在附注中披露以名义金额计量的固定资产名称、数量，以及以名义金额计量的理由；同时还应该关注到财政部发布的《财政部关于开展 2021 年度政府部门财务报告编报工作的通知》（财库〔2022〕7 号）中对部门财务报告的样式作出了较大的调整，"2021 年度政府部门财务报告样式"中对名义金额的披露做了进一步的明细表格填列要求，通过表格的规范来引导行政事业单位按规定的范围正确使用名义金额，并对数量的变化予以列示，对理由的列示要求也避免了单位对名义金额的随意使用。

（3）固定资产的业务管理直接影响财务信息的及时性、准确性和完整性。

一方面，固定资产相关管理制度存在未建立和不健全的情况，如本部门（单位）固定资产的折旧原则、折旧方法、折旧年限等会计政策和会计估计较容易被单位忽视，一般未体现在单位的财务管理制度或资产管理内控制度中。政府会计准则制度体系未建立前，没有固定资产折旧年限的相关文件，单位也没有计提折旧的压力，有些逐步引入权责发生制会计核算要求的行业，在计提折旧上各单位执行也较随意；政府会计准则制度体系建立后，《〈政府会计准则第 3 号——固定资产〉应用指南》对各类固定资产给出了折旧年限的参考数据，较多单位的财务人员以为参照应用指南就可以了，没有进一步理解应用指南中还要求"政府会计主体应当在遵循本应用指南、主管部门有关折旧年限规定的情况下，根据固定资产的性质和实际使用情况，合理确定其折旧年限"，即各部门（单位）应该履行主体责任，具体明细地确认本部门（单位）的各类固定资产的折旧年限，并以制度的形式来实现。

另一方面，固定资产清查盘点工作及后续成果应用是实务中问题较多的业务，近几年各行政事业单位在固定资产盘点上投入了较多的人力、物力和财力，有些单位的固定资产数量较多、存放地点分散、资产情况复杂，盘点工作历时较长，故对盘点结果不能及时确认反馈，对盘盈盘亏、闲置报废等问题不能及时处理，造成年年盘、年年乱，财务人员苦不堪言，资产管理人员被反复折腾，重盘点动作，轻结果处理。财务人员应当通过盘点实现账实一致，包括固定资产的数量、金额、使用状态、存放地点，并将每次的盘点结果如实反映在财务报告中，为领导对固定资产的有效管理决策提供清晰的财务信息支持。如针对盘盈盘亏的固定资产按规定计入"待处理财产损溢"科目，针对报废的固定资产及时履行报批程序，针对闲置的固定资产及时与主管部门、财政部门做好沟通，按《关于盘活行政事业单位国有资产的指导意见》（财资〔2022〕124号）的要求来管理统筹所有的相关资源，由于存量资产被有效盘活，其存量资产也能进一步被加以利用，提高了存量资产的利用效率及效果，切实优化了资源配置，能够有效解决资产闲置、重复等问题。

加强固定资产业务的全流程管控，提升财务报告中相关信息的质量，除了严格按规定每年进行固定资产盘点外，更重要的是建立固定资产管控体系，从根本上解决业务合规管理和财务信息及时准确的问题，课题组成员基于为上千家行政事业单位提供资产管理咨询服务的实践总结出了固定资产的整体解决方案，以制度建设为先导、以资产盘点为手段、以信息系统为载体、以财务核算为反馈，先结合相关政策要求和本部门的具体情况细化固定资产的管控要素、流程、表单；再通过涵盖全流程管理、资产台账、财务核算在内的一体化信息系统将管控要求落地，将靠人管控改变为靠流程规则管控，以便提高效率、降低风险；然后以科学的手段进行高效盘点，如体积小、流动大、价值高的固定资产可通过使用人扫描二维码结合同步上传实时照片的形式完成盘点，数量多的同类固定资产（如图书、办公用品等）可采用射频识别（RFID）技术快速完成盘点；信息系统中的资产管理模块与会计核算模块实时联动，及时将固定资产的新增、调拨、报废、毁损以及折旧情况通过会计核算生成财务信息，为领导决策提供有效依据。

2. 在建工程业财管理的影响

（1）政府会计改革对在建工程业务核算要求有较大的变化，改革前工程项目通过单独的基建账务体系进行核算，会计账侧重于核算工程项目资金的支出情况，因两套账务的记录人员、时间、材料依据的差异，存在较多基建账与会计账不一致的情况，政府会计新旧衔接要求将基建账并入会计大账，新制度设置了"在建工程""工程物资"和"预付账款——预付备料款、预付工程款"科目来核算基建业务，并在"在建工程"科目下进一步设置"建筑安装工程投资""设备投资""待摊投资""其他投资""待核销基建支出""基建转出投资"明细科目来核算基本建设的各业务环节，较之前的核算模式更加科学、更加清晰，并有效避免了两套账不一致的问题。

（2）在建工程转固定资产的问题是政府财务报告试编阶段就暴露出来的较为

严重的问题，致使政府财务报告存在较多在建工程项目虚列，固定资产、公共基础设施等项目不完整的情况，不能真实反映政府资产的结构，同时因未转固定资产而不能及时计提折旧，也影响了政府运行成本真实完整的反映。

近几年财政部发布了多个通知文件进行强调和明确，在 2018 年 8 月发布的《关于贯彻实施政府会计准则制度的通知》（财会〔2018〕21 号）中要求"进一步清理基本建设会计账务，及时将已交付使用的建设项目转为固定资产、无形资产等，按规定及时办理基本建设项目竣工财务决算手续，为将基本建设投资业务纳入单位会计'大账'做好准备"；并在 2018 年 12 月发布的《关于进一步做好政府会计准则制度新旧衔接和加强行政事业单位资产核算的通知》（财会〔2018〕34 号）中对财会〔2018〕21 号文中的进一步清理基本建设业务工作进行了复述；2021 年 7 月，财政部在发布的《关于开展已使用在建工程转固专项整治工作的通知》（财办资〔2021〕11 号）中要求高度重视在建工程转固工作，认真把握《行政事业性国有资产管理条例》《基本建设财务规则》等相关制度规定，各地财政部门均将其作为 2021 年的一项重要的专项工作来开展，制定了进一步的工作安排，并取得了较好的成效。

在建工程转固问题主要集中在转固时点和转固价值两方面。关于转固时点，单位应当在项目竣工验收合格后及时办理资产交付使用手续，基建项目并非竣工财务决算批复后才能进行在建工程转固，大多数财务人员错误地应用谨慎性原则，认为只有拿到财务决算报告，甚至是财政的决算批复才能结转固定资产，忽视了实质重于形式的财务报告质量原则。为了让单位更好地操作执行，财政部在 2021 年 12 月发布的《政府会计准则制度解释第 4 号》中对在建工程按照估计价值转固相关会计处理作出了详细的规定，其中"在建工程按照估计价值转固时，单位应当将该项目的工程竣工结算书、各项费用归集表或交付使用资产明细表等材料作为原始凭证"，为财务人员在转固时点上的确认提供了具体的操作指引，转固的原始凭证并未涉及竣工财务决算批复，即使因特殊原因不能及时取得工程竣工结算书，也要按已实际验收合格并交付使用的原则来确定转固时点，可以"交付使用资产明细表"作为原始凭据。

关于转固价值方面，可以充分使用会计估计的财务核算工具来反映。固定资产具体准则中明确规定了已交付使用但尚未办理竣工财务决算手续的固定资产、公共基础设施，应当按照估计价值入账，待办理竣工财务决算后再按实际成本调整原来的暂估价值。实际成本确定后不需调整原已计提的折旧额。单位按实际成本调整暂估价值后，应当以相关资产的账面价值（实际成本减去已提折旧后的金额）作为应计提折旧额，在规定的折旧年限扣除已计提折旧年限的剩余年限内计提折旧。《政府会计准则制度解释第4号》对估计价值的确定给了具体的实操指引，进一步明确估计价值指在办理竣工财务决算前，单位在建的建设工程的实际成本，包括项目建设资金安排的各项支出，以及应付未付的工程价款、职工薪酬等。估计价值应当根据"在建工程"科目相关明细科目的账面余额确定。

行政事业单位的财务人员一定要充分领会政策内涵，把握核算大原则，在账务处理过程中充分应用财务报告质量的重要性原则，方能有效提升职业判断能力，减少单位的财务报告风险以及财务人员个人的职业风险。总之，在建工程转固时点的重点在按实际情况及时从"在建工程"科目转至"固定资产""公共基础设施"等科目，并按规定计提折旧，保障政府财务报告中资产的结构真实反映；在建工程转固价值的重点在不纠结价值准确性的一次到位，按现有依据暂估入账，获取确定的价值依据时再行调整，且对折旧不进行追溯。

3. 往来款项业财管理的影响

以权责发生制为基础反映政府的财务状况及运行成本是政府财务报告改革的重要内涵，是我国政府单位多年来实行的以资金收支为主线进行核算的重大变化，其中收入、费用按权责发生制确认时应相应核算"应收账款""应付账款""预收账款""预付账款"等往来款项，往来款项的确认和冲销核算不仅要按以往的传统关注资金收支，更重要的是要按业务环节传递的信息资料结合财务职业判断来确认往来业务发生的时点和金额。往来款项完整、准确地记录要受三方面因素的影响，一是会计政策与会计估计，二是业务信息传递，三是对账与清理。

（1）政府单位需要根据政府会计准则的规定结合本单位的业务特性，通过制度明确本单位收入、费用、往来款项的相关会计政策与会计估计。如各类收入和成本确认的原则，确认时点是事前、事中还是事后，各时点的确认金额是按总额法还是按净额法，服务收入（成本）是按完工百分比法还是按完成合同法等，在确认收入、成本的同时会涉及往来款项的确认和核算；再如应收账款的坏账准备是否计提，不计提坏账准备的理由是否充分，若计提须明确坏账准备的计提方法。

（2）业务信息的有效传递是往来款项实现及时准确核算的前提。这对于很多政府单位来说是一个挑战，政府会计改革之前，因多数以收付实现制为基础，财务人员通过银行对账单即可获取大部分核算信息，较少借助业务人员提供的不涉及资金流的信息，但以权责发生制为基础的核算需通过合同、完工进度表、阶段性交付报告、验收单等不涉及资金流的纯业务资料作为会计核算的凭据，财务部门要清晰地告知业务部门传递信息的时间、内容、表单等，业务部门需充分理解并通过业务流程严格执行，权责发生制为基础的政府财务报告改革倒推政府单位实现及时高效的业财信息互动，并对业财融合提出了较高的要求。

（3）往来款项的核对是财务人员应当在日常工作中完成的事项，但目前存在部分政府单位在做政府会计报表的时候才进行，每年的政府财务报告编制工作从布置到完成时间紧、任务重，因涉及单位编制、部门合并、财政汇总等多重编制审核环节，故留给基层单位编制财务报告的时间仅为一周到两周，很多单位把较多的时间花在对账上，忽视了自查、分析等对于保障财务报告质量来说更加重要的工作。

财务人员在核对往来明细时应同时关注以下几方面的错记风险。一是往来的性质，应结合业务实质来确定正确的会计科目，如"应收账款"科目核算事业单位提供服务、销售产品等应收取的款项，以及单位因出租资产、出售物资等应收取的款项，"其他应收款"科目核算职工预借的差旅费、已经偿还银行尚未报销的本单位公务卡欠款、拨付给内部有关部门的备用金、应向职工收取的各种垫付款项、支付的可以收回的订金或押金、应收的上级补助和附属单位上缴款项等，"应付账款"与"其他应付款"科目核算的内容也不相同，不同科目之间不能混用、错用。二是往来对象，在实务操作中存在一些因科目设置不明细、记账错误、历史久远等原因导致的往来对象错误，甚至没有往来对象的问题。三是往来金额，较多存在未严格执行权责发生制而导致的应记未记、应冲未冲的情况，这不仅影响了政府财务报告信息中往来的准确性，相应的收入、费用也不完整、不准确。还要尤其关注纳入政府财务报告编制范围涉及合并抵销的单位间的往来核对，账务不符不仅影响本单位的财务报告质量，更会影响部门合并报表、综合财务报告的信息质量。不符的原因除记账错误外，不同部门或不同单位间确认收入、费用、往来的原则不同也是一个重要的影响因素。对账主体间入账科目、时点、金额的差异对政府单位的合并抵销工作造成了较大的困扰，面临实务中需逐步规范的客观情况，财政部结合重要性原则在2021年12月发布的《政府会计准则制度解释第4号》中给出了特殊情况下的抵销处理指引："部门合并主体对于明细核算或辅助核算中注明'本部门内部单位'，但按照'1.一般情况下的抵销处理'规定未能进行抵销处理，且不属于'2.不抵销的内部业务或事项'的项目,可以直接按照内部业务或事项的金额编制抵销分录:借记有关应付及预收、收入项目,贷记有关应收及预付、费用项目,按其差额借记或贷记'累计盈余'项目。"此规定减轻了单位间的对账压力,但单位也需谨慎使用这个特殊处理办法,《政府会计准则制度解释第4号》中明确提出了使用本特殊处理方法的条件为"各单位充分对账、会计处理正确",且要求部门合并主体应当在报表附注中披露按照特殊情况下的抵销处理方法抵销的项目及其金额。

完成核对后,需及时清理账务,对错误的会计核算进行账务调整,对须核销的往来及时履行报批程序,通过对政府财务报告的分析发现问题,通过对问题的清理及会计核算保障政府财务报告信息的准确反映。

(三) 其他重点业务业财管理的影响

公共基础设施及文物文化资产因其资产管理复杂性、资产价值确认难度大,但价值高,属于政府重要资产,实务中存在的业务管理问题及价值确认问题对政府单位人员提出了很大的挑战。

1. 公共基础设施

以往"重资金,轻资产"的管理理念在一定程度上体现出对资产管理的不重视,这导致了政府资产上的管理混乱,进而资产管理上会出现会计核算困难的问题。此外,在《政府会计准则第5号——公共基础设施》颁布之前,我国的公共基础设施执行以收付实现制为主的预算会计,不重视资产的入账,导致大量公共资产尚未登记入账,财务会计核算相对来说较为薄弱。而在《政府会计准则第5号——公共基础设施》颁布之后,执行准则的政府单位由于习惯于执行预算会计,财务会计核算的经验薄弱,并且公共基础设施也存在诸多复杂之处,使得目前的会计核算举步维艰,同时也存在很多问题。

(1) 会计确认存在的问题。

第一,公共基础设施定义尚存在不明晰之处。截至目前,国内外针对公共基础设施的定义都比较模糊,尚未存在一个正式的、统一的定义,且其定义大多也不能反映出政府为社会大众提供产品的公共资产属性。公共基础设施与政府的公共受托责任在逻辑上是紧密相关的,现有的会计准则对于公共基础设施的划分主要是靠物理特征、使用用途等,但是物理特征、使用用途等无法提供一个明确且长期的划分界线,所以其不是公共基础设施的本质属性。

第二,公共基础设施范围界定狭窄。政府纳入核算管理的公共基础设施资产跟实际存在的资产相较存在很大误差,公共基础设施分类略显模糊,不能及时反馈其受托责任以及执行情况。因此，当前政府资产信息尚不完整，只反映了一小部分政府资产情况，无法全面评价公共受托责任，也无法提供可靠的决策依据。

第三，政府会计核算主体尚存在不明确之处。公共基础设施涉及建设单位、代建单位、管养单位等多个主体，在实际操作中确认会计核算主体存在一定困难，如资产权属不明。建设单位只建不管，也没有办理相关的移交手续，责任单位本身权责不明，导致很多资产未入账进行统一的资产管理。

（2）会计计量存在的问题。公共基础设施的初始计量区分增量资产和存量资产。就针对增量资产而言，增量资产由于项目建设时间相对较近，资料保存较齐全且资料回溯较简单，实际操作难度不大，其重点在于要关注在资产移交过程中是否能够及时进行账务处理，实现资产与账务同步。对存量资产而言，资产建设时间较为久远、资料保存并不完好，是公共基础设施计量的重点和难点；存量资产数目及规模较为巨大，要整理好这部分存量资产需要投入大量的人力、物力、财力。

以上仅仅是关于公共基础设施的资产核算，在后续的计量中还有以下几个问题需要重视：使用的频率情况、每年的维护和损耗程度、设施资产变卖时用哪种方式计算折旧。《政府会计准则第5号——公共基础设施》其实对公共基础设施的折旧问题有明确的规定和要求，在原则上，一般情况下为避免公共基础设施在折旧上的损失，会通过维修的方式保持设施的完好性。但是这个准则没有明确地规范维修费用的支出情况。所以当考虑一个公共基础设施折旧的情况时，需要先考虑其使用生产年限的问题，这就给同一个公共基础设施带来不同的折旧价格。因为没有统一规定的数据标准来统一规范，同时在实际进行折旧核算的时候，应该首先考虑其内在的服务性质和价值，而不是单一地用货币或现存的经济价值来计算，但是在目前的实际操作中，还未找到一个可以权衡的方式方法。

（3）对会计报告产生的影响因素。会计报告主要展示了记录并核算公共基础设施的结果，该报告成为公众反映财务状况的方式方法。2011年以来，编制政府综合财务报告成为我国试点项目，2020年，正式开启编制政府综合财务报告的工作。实施过程中发现，影响数据的真实可靠与会计确认和计量方式息息相关。而计算和统计公共基础设施是影响报告数据的真实性和可靠性的主要因素。

第一，基础数据前期收集不完整、主体不明确、范围不清晰，将直接影响会计报告的编制，无法清晰完整地反映在会计报告中。

第二，各个单位口径不一，以折旧年限和方法为例，因公共基础设施资产折旧并未纳入权责发生制政府综合财务报告的编制，各单位可以按照大类简化处理，且折旧的年限和方法因单位而异，使得不同单位的报告数据无法相互参考。

第三，《政府综合财务报告编制操作指南（试行）》解释了公共基础设施成新率的指标，这样可计算出公共基础设施的服务能力，即"公共基础设施成新率=公共基础设施净值/公共基础设施原值"。尽管得到的数据指标有利于反映公共基础设施资产的实际状况和未来可提供服务的可持续力等，但是由于会计确认、计量环节中出现的问题无法解决，指标计算的数据很难获取。

第四，客观地反馈经济活动的发展状况，会计的确认、记录、核算、分析作为会计的全过程。然而，由于我国以往的预算会计采用收付实现制，权责发生制并不能使财务报告完整准确，如果对不同的计量方式进行合并抵销，将影响数据最终的真实性。

第五，公共基础设施相对复杂化，财务信息并不能很好地反馈总体公共基础设施资产的实际情况，虽然会计附注主要体现财务报表明细和具体的使用说明情况，并充分展示了公共基础设施资产的分类、折旧费用等内容，不过以上数据依然无法完整地概括所有信息，对于使用者而言，仍缺少有利依据。因为该内容并不能涵盖所有分类的构成原因，并且在专业术语的标准上无法统一，所以目前仍在商讨是否进行专门的披露解释。

会计报告作为最终会计目标，其中存在的问题与会计确认和计量密切相关。因此，迫切需要完善会计确认与计量问题，这对于改革应计制政府综合财务报告体系具有重要意义。

（4）会计核算问题的原因剖析。会计能更好地反映核算过程和监督结果，其过程中暴露出的问题直接映射出管理层面存在的混乱性和资产本身的复杂程度。

第一，公共基础设施种类繁多。根据《行政事业单位编制国有资产负债表的说明》，有10余种公共基础设施，包括市政道路设施、公共文化体育设施、城市排水和污水处理设施、城市公共供水设施、城市环卫设施、城市道路照明设施、水库（渠）、公路等。市政道路设施包括城市道路、公共汽车停车站点、公共停车场。城市道路按交通功能又可分为快速路、主干路、次干路、支路、街坊路。水库按照容量标准分为大型、中型和小型水库等。同时，每种公共基础设施都有各自的参考依据，会计只能反映其财务数据，并不能对其工程指标进行衡量。而《政府会计准则第 5 号——公共基础设施》在这方面的划分相对粗略，仅包含四大类：交通、水利、市政和其他公共基础设施，并且每一类的共性都不相同，但是如果会计人员根据自我标准去分类，将无法得到统一的分类数据，也将影响数据的对比和核算。

第二，制度不够完善，权限不清晰。涉及工程建设的概念需要通过预算、分析、监督、维修等管理进行规范，现有制度并不能覆盖以上内容。《政府会计准则第 5 号——公共基础设施》指出，会计核算的主体是"负有主要管理和维护责任的单位"。在资产管理体制中，没有明确保管单位的职责，这直接导致会计主体的不明确，因此有必要建立完善的管理体制。只有明确资产管理权责的界定，会计主体权责的界定才有现实的依据。

第三，仅有原则性指导，缺少技术性可实行性的支持方案。《政府会计准则第 5 号——公共基础设施》对于公共基础设施会计核算的规范大多是原则性规定，各级单位需要有明确的工作方案进行指引，包括资产评估、折旧方法等，没有明确的工作方法很难使前端工作人员有一个实施方向，这需要大量的时间进行学习和探讨。

2. 文物文化资产

（1）制度层面。就政府资产制度管理方面来说，没有专门负责分配资产和分配所有权的部门。政府资产被多样化的单位所把控和占有。没有专门的部门对资产进行管理，这导致管理能力下降、管理效率降低等风险。文博事业单位主要在本级文化部门的指导下管理、占有和控制文物文化资产，国家缺乏有效的监督。导致监督不善的直接原因为管理相对分散，没有统一标准，事后责任不明确，使工作效率大大下降，无法对各个部门的绩效作出合理评价。

在具体的文物资产监督管理体制中，资产管理不完善的主要原因为理念的偏差，这直接导致在资产使用过程中效率下降，成本增加，在计划、获取、使用、维修等整个过程中无法形成完整的管理制度。资产的投入与现有使用的资产无法相互衔接。

实物管理与预算管理和财务管理都是单线联系，无法互通预算管理和财务管理。在现行的文物资产管理体制中，对财务管理没有明确的要求，实践过程中，财务管理往往被忽略，很难通过数据对资产管理实行强有效的监督机制；通过预算管理完成资产管理的后续。由于缺乏规范的资产形成和分配制度，预算分配和调控能力被削弱，难以与资产的获取、更新和预算安排紧密配合，造成公共资源的浪费。

从会计准则的角度分析，政府会计制度并不能确切地说明工作的具体方法和标准，更多体现的是相对笼统、概括、模糊的概念性文字，并不能指引在实际工作过程中的方向，缺乏详细的、切合实际的标准，增加了会计和报告的难度。会计人员不仅难以准确记录和反映资产状况，而且难以评估公共产品和服务的成本和效率，使财务管理滞后于实物管理。

文物文化资产管理者在使用过程中，管理制度不清晰、不确定、不完整是导致资产使用效率低的直接原因。这种现象使管理者很难进行有效的监督。对于后期的绩效考核，也无法进行参考和执行，包括前期的投入和后期的使用无法衡量。其主要原因为对应的激励措施、违规后的处罚标准并不明确。国有资产成为不当谋利的一种手段，不备案、不批准、使用效率低，资产处置和对应收益不能相互匹配将导致国有资产的流失。

（2）会计核算与报告层面。目前，我国政府公开财务信息的主要载体是政府决算报告，它服务于预算管理，反映预算收支状况。一般预算会计是不包括长期资产和长期负债的，所以无法反映政府管理的资产和相关负债的广泛信息。对于信息使用者而言，并不能提供很好的借鉴与决策支持。下面通过三方面说明现阶段文物文化资产在会计核算中存在的问题。

首先，文物文化资产的资产范围包括会计核算目标和对象，重要的资金支出及其结果不能得到体现。文物的文化属性与政府非流动资产的核算是分离的。虽然政府会计制度对文物核算有明确规定，但实际上，文物收藏的实物登记账户一般不是文物收藏的固定资产核算账户，而只是反映文物收藏的数量和等级，不是文物收藏的经济价值。从决算报告内容的反映上可以看出，文物文化资产并不包含其中，实物资产与账务资产并不完全匹配。许多并不常见的，通用的资产并没有登记在财务报告中，造成使用者的判断误差。

这一问题的严重后果是，国有文博事业单位因账目不清等而无法解释其资产的价值，这直接影响国家对文物文化资产的政策评估；同时，巨额资产的账外流动，也给资产管理带来了巨大的隐患。

此外，在资产核算范围方面，不动产文物作为文物的重要组成部分，其财务管理不完善。在现行的文物管理制度中，只有动产文物被纳入资产管理的范畴，而不动产文物的管理没有纳入其中。《政府会计制度》对文物资产会计核算的范围没有明确界定，造成资产范围狭窄，会计对象不明确。如果要使会计信息完整，应将不动产文物纳入资产管理范围。此外，虽然《政府会计制度》要求专门按照类别进行分类，但没有给出具体的操作指引和标准。

在保护文物过程中需要对其进行维修和保养，以保证其原有的效力。该项支出应纳入财政资金范围内，在当期现金基础上，资本支出全部列为当期费用，并未反映在资产账面价值的实际变动中，因为需要对当年支出进行预算管理，所以资产会计信息会失真。《政府会计制度》中，文物文化资产的后续计量采用的是公共基础设施的相关要求，但文物文化资产与公共基础设施在一些特点上有所不同，其会计处理规定不能简单移植。

其次，政府会计准则并不能覆盖文物文化资产的会计核算内容，对于成本的核算难以评估。虽然《政府会计制度》对文物文化资产会计核算进行了相应的规定，但上述规定的要求比较模糊，在实际应用中存在困难。具体有效的文物文化资产会计准则可以填补这一制度的空白。

文物文化资产一般具有无限的使用寿命，在使用过程中几乎没有实物损失，也使得文物文化资产的折旧难以计量，加上现行预算会计没有处理相关的支出资本化，单一的成本支出信息反映在政府财务报告中，使得管理者无法评估资产管理的成本效益。在折旧和摊销的处理上，《政府会计制度》没有结合文物文化资产相关特征的后续处理方法，只是按照公共基础设施进行了简化描述。

最后，文物文化资产报告内容单一，不能满足多层次的信息需求。《政府会计制度》明确：在资产负债表层面，文物文化主体反映了文物文化资产的成本，而在资产负债表外项目层面，则没有明确说明。一方面，表中价值信息的披露可以提高政府财务报告的质量；另一方面，由于文化财产的后续处理要求不明确，设置了相应的折旧和摊销类别，文物文化资产的后续计量难以衔接，不能反映资产运营成本。同时，由于文物文化资产的价值核心具有多重性，仅仅在表格中披露其经济价值是不足以满足信息使用者的需要的，本文从多角度提出了文物文化资产的特征、类别、属性、地位和管理政策，以完善文物文化资产报告的内容。

三、财务报告编报工作存的问题

（一）财务报告编制基础工作不扎实

一是主体范围界定难。我国政务系统复杂、报告主体机构繁多、基金种类非常广泛，在这些客观因素背景之下，相关政府的综合财务报告范围很难统一标准。尽管各个省市在政府综合财务报告主体的方向上大致保持一致，但是由于单位机构组织的存在形式的多样性，在实践中还存在许多问题，尽管有《办法》《指南》的相关指导措施和指导方针，如果没有给出非常详细的操作指引，只是标明了方向，与政府综合财务报告的最终目标还相差甚远，并不能满足日常监督管理的具体标准和依据，不仅核算层面，管理层面也会因没有具体标准而混乱不堪。

二是清查核实工作难。《办法》第十九条要求：政府各部门应当全面清查核实单位的资产负债，做到账实相符、账证相符、账账相符、账表相符。这里的难点是：涉及历史遗留问题和体制改革问题等，通过报表是很难解决的，如果管理本身相对薄弱、相对混乱，在年底更需要通过审计的方式加强对资产、负债、财务报表等内容进行核算，避免后期造成数据差异，无从核实。

三是上级单位抵销难。《部门指南》第十条规定，上级单位按照《抵销事项清单》编制抵销分录和抵销工作底表用于对本单位、所属单位之间发生的经济业务或事项，确认后予以抵销进行记录。这里的工作难点有三个层面：第一，主管部门主要责任的落实难。如果主管部门在政府会计准则体系实施的前期阶段，没有对编制范围、交易单位信息、部门会计准则、部门会计政策等进行规划，那么抵销分录的编制就会受到很大影响。第二，数据字典尚未统一。目前与单位信息统计有关的编码包括预算编码、组织编码、社会统一信用编码等。作为一个主管单位，不可能列举出所有的单位代码，如何在日常核算中提取相关的单位信息是一个难题。第三，上级单位与基层单位对账难。《部门指南》列举了应收账款—应付账款、其他应收款—其他应付款、预收账款—预付账款等需要抵销的业务类型，这里的前提是上级单位与基层单位都能够准确地进行会计确认，不存在单边挂账的情况，那么就需要按时进行对账工作，以何种方式和什么时间开展对账也是目前的一个难点。

四是表外信息披露难。《办法》第十条规定报表附注重点对会计报表作进一步解释说明。29个表外附表是需要额外进行补充说明的，此外，有6种重要事项需要逐案澄清。对于层级繁多、横向跨度较大的行业而言，汇总这些信息是极其困难的。

五是总会计制度有弊端。随着《政府会计准则制度》的全面实行，该系统对政府会计模式进行了重构，实现了《基本准则》下的"双功能""双基础""双报告"模式，重新定位了我国的财务会计目标，改进了会计核算方法，广泛采用了"双入账"会计核算方法，提高了收支的会计内容，动态调整了部分收支类别的名称和账目，保证了政府会计信息不仅能反映预算执行情况，而且能反映资产负债信息，有效地提高了行政事业单位的会计质量。按照如今行政事业单位会计核算来看，总会计制度仍采用"收付实现制"为主的账务调整的方式编制财务报表，未完全按照权责发生制原则开展，编制方法不完全符合政府财务报告权责发生制的编制基础原则，相对于与收入、支出相关的含有服务潜力或者经济利益的经济资源，无法全面、准确地反映流入和流出政府财政等相关信息，直接影响总会计报表的编报质量，进而影响政府综合财务报告的准确性。虽然财政部于 2022年 11 月印发了修订后的《财政总会计制度》，并于 2023 年 1 月 1 日开始执行，后续财政部预计将基于修订后的《财政总会计制度》对政府财务报告的编制方法和编报操作指南进行修订后印发，并下发各省地市实施，距具体落地实施并取得成效仍有较长的时间。

（二）财务报告编制工具（软件）系统功能不完善

现阶段财务报告主要在财务报告编制软件中单独编制及审核完成后，逐级上报。而编报软件存在与政府编报主体会计核算软件等不衔接、相互独立，编报软件由政府主体自行采购导致不统一，甚至缺少编报软件等各种情况，编报软件与财务核算软件脱节容易出现编制过程中财务报告与账务数据不一致的人工处理错误；缺少编报软件的地方单位只能通过手工处理的方式进行，大大影响编报效率且准确性也容易出现问题。此外现有的会计核算软件也存在以下方面的问题：

对于决策没有较强的辅助作用。政府部门，信息会计涉及的各个版块多数集中在会计日常处理、数据分析（包括绩效分析、财务未来走向分析等内容），如果仅仅停留在核算层面，很难帮助使用者起到决策作用，对于管理层面效果并不显著。从数据交换的角度分析，报表等数据的最终呈现需要直接根据资产盘点后的数据、预算、费用成本等通过系统实现自动生成，并不局限于单一报表的编制以及账目的处理。除以上两个方面之外，信息共享是非常重要的核心之一，由于不同系统、不同版本、基础要素不一致等原因无法实现数据互通是阻碍信息化发展很明显的痛点。

第二节　质量提升措施

一、完善相关政策法规

一是确立政府财务报告立法。目前政府财务报告有关的三个制度——《政府财务报告编制方法》《政府部门财务报告编制操作指南》《政府综合财务报告编制操作指南》，均系财政部出台，尚未上位到立法阶段。若对政府财务报告进行立法提升相关制度的层级，将能推进全国各级政府主体对其重视，形成纲领性文件后从顶层设计建纲立制。二是进一步出台特定行业或者特定业务相关的政府会计准则制度及解释，如权责发生制基础下政府收入、费用、资产等会计核算具体准则制度或解释。三是进一步完善政府会计应用指南等操作性规定。四是陆续出台政府会计准则制度体系中的配套政策。五是对政府财务报告编制相关的办法及指南结合最新修订后的财政总会计制度进行修订并印发。

以完善文化文物资产相关核算准则制度体系为例，进一步说明如下：

目前，国内对于文物文化资产并没有制定出专门的准则，该类具体准则的缺失导致文物文化资产在核算和报告时没有充足的法律依据，核算结果的可信性以及报告结论的适应性等方面会存在一定的疑虑。为了提高核算结果的可信性和报告的适应性，尽早制定相关具体准则及应用指南。细化并精准落实该准则是目前的大势所趋，也是必须要尽快实现的一大举措，这对文物文化产业是百利而无一害的重大利好。文物文化作为一种特殊的资产形式，在很多方面与公共基础存在一样的特性：其也需要大量的财政资源作为支撑，在特定的市场中发挥着特定的作用；其使用目的也较为单一，不具有普遍性，但在社会发展中发挥的作用也是不可忽视的；同时，在兼具为社会、为公众服务特性的同时，其还具有一定的商业性，虽然无法在市场中自由交易，但与其附属的资产在一种不可分离的状态下，也能够带来一定的收入。早在 2017 年，政府出台了一系列会计相关准则的规定，其中在第 5 号文件关于公共基础设施的规定中，提出了对于公共基础设施领域相关的会计核算及报告的要求，并作出了具体的规定。基于此，专门为文物文化资产形成成文的规定也存在一定的合理性与迫切性。

由于缺乏相关的制度规定，对于文物文化资产的披露是在表内还是表外是在业内颇具争论的论点之一。在业内专家长期的辩论之下，考虑到其对于报告质量的影响程度，大多数专家认为该将其放在表内进行资本化确认，在提高报告信息质量的同时将报告使用者所需的有用信息通过价值的形式予以披露。基于专家的意见逐渐趋于一致，应当将其作为一个单独需要表述并确认的类别在报告中予以体现。

对于文物文化资产具体准则的制定，应当传承目前现有的会计准则的框架与思路，对资产的初始确认及计量也应与现有的准则体系保持一致，并能根据文物文化资产的特殊属性，着重体现其为社会的服务性，在初始确认及计量的时候能够以历史成本作为确认的基础。文物文化资产在进行价值确认的时候，价值信息与历史成本也会有存在一定的偏差的情况出现，那么对于价值信息中不可靠的部分，同时在表外对其价值的确认予以相关说明。在初始确认完成之后，应当对其后续计量加以规范。基于其与公共基础设施在太多方面存在相似性，对于公共基础设施的相关要求与规定在规范文物文化资产后续计量方面存在一定的指导性与借鉴性，但仍需结合其资产的特殊性质进行针对性的调整与规范，将财务信息与非财务信息实现有机结合，在保证能够实现表内披露的前提下让报告使用者能够快速理解，并便于其对财务信息的使用。

回顾政府会计的改革历程，改革的难点与痛点之一就是对资产的计量。由于文物文化资产的特殊性与复杂性，对其建立统一的计量模式也将会是该行业的一大难点与痛点。通过借鉴其他国家的经验得知，在资产计量统一的变革之路中，采用渐进式改革的形式能够取得较好的效果。

在制定相关会计准则、构建文物文化资产管理体系、完善政府对于资产的管理体系、提高政府财务信息的准确性与可用性时，需要政府财务报告在预期能够充分体现文物文化资产的属性、价值与使用价值。具体来说，首先应该完善目前政府资产所涵盖的范围，以科学的依据对其进行分类，明确政府资产的内容，结合文物文化资产的特性对其进行分类，因其具有独特的文化属性，应当将其在非流动资产中进行单独列示。其次，应当准确反映资产的价值并在财务报告中予以体现。最后，在资产价值反映的基础上，对其资产的详细信息在附注中予以说明，以方便财务报告使用者对该项文物文化资产的理解与使用，同时还能方便对其进行动态的评估管理。

《政府会计准则——基本准则》中规定，政府财务报告应提供财务状况相关信息，反映政府会计主体公共受托责任履行情况。在整合风险框架内，财务状况信息有助于评估会计主体的短期流动性和长期偿付性。文物文化资产作为文化传承的体现，在受法律限制无法自由流通的情况下，被认为是一种非流动资产。虽属于非流动资产范畴，但其无法自由交易性导致了其无法提供较高的价值，为主体带来较为可观的盈利。由于文物文化资产的特殊性，其是文化的传承与体现，无法用其他资产来取代，将其纳入政府财务报告予以披露，反映了政府资产管理的完整性与政府资产情况的准确性。

在制定文物文化资产的相关会计准则时，应充分体现其特殊的文化属性和社会属性，在财务报告中，除了对其财务信息要进行充分的反映外，还应充分反映其对社会的贡献，以便于对该项资产进行后续的评估、绩效考核与管理。

对文物文化资产予以披露是完善政府资产报告内容的一大重要举措，推动了政府资产制度体系的建设，充分反映政府的存量资产与资产的增值，并通过报告的完善，方便社会公众以及人大对于政府资产状况的了解与监督。

二、建设财务管理体系和具体实施方法

（一）完善财务管理体系的建设

在我国多年来政府内控工作的推动下，每个政府单位都建立了财务管理制度，一般都以职责分工、授权审批、预算收支管理为主要内容，但近年来国家对政府会计准则体系、深化预算管理制度进行了创新改革，国务院发布的第一部行政法规《行政事业性国有资产管理条例》以及财政部新发布的财务规则、行业财务制度也有了很大的变化，均对政府部门的财务管理提出了更高的要求，必须综合考虑各相关政策要求，充分结合本部门（单位）的实际情况、关注重要的经济活动来建设财务管理体系，建议考虑如下方面。

1. 明确本部门（单位）的会计政策与会计估计

2015 年首次发布的《政府部门财务报告编制操作指南》中要求披露重要会计政策和会计估计，2020 年第二次修订时简化了披露要求，只需披露重要会计政策与会计估计变更情况，由此可见政府财务报告编制主体的会计政策与会计估计是理解、分析、应用财务报告数据的重要基础信息。政府会计基本准则规定的会计信息质量要求中提到由政府会计主体提供的会计信息应具有可比性。同一个政府会计主体在不同时期内发生的相同或相类似的经济交易或事件应遵循一致的会计政策，不得随意修改。若确有必要修改，应在附注中说明修改的内容、原因和影响。不同政府会计机构发生的相同或相类似的经济交易或事件应遵循一致的会计政策，以确保政府会计信息的一致性和可比性。但在实务操

作中，单位并不重视对自身会计政策与会计估计的规范，较多未以制度的形式予以明确，没有统一的口径，执行缺乏依据，存在较多前后会计政策不一致、会计估计较随意的情况。故在财务制度中明确本部门（单位）的会计政策与会计估计是必要的。

如应明确收入确认原则，主管部门可统一本级和下属单位收入确认方法、时间节点、确认凭据等，有利于本部门内部单位间的收入费用和往来的确认口径一致，提高对账效率，有效解决编制部门财务报告时的合并抵销难题。

如应明确本部门（单位）的固定资产折旧方法和折旧年限，很多单位按照《政府会计准则第3号——固定资产》应用指南中列出的年限范围来执行，忽视了固定资产应用指南中的另一明确规定，政府会计主体应当遵守本指南以及主管部门对固定资产折旧年限的规定，根据固定资产的性质和实际使用情况，合理确定固定资产的折旧年限。为了准确、具体地确定固定资产折旧年限，还必须考虑另外几个因素：第一，固定资产预期实现其服务潜力或提供经济利益的期限；第二，固定资产的预期有形及无形损耗；第三，法律或类似规定对固定资产使用的限制。

如应明确坏账准备的计提政策，结合本政府会计主体的具体经济活动以及行业特征，主管部门要求确定是否计提坏账准备，如无合理理由不提坏账准备，需按规定确定计提坏账准备的具体方法。坏账准备的计提方法有账龄分析法、余额百分比法、个别认定法和销货百分比法，部门（单位）同样应结合自身具体经济活动以及行业特征，主管部门要求选择使用，一经确定不得随意变更。

明确公共基础设施的折旧会计政策和会计估计时，应包括是否计提折旧以及各类公共基础设施年限。按《关于进一步做好政府会计准则制度新旧衔接和加强行政事业单位资产核算的通知》财会〔2018〕34号文规定，在国务院财政部门对公共基础设施折旧（摊销）年限作出规定之前，单位在公共基础设施首次入账时暂不考虑补提折旧（摊销），初始入账后也暂不计提折旧（摊销），单位在2019年1月1日之前已经核算公共基础设施且计提折旧（摊销）的，在新旧衔接时以及执行政府会计准则制度后可继续沿用之前的折旧（摊销）政策。单位现阶段若根据自身对公共基础设施的管理基础不足选择了不计提折旧，在后续国务院财政部门对公共基础设施折旧（摊销）年限作出规定后需要变更会计政策，并在政府财务报告附注中披露。若对公共基础设施计提折旧，则应在制度中明确各类公共基础设施的折旧年限。

2. 充实会计核算的内容

在权责发生制政府综合财务报告制度的要求下,财务人员必然面临着从记账会计到管理会计的角色转换,在财务管理体系中细化对会计核算的要求,如职责分工、工作流程、核算依据、财务报告内容及时间要求等,业务内容较复杂的单位,如街道办事处、公安系统、教育系统等,还可根据业务管理的需求设置管理报表、信息看板等内容,为政府单位的数字化治理提供基础。

3. 细化资产管理的内容

固定资产管理是每个单位基本都有的业务,各单位还应根据自身的经济业务内容增加无形资产、公共基础设施、政府储备物资、文化文物资产、委托代管物资等资产的管理细则,例如某地区的应急管理局的主要经济业务中包含政府储备物资的管理,该单位的财务管理制度中未提及政府储备物资的管理,也没有专项的管理制度来规范,故存在账务核算不准确,实物管理混乱,账账不符、账实不符,入库出库无手续,结存只有数量无金额,大量的历史遗留问题无流转单据等问题。

4. 完善预算绩效管理的内容

将预算会计的收支管理与财务会计的成本费用相结合,让财务会计输出的费用成本信息成为绩效指标体系建设的有力参照以及考核评价的重要依据,通过财务管理体系将相关要求固化在流程中,对政府部门预算绩效管理及预算管理一体化的要求从制度上予以落地。

(二)《政府会计核算手册》的应用

1. 建立《政府会计核算手册》的作用

权责发生制政府综合财务报告制度改革给政府单位的财务人员带来了空前的挑战,信息量大、专业度高。改革的四大任务涉及政府会计准则制度体系建设、政府财务报告体系建设、政府财务报告的审计和公开、政府财务报告的分析和应用,仅政府会计准则制度体系建设就涉及了非常多内容,即包含基本准则、具体准则及应用指南、政府会计制度还有解释、通知、核算指引等,其中政府会计制度近 15 万字,会计科目 103 个,政府会计准则制度体系还在不断地建设中,财务人员需要及时掌握各种新发布的政策文件并实时应用到实务操作中,这么大的信息量,再加上对经济业务同时开展预算会计和财务会计的平行记账要求,对财务人员的专业水平和思维方式均提出了高要求。如何解决政策高要求与现实难执行的矛盾,把控财务人员的操作风险,课题组结合参与政府会计改革实施的经验,针对政府会计改革过程中的痛点和难点，总结出一套解决方案，为政府单位量身定制基于内控和原始凭单的《政府会计核算手册》。

《政府会计核算手册》从方便行政事业单位相关人员使用角度出发，力求原则明确、内容简洁明了，尽可能降低专业判断难度，提高《政府会计准则》和《政府会计制度》的可操作性，具有适用性和指导性，为单位相关人员报账、做账、审账工作提供操作指南，统一部门及下属单位财务核算口径和核算标准，一方面有助于单位财务人员能够在短期内尽快掌握新政府会计的核算要求，有效实施政府会计制度，准确地进行平行记账，降低政府会计改革无法及时有效实施的风险，保障政府财务报告的高质量输出；另一方面单位也可借政府会计制度实施的契机促进实现业财融合，推进内控与绩效的管理，实现政府财务报告的分析和应用。

2. 政府会计核算手册建立的原则

政府会计核算手册通过先做减法，再做加法，降低政府会计改革的落地难度，并为政府单位的业财融合提供了实现路径。做减法主要是在充分剖析本政府会计主体的经济业务活动事项的基础上，减去政府会计准则制度中与本会计主体不适用、不涉及、不相关的内容，如行政单位有40多个会计科目不适用，再如核算难度较大的长期股权投资、公共基础设施、政府储备物资等业务大部分单位都不会涉及，经过做减法后通常需掌握的与本单位相关的会计科目将减少约60%，在45个左右，相应整理出政府会计准则制度体系中的必学内容也仅占所有政策文件的30%上下，会极大减少财务人员的信息量，且根据新政策的发布实时更新，做到不重不漏，从而增强财务人员的学习信心；做加法主要是充分结合业务管理，将每项经济业务在各场景下所对应的相关法律法规、内控制度、业务流程以及单证要求梳理清晰，减少财务部门与业务部门因信息不对称所造成的信息传递不准确、不及时，加强有效沟通，助力财务人员从记账会计到管理会计的转型。

3. 《政府会计核算手册》的主要内容

《政府会计核算手册》主要包含两部分内容，第一部分是科目体系设置，第二部分是主要业务账务处理说明。科目体系设计是会计核算的基础建设工作，基础框架体系搭建是否合理直接关系到核算成果输出的效率和质量，故搭建时建议全面考虑财务数据成果应用的需求，不仅要符合政府会计准则制度体系中预算会计、账务会计以及成本会计的要求，还要考虑领导决策、业务管理、外部统计等相关需求，设计有效的总账科目，匹配相关的明细科目，设置必要的辅助项目，并对编码规则和各明细科目、辅助项目的核算内容进行规范说明。主要业务账务处理说明包含内控制度、业务场景、单证附件、平行记账四个部分，提炼有效信息，贴合实务场景，明晰平行记账，结合实例示范。

《政府会计核算手册》内容结构主要具备以下特点：

（1）依据单位的内设机构及主要职能，并结合单位历年度收支业务记录，将单位经济活动进行梳理，明确单位账务处理会涉及或可能涉及的会计科目，从而使指南有的放矢、针对性强。

（2）只针对各单位现有业务会涉及或可能涉及的会计科目作使用说明，从而使指南简洁明了、重点突出。

（3）分别就一级会计科目、明细会计科目、辅助核算明细的设置及使用作说明；对各单位涉及的主要经济业务活动事项的账务处理作说明。

（4）主要账务处理说明以单位每月日常业务、月末业务、年末业务为主线，从重到轻、从常规到非常规逐一进行讲解。每类业务分不同的业务场景分别从业务描述、相关制度文件依据、应附单据凭证、会计分录四个方面进行说明。

（5）主要账务处理说明中提及的应附单据凭证为满足内控管理要求应具备的常规单据。

（6）主要账务处理说明中提及的相关制度文件依据为单位目前正在执行的外部政策制度和内部管理制度文件。

（7）主要账务处理说明中列明的会计分录均以平行记账的模式，同时列出财务会计分录和预算会计分录，方便单位会计进行对比。

（8）针对单位经常性业务，在主要账务处理说明中增加了案例示范，帮助单位会计更好地理解和使用。

4.《政府会计核算手册》示例

案例一：某事业单位《政府会计核算手册》目录

目　录

第一章　总则

一、编制目的

二、适用范围

三、编制依据

四、指南主要特点

五、总体要求

第二章 会计科目使用及明细辅助核算设置说明

一、会计科目表

二、明细会计科目

三、明细会计科目设置说明

（一）支出性质明细科目

（二）费用明细科目

四、辅助明细核算设置说明

（一）资金来源

（二）支出性质

（三）功能分类

（四）经济分类

（五）预算项目

（六）核算对象

（七）核算科室

（八）核算项目

第三章 主要业务账务处理说明

一、日常收入业务

（一）财政拨款收入

（二）事业收入

（三）经营收入

（四）非同级财政拨款收入

（五）利息收入

二、日常支出业务

（一）费用性支出

1. 职工薪酬

2. 委托业务费

3. 劳务费

4. 差旅费

5. 会议费

6. 培训费

7. 因公出国（境）费

8. 公务接待费

9. 公务用车运行维护费

（二）资本性支出

1. 库存物品采购

2. 固定资产购置

3. 改扩建支出

4. 基建项目支出

5. 无形资产购置

6. 研发支出

三、非收支业务

（一）计提固定资产折旧

（二）计提无形资产摊销

（三）计提坏账准备

（四）领用库存物品

（五）无偿调拨资产

（六）捐赠资产

（七）出售、转让资产

（八）资产清查盘点

（九）往来清理对账

四、期末结转

（一）财务会计科目结转

（二）预算会计科目结转

第四章 附则

附件：业务活动费用明细科目使用说明

案例二：某市行政单位2022年度一级会计科目设置

政府会计制度规定的一级会计科目共103个，依据本行政单位目前涉及的具体经济业务活动事项，梳理出目前业务涉及的会计科目共41个，其中常用的15个，不常用的26个，本指南将对这41个会计科目及相关主要业务账务处理作详细说明（对目前经济业务事项不会使用到的其余62个会计科目及相关账务处理，请查阅《政府会计制度》）。

将单位已使用的科目标记为"常用"、尚未使用但可能会使用的科目标记为"不常用"；建议单位将"常用"和"不常用"的会计科目均应当"启用"，除此以外的会计科目建议暂且"不启用"，待后续经济业务或事项变化，需要使用时，再"启用"。

第六章 政府会计核算对财务报告质量的影响及提升措施

类别	序号	科目编号	一级会计科目	常用/不常用
（一）资产类	1	1001	库存现金	不常用
	2	1002	银行存款	常用
	3	1201	财政应返还额度	不常用
	4	1214	预付账款	不常用
	5	1218	其他应收款	不常用
	6	1601	固定资产	常用
	7	1602	固定资产累计折旧	常用
	8	1611	工程物资	不常用
	9	1613	在建工程	不常用
	10	1701	无形资产	不常用
	11	1702	无形资产累计摊销	不常用
	12	1902	待处理财产损溢	不常用
（二）负债类	13	2102	其他应交税费	常用
	14	2103	应缴财政款	不常用
	15	2201	应付职工薪酬	常用
	16	2302	应付账款	不常用
	17	2307	其他应付款	常用
（三）净资产类	18	3001	累计盈余	常用
	19	3301	本期盈余	常用
	20	3302	本年盈余分配	常用
	21	3401	无偿调拨净资产	不常用
	22	3501	以前年度盈余调整	不常用
（四）收入类	23	4001	财政拨款收入	常用
	24	4601	非同级财政拨款收入	不常用
	25	4603	捐赠收入	不常用
	26	4604	利息收入	不常用
	27	4609	其他收入	不常用
（五）费用类	28	5001	业务活动费用	常用
	29	5301	资产处置费用	不常用
	30	5901	其他费用	不常用

续表

类别	序号	科目编号	一级会计科目	常用/不常用
（六）预算收入类	31	6001	财政拨款预算收入	常用
	32	6601	非同级财政拨款预算收入	不常用
	33	6609	其他预算收入	不常用
（七）预算支出类	34	7101	行政支出	常用
	35	7901	其他支出	不常用
（八）预算结余类	36	8001	资金结存	常用
	37	8101	财政拨款结转	常用
	38	8102	财政拨款结余	不常用
	39	8201	非财政拨款结转	不常用
	40	8202	非财政拨款结余	不常用
	41	8501	其他结余	不常用

案例三：某事业单位外购固定资产业务账务处理说明

场景一：外购不需要安装的固定资产

（1）业务事项描述

购置无需安装即可达到使用状态的专用设备、通用设备等固定资产。

（2）相关制度文件

政府会计准则制度类：

《政府会计准则——基本准则》（财政部令第78号令）

《政府会计准则第3号——固定资产》（财会〔2016〕12号）

《政府会计准则第3号——固定资产》应用指南（财会〔2017〕4号）

《政府会计准则制度解释第1号》（财会〔2019〕13号）

《政府会计准则制度解释第4号》（财会〔2021〕33号）

业务管理类：

《行政事业性国有资产管理条例》（国务院令第738号）

《关于盘活行政事业单位国有资产的指导意见》（财资〔2022〕124号）

《财政部关于财政部关于进一步加强和改进行政事业单位国有资产管理工作的通知》（财资〔2018〕108号）

《中华人民共和国政府采购法实施条例》

中共中央办公厅、国务院办公厅关于印发《党政机关公务用车配备使用管理办法》的通知

本部门（单位）制度：

《××市××单位财务管理制度》

《××市××单位固定资产管理制度》

《××市××单位采购管理办法》

(3) 应附单据凭证

①银行支付凭证

②相关发票

③采购申请表

④合同支付申请表

⑤合同

⑥中标通知书

⑦采购合同订立审批表

⑧验收报告或验收单

⑨固定资产入库汇总单

⑩招标文件评审表（若有）

⑪立项采购申请（若有）

⑫采购询价表（若有）

(4) 会计分录

财务会计	预算会计
借：固定资产 　　贷：财政拨款收入	借：事业支出 　　贷：财政拨款预算收入/资金结存

(5) 账务处理示例

××年7月22日本单位职工××报××办公家具购置，共计86092元，采用财政直接支付方式。

财务会计	预算会计
借：固定资产——通用设备　86092 　　贷：财政拨款收入　　　　86092	借：事业支出——后勤保障支出　86092 　　贷：资金结存　　　　　　　　86092

场景二：外购需要安装的固定资产

1. 支付资产购置款及安装费

（1）业务事项描述

购置需安装调试以至达到使用状态的固定资产时支付资产购置费及安装费。

（2）相关制度文件

参照（固定资产购置：场景一）。

（3）应附单据凭证

①银行支付凭证

②相关发票

③合同支付申请表

④中标通知书

⑤设备申购单

⑥采购合同订立审批表

⑦采购合同

⑧申购单竞价信息

⑨立项采购申请（若有）

（4）会计分录

财务会计	预算会计
借：在建工程　　［待安装的设备购置款］ 　　贷：财政拨款收入	借：事业支出 　　贷：财政拨款预算收入/资金结存
借：在建工程　　［安装过程中发生费用］ 　　贷：财政拨款收入	借：事业支出 　　贷：财政拨款预算收入/资金结存

（5）账务处理示例

××年6月14日本单位××报采购××工作站15000元，需安装，安装费用2200元，采用财政直接支付方式。

财务会计		预算会计	
借：在建工程——设备投资 　　贷：财政拨款收入	15000 15000	借：事业支出——科研支出 　　贷：资金结存	15000 15000
借：在建工程——设备投资 　　贷：财政拨款收入	2200 2200	借：事业支出——科研支出 　　贷：资金结存	2200 2200

2. 安装完工交付使用时

（1）业务事项描述

经安装调试后交付单位使用。

（2）相关制度文件

参照（固定资产购置：场景一）。

（3）应附单据凭证

①相关请示文件

②验收报告或验收单

③固定资产入库汇总单

（4）会计分录

财务会计	预算会计
借：固定资产 　　贷：在建工程	—

（5）账务处理示例

接上例，本单位××年6月19日××工作站完成安装，××工作站价格为15000元，安装费2200元。

财务会计	预算会计
借：固定资产——专用设备　　17200 　　贷：在建工程——设备投资　　17200	—

场景三：固定资产盘亏、毁损或报废时

（1）业务事项描述

盘亏或毁损、报废存货或固定资产。

（2）相关制度文件

《行政事业单位资产清查核实管理办法》（财资〔2016〕1号）

《××市本级行政事业单位国有资产报废处理操作规程》

《××市本级行政事业单位国有资产处置办法》

关于印发《××单位财务管理办法》的通知

（3）应附单据凭证

①文件呈批表

②会议纪要

③盘点报告

④行政事业单位国有资产处置明细表

⑤相关发票

⑥银行支付凭证

（4）会计分录

库存物品/固定资产盘亏或毁损报废后、待报批前：

财务会计	预算会计
借：待处理财产损溢——待处理财产价值 　　固定资产累计折旧 　贷：库存物品/固定资产	—

按照规定报经批准后：

摘要	财务会计	预算会计
盘亏或毁损、报废价值	借：资产处置费用 　贷：待处理财产损溢——待处理财产价值	—
残值变价收入、赔偿等	借：银行存款/其他应收款等 　贷：待处理财产损溢——处理净收入	—
发生的相关费用	借：待处理财产损溢——处理净收入 　贷：银行存款等	—
净收入	借：待处理财产损溢——处理净收入 　贷：应缴财政款	—
净支出	借：资产处置费用 　贷：待处理财产损溢——处理净收入	借：其他支出 　贷：资金结存等〔净支出〕

（5）账务处理示例

单位于××年12月31日，组织人员对单位所有固定资产进行盘点清查，清查结果：报废专用设备一批，账面原值余额10万元，已计提累计折旧4万元，按照规定报经批准，取得残值变价收入2万元，发生报废处理费用3000元，以单位银行账户收支。

财务会计		预算会计
借：待处理财产损溢——待处理财产价值　　60000 　　　固定资产累计折旧　　　　　　　　　　40000 　　贷：固定资产——通用设备　　　　　　　　　100000		—
借：资产处置费用　　　　　　　　　　　　　　60000 　　贷：待处理财产损溢——待处理财产价值　　　60000		—
借：银行存款　　　　　　　　　　　　　　　　20000 　　贷：待处理财产损溢——处理净收入　　　　　20000		—
借：待处理财产损溢——处理净收入　　　　　　3000 　　贷：银行存款　　　　　　　　　　　　　　　3000		—
借：待处理财产损溢——处理净收入　　　　　　17000 　　贷：应缴财政款　　　　　　　　　　　　　　17000		—

三、财务报告编报工作职责常态化

财务报告编报工作应纳入政府部门（单位）的日常工作，将其作为一项日常工作职责进行常态化管理，而非等到每年财政部门下发编报通知才开始匆忙着手准备，从日常财务管理、财务核算中夯实基础，进而提高财务报告编报质量。

（一）规范财务报告编报过程

一是要明确编报范围。要做好政府部门财务报告与部门决算、行政事业性国有资产报告之间数据衔接，在部门层面，要做好编报范围的审核。要编制三个报告的范围差异表，特别是要注意执行企业会计准则的事业单位，应当编制政府部门财务报告，但不编制行政事业性国有资产报告。范围差异表应当作为报表附注说明材料，随同政府部门财务报告一同报送财政部门。

二是要认真对账。严格执行政府会计准则制度，规范会计核算，细化核算内容，及时组织对账。各部门在审核单户报告时，应当要求单位提供对应财务报告期间或时点结账后的科目余额表，应当确保科目余额与报表项目的对应关系。对于账表不一致的，应当严格把关，杜绝出现"两张皮"的情况。

三是要正确运用抵销规则。各部门要积极配合中央本级政府综合财务报告编报工作，做好部门与部门之间、部门与财政之间交易事项信息的采集、分类、整理及核对，为部门之间、部门与财政之间抵销提供信息支持。2021年末，财政部会计司印发了《政府会计准则制度解释第 4 号》，其中对于无法内部抵销的，给出了兜底条款。但兜底条款前有约束性条件，即"在各单位充分对账、会计处理正确的前提下，部门合并主体对于明细核算或辅助核算中注明'本部门内部单位'，但按照'1. 一般情况下的抵销处理'规定未能进行抵销处理，且不属于'2. 不抵销的内部业务或事项'的项目，可以直接按照内部业务或事项的金额编制抵销分录。"兜底条款仅适用于主管部门，基层单位不得滥用。

（二）完善编报及核算信息系统建设

随着信息技术的发展，在执行政府会计制度的过程中可引入信息化技术，加强信息化系统的建设，为政府会计制度的有效执行保驾护航。信息化系统目前可运用于政府的预算、采购、合同、收支、资产等多个方面，可以运用于政府单位从采购计划、招投标开始到资产入账、后续管理的全过程。目前被广泛运用的信息化系统有工资薪酬系统、会计核算系统等传统的以核算为基础的系统，但其内部一般不存在连贯性，无法实现便捷的取数等操作，为了提高会计工作的准确性与效率，建立一体化信息系统十分必要。在建立一体化系统中，其中有两个最重要的环节：收支与资产的管理。首先，通过对收支建立管理系统，在对往来收支进行统计的同时实现核算与对账取数的功能，为后续的会计核算提供便捷与准确的数据信息，避免人为的错误出现。其次，建立资产管理系统，政府单位涉及的资产类型较多，其相应的折损也不尽相同，在资产系统中增加公共基础设施、保障性住房、文物文化资产、股权投资等管理模块，准确、详细地记载资产的详细信息，运用信息化技术实现对资产的动态管理，提高会计核算的准确性。然后，最重要的是推动一体化信息技术平台的建设，实现预算管理、会计核算、资产管理等多个管理模块间的数据共享，将会计核算与会计业务有机融合，推动政府单位会计核算的智能化水平。

（三）强化基层政府财务报告编报能力

由于基层工作的开展存在各种障碍，基层的财务人员所具备的专业素养往往受到现实的影响，存在参差不齐的情况。基层的财务人员在编报财务报告时受到自身知识水平、业务素养以及基层业务复杂性的影响，财务报告并不能够准确、全面地反映基层政府单位的实际状况，进而会影响上一层政府财务报告的编报。为了解决这一难题，应当加大对于基层人员的培训与学习力度，提高基层人员的专业知识与业务素养。如果搭建信息化管理系统，应当进一步针对信息系统对其进行培训，提高基层人员信息技术运用的能力。除此之外，上级单位还应当加强对于下级财政部门的指导与监督，及时解决下级部门反馈的问题，对于编报的重点与难点应提前下发相应的指导文件，同时将基层单位分配到个人，通过指导、带教的方式规范基层政府财务报告的编报，提高基层人员的业务能力与实践操作水平，以培养一批业务能力强、综合素质高、具有丰富的政府综合财务报告编报经验的人才队伍。

第七章 成本会计推行对财务报告质量的影响及提升措施

第一节 成本会计影响财务报告质量的问题分析

成本会计是政府会计改革的重要目标，加强政府成本核算具有非常深远的意义。首先是节约公共资源的需要，只有清晰地核算出资源耗费的具体对象，才能分辨出哪些是可节约、可压缩、须裁减的耗费，哪些是须保障的成本，从而真正实现成本的精准控制；其次是公共服务或产品定价的需要，如医疗救护服务、学校培养学生等政府公共服务，单位应当准确核算公共服务或产品的成本，以便为政府定价机构、有关单位制定相关价格或收费标准提供依据和参考；再次是完善绩效评价的需要，行政事业单位的绩效评价本质上就是对各单位投入产出情况的综合分析，准确核算运行成本是开展绩效评价的基础和前提，单位应当设置与成本相关的绩效指标并加以准确核算，以便衡量单位整体和内部组织部门运行效率、核心业务实施效果、政策和项目资金使用效果。

一、成本会计制度需进一步建立健全

成本会计是权责发生制政府综合财务报告改革四大任务之建立健全政府会计核算体系里难度较大的部分，是政府会计改革的目标，通过全面反映政府提供公共服务和维持机关运转所需成本，为加强绩效管理提供支持。

财政部虽然已于 2019 年年底发布了《事业单位成本核算基本指引》，但各行业的具体指引需要充分的研究论证。2021 年 11 月发布了《事业单位成本核算具体指引——公立医院》，2022 年 10 月发布了《事业单位成本核算具体指引——高等学校》，2022 年年底发布了《事业单位成本核算具体指引——科学事业单位》。

具体指引的出台为事业单位具体的成本核算提供了政策基础，但如何操作，如何与预算会计、财务会计衔接尚需进一步的操作指南和办法来予以指导，使事业单位成本核算有效落地。

二、部分资产和成本难以计量

（一）资产的计量难度大

由于政府不以营利为目标，其很多资产也是为了服务社会而形成的，这些资产在计量时难以以准确的成本信息进行披露，在一定程度上无法反映该资产的真实价值，也限制了政府会计信息中的真实成本水平。经济学中，成本分为显性成本和隐性成本，显性成本能够快速准确地被计量，而隐性成本无法被准确地计量和确认。放入资产中，显性成本是为达到特定的目的所消耗的能够准确用货币加以衡量的价值，隐性成本则是在其达到特定目的过程中所消耗的看不见的、无法用货币衡量的价值，如自然资源。隐性成本最显著的特点是，无法准确地将其进行分配，在评价政府工作时，其隐性效益难以衡量，加上业绩的衡量比成本的测量更加抽象，很难将成本与业绩进行直接配比，因此，如何利用成本会计信息来衡量政府绩效有待于进一步探索研究。

（二）成本难以准确计量

首先，由于隐性成本的特性是无法准确计量，政府的活动中有相当大一部分的投入是隐性成本，虽然成本核算是政府成本会计的核心，但现实情况是政府的成本除了可量化的资金投入外，其隐性成本并未反映在成本核算中。例如，由于拆除历史遗迹而造成的历史和文化资源的损失；项目施工期间带来的破坏和污染环境成本；决策失误和公务员腐败导致的增量成本降低了政府的公信力，使政府活动要达到同样的效果所付出的额外成本等，这些成本都是无法用货币衡量且难以计算的隐性成本。再如，当高污染项目对公民健康造成损害时，环境治理、公民治疗和对社会经济发展的损害所带来的成本不可忽略，但很难准确衡量。

其次，很多政府项目是纯公益性的，免费向社会开放，而这些项目的建设具有一定的交叉性，项目与项目间难以准确地分割计量，由于其无法产生效益，投入的成本也无法按取得效益的原则进行分配，成本的分配存在一定的不合理性，因而作为一个整体比分割计量更能准确地反映其成本信息。

（三）引入权责发生制需要过渡期

财政部发布的《政府会计准则——基本准则》中，明确规定政府会计中的预算会计实行收付实现制，财务会计实行权责发生制，这意味着政府会计体系要逐步实现由以收付实现制为基础向权责发生制的方向发展。然而，我国许多政府会计从业人员都习惯于传统的政府会计模式，即收付实现制，他们对权责发生制等会计原则缺乏深刻理解，这不利于引入权责发生制和开展政府成本会计改革。

（四）缺少配套的成本会计信息系统

由于信息技术起步较晚，一直以来成本的核算都是依靠人工对相关的财务与非财务信息进行获取、整合与加工形成的，存在一定的主观性。近年来，随着互联网、大数据的发展，信息技术逐渐渗透于生活的各个方面，从起初的互联网到现在的人工智能，无不体现信息技术的强大。随着信息技术对人类生活的改变，政府部门加快了信息化改革的步伐，市场上各类同质竞争的管理软件也无不体现信息技术对工作的影响。由于会计核算的过程需要统计分析大量的财务信息与非财务信息，信息系统能够大幅提高信息采集和工作的效率，同时还能降低人为的主观性与错误率。但是由于目前我国政府会计缺少成本会计体系，信息系统也就无法实现与之相匹配，相信随着信息系统技术的逐渐成熟，构建完整的相匹配的成本会计信息系统指日可待。

三、推行过程中还存在较大的挑战

（一）政府部门缺乏绩效管理理念

由于政府部门的特殊性，其在公共产品供给方面几乎实现了垄断，没有了来自市场的竞争压力，因此对于成本的概念也变得不是那么清晰。很多时候，政府部门进行决策时，为了兼顾政府声誉、社会公平正义，无法很好地将成本衡量进去，基本上都是按着预算进行决策与执行。但是长此以往，非常不利于政府成本会计体系的构建。若是采取一贯的决策习惯，因为构建体系而投入了大量的人力、财力，但取得的效果却微乎其微，短时间内成本并不能够得到有效降低，那么成本会计体系的推行也就起不到成本约束的作用了，能否继续推行下去要打一个大大的问号。

（二）我国关于政府成本会计的理论研究尚且不足

由于我国成本会计起步较发达国家相对较晚，目前国内相关的专家学者对政府成本会计的研究也较少，而美国和法国等发达国家该体系发展已较为完善，这对我国政府成本会计体系的构建有一定的借鉴意义。一般来说，一个体系的形成，需要大量的理论成果作为基础，然后通过将理论成果运用于某一具体的领域加以证实，才能证明该理论的正确性，否则这些研究成果将不存在实践意义。反之，如若没有足够的理论成果作为基础，那该类研究也将毫无意义。

(三) 监督力度不够导致信息披露程度不高

成本信息的准确性是披露的基础，而信息的准确性又受到很多因素的影响。在建立政府成本会计体系时，政府单位的官员既是执行者，也是监督者，这在一定程度上可能会导致成本信息失真。如，当触动政府部门错综复杂的利益格局时，改革将会导致一些不可预见的后果，而当事人出于理性的考虑，会本能地规避这些风险，则此时的监督就不能起到作用，只能是名义上的监督而已。如果监督不到位，就无法准确反映真实的成本信息，如果政府成本会计对外披露的都是简单而没有实质性内涵的信息，这一体系的构建就失去了意义。

第二节 提升财务报告质量的相关措施

一、制定相关法律和规章制度

健全的法律环境确保了政府机构顺利引入成本会计，低风险的引入环境能够激励各级政府加快引入速度。那些已经成功引入并实施了政府成本会计的国家，大都有这样一个共性：颁布实施相关法律法规及各类规章制度，通过立法层面为成本会计提供滋生的土壤。美国国会于1990年、1993年和1996年分别通过了三个法案：《首席财务官法案》《政府绩效与结果法案》和《联邦财务管理改进法案》（FFMIA），这三个法案为成本会计提供了相对稳定的落实环境。FASAB还制定了一个与美国联邦政府会计相关的概念框架，即《管理成本会计准则》（SFFAS 第 4 号），它专门用于政府管理成本会计。此外，相关的法案还为美国联邦政府的财务管理制度改革提供了制度和法律保护，尤其是美国《联邦财务管理改进法案》。

目前，基于基本指引，我国相继制定了高校、医院、科研机构等事业单位成本核算的具体指南，积极指导相关单位的成本核算。除了在立法层面为成本会计提供安全保障外，制定有针对性的成本会计准则也是保证其顺利实施的必要一环。成本会计准则的制定必须结合我国具体情况且要与其他准则保持一致，还要符合会计处理原则,因而是一项比较复杂的工作。该准则的制定要包含政府成本会计报告等内容,且至少应考虑政府成本会计的对象、目标、原则、基础和处理方法等要素。

二、推行独立的成本会计体系

目前我国的政府会计体系主要包括两部分:预算会计和财务会计。预算会计涉及政府预算资金方面,负责记录和呈现预算资金的收支状况及余额。成本会计涉及政府各项工作的成本方面,负责对政府提供的商品或服务的成本信息进行披露,同时为预算会计中预算审批标准的制定提供基础和借鉴。成本会计的基础是权责发生制,预算会计的基础是收付实现制,这是两者最大的区别。为了解决这个矛盾,一些国家进行了政府会计改革。例如,法国将成本会计和预算会计分开,而新西兰将成本会计与预算会计相结合。贝洪俊和施建华(2010)提出的三元政府会计体系是基于对英国、加拿大等六个国家的政府成本会计研究提出的,即将政府内的成本会计、预算会计和财务会计合为一体。世界上首个采取成本会计系统、预算会计系统和财务会计系统并行的国家是法国。我国可以考虑借鉴法国的做法,建立一个独立于现行政府预算会计和财务会计之外的政府成本会计体系。

(一) 政府成本核算的前提和基础

1. 构建和执行权责发生制政府会计准则体系

基于政府会计规则,财政部《权责发生制政府综合财务报告制度改革方案》提出了一项重大改革,即权责发生制政府综合财务报告制度改革。该改革的总体目标是建立科学、统一、规范的政府会计准则体系,清晰反映政府的财务信息和预算执行信息,建立健全政府财务报告编制办法。建立以权责发生制为基础的政府综合财务报告制度,具有敏感性、广泛性、战略性和技术性。作为改革议程的一部分,我国目前已基本建成具有中国特色的政府会计准则体系,已具备开展成本核算的基础。但会计准则体系还在进一步完善建设中,成本核算体系也需相应地进行调整和完善。

2. 完善预算绩效管理机制

为了更加科学、精细地对财政预算绩效进行管理,财政部根据党中央、国务院的有关指示和要求,发布了关于《预算绩效管理工作规划(2012—2015年)》的通知。

一是加强预算管理。建立全面的绩效报告、反馈和纠正机制以及绩效评估结果与预算安排挂钩的机制。为支持政府有效决策,各级财政部门自2013年起将与同级政府共享预算部门报送的重点绩效评估结果;为提高各单位的预算管理水平,预算部门和财政部门必须及时向被评估单位反馈绩效评估结果,并监督其纠正评估中发现的问题;对绩效评估结果良好的单位给予优先权,绩效评估结果不佳的,原则上不安排或者减少其预算,将绩效评估结果与预算安排挂钩。

二是以结果为导向实行奖惩。建立绩效管理考核、约谈制度和结果通报,表扬和鼓励预算绩效管理方面尤其突出的地区和部门,监督和劝勉预算绩效管理方面较差的地区和部门。将预算绩效管理考核结果作为评估部门和地区工作的一项重要依据,作为管理团队和高级管理人员综合评估的重要组成部分,将其纳入部门和地区工作目标评估范畴,并逐步建立绩效问责机制。

3. 构建完善的内部控制制度、加强信息化建设

成本核算要求收集准确、完整、可靠的成本资料,因此必须构建完善的内部控制制度,同时加强信息化建设,以保证成本数据的真实性,简化核算程序,降低成本核算人员的工作量。

政府成本会计中有许多方法可以将成本直接归集给成本对象,包括:(1)时间记录系统。记录每一位雇员在每一个具体作业上所花费时间数的时间表。(2)作业研究。时间与动作研究、作业分析以及时间抽样研究。(3)存货记录。提取存货和作业以及相关用途记录。(4)设备和资本性资产使用记录。如电脑、复印机、设备等使用记录。(5)产出会计记录。(6)估计与判断等。

如果能够采用上述更精细化的记录体系,将更多的成本作为直接成本追溯归集到成本核算对象上,将能够提高成本核算的准确性,但同时也要求政府会计主体应当加强信息化建设。

我国推行政府成本会计改革过程中,政府各主导部门应当在全国范围内统一组织开发政府成本会计软件系统,将各个基本步骤、基本方法、基本概念全部融入政府成本会计软件系统并实施成本核算、进行成本管理。但是目前我国几乎没有现成的政府成本会计软件,而且国内多数会计软件开发商不熟悉政府会计尤其是政府成本会计背景。为此,在组织会计软件开发商开发该软件前,首先应当对他们进行全面、系统的培训。开发我国政府成本会计软件系统不可简单地套用企业产品成本计算系统,应当根据政府组织提供公共产品服务的特征来开发。

4. 加强宣传培训教育

在我国政府部门中，行政单位大都还没有开始进行成本核算，但是事业单位，如医院、高校等已经对成本核算进行了一些探索，形成了一些成果。目前很多人认为政府会计主体是非营利性的，且成本并不是政府会计主体在提供公共产品或服务的决策中的第一考虑因素，甚至有些公共产品或服务的提供是不计代价的，如国防安全等。政府部门人员还没有建立起成本的概念，所以必须加强对各方面的培训和宣传，以便顺利开展成本核算。

针对政府会计实务工作者开展培训，尤其应当重点讲解政府成本会计的基本概念、基本方法，通过实际案例说明政府成本会计核算基本步骤等内容，使他们能够尽快掌握政府成本会计基本方法与技能。同时我国高等学校会计学专业、财政学专业、公共管理专业等的政府会计、公共财政尤其是公共预算、公共管理等课程都应当增加政府成本会计新内容，使未来政府会计实务工作者和政府管理者尤其是公共财政管理者掌握政府成本会计新知识，适应我国未来政府管理、公共财政管理新发展的需要。

（二）政府成本核算对象

事业单位是在国家机关领导下的社会服务组织，以社会公益事业为己任，从事教育、文化、卫生、科技等具有公益性的政府活动。事业单位也需要按照政府收支功能分类科目编制预算，即一般应当根据事业单位的职能目标、成本信息等确定需求，按照业务活动归集和分配资源耗费，同时考虑内部管理和外部管理的特定成本信息需求，将业务活动类型、项目、内部组织部门等作为成本核算对象，同时区分管理运行成本和履职运行成本。

除此之外，由于事业单位是从事社会公共服务的组织，因此还可以以其所提供的公共产品或服务的类型、接受公共产品或服务的对象类型、资金用途等作为成本核算对象。

下面以高校、医院、科研单位为例来阐述行政单位成本核算对象的确定。

1. 高校

高校一般可以按照业务活动类型，分为教学、科研等活动；按照单位内部部门类别，可分为党委部门、行政管理部门、后勤保障部门、教学部门等成本核算对象；按照单位内部部门，可分为组织部、宣传部、学校办公室、人事处、财务处、审计处、教务处、招生办、基建处等成本核算对象；按照学历层次，可分为专科生教育、本科生教育、硕士研究生教育、博士研究生教育、国际生教育等成本核算对象；按照一级学科专业，可分为经济学、管理学、法学、医学、工学、理学、农学、哲学、历史学、文学、教育学等成本核算对象；按照二级学科专业，可分为工商管理、会计学、市场营销、国际贸易、机械工程、考古等成本核算对象；按照年级分类，可分为一年级、二年级、三年级、四年级等成本核算对象。

2. 医院

医院一般可以按照业务活动类型，分为医疗、科研等活动；按照各科室所提供服务的大类，可分为临床服务类科室、医疗技术类科室、医疗服务类科室、行政后勤类科室等成本核算对象；按照各科室的一级学科类别，可分为内科、外科、妇产科、儿科、耳鼻喉科等成本核算对象；按照各科室的二级学科类别，可分为呼吸内科专业、消化内科专业、神经内科专业、心血管内科专业、血液内科专业、妇科专业、心电诊断专业等成本核算对象；按照医疗服务项目，可分为手术、麻醉、放射、超声、检验、血库、门诊挂号、住院等成本核算对象；按照病种，可分为白血病、甲状腺恶性肿瘤、睡眠呼吸暂停综合征、声带息肉、系统性红斑狼疮等成本核算对象；除此之外，还可以床日、诊次等为成本核算对象。

3. 科研单位

科研单位一般可以按照业务活动类型，分为科研、教学等活动；按照单位内部部门，可分为办公厅、前沿科学与教育局、重大科技任务局、科技促进发展局、发展规划局、人事局等成本核算对象；按照所承担的科研项目大类，可分为自然科学类、社会科学类等成本核算对象；按照所承担的科研项目细类，可分为国家自然科学基金重点项目、国家自然科学基金重大项目、863 计划课题、973 课题、国家科技支撑计划、国家各部委委托的专项课题、国家政策引导类科技计划等成本核算对象；还可以按照承担的具体科研项目、各研究室、各课题组等为成本核算对象。

(三) 政府成本核算项目

事业单位的成本项目包括公用经费中的人员费用和相关费用，如工资、津贴、办公费、水电费、设备购置费等。事业单位应当结合自身提供的公共产品或服务的特点、业务活动的类型和成本管理的要求等，对上述成本核算项目进行细化和分拆。如对于科研单位而言，很重要的一项支出为用于科学研究的材料消耗、资料费等，此时可以将这些费用从"公用经费"中分拆出来作为一个单独的核算项目。再如医院，各医疗业务科室发生的卫生材料费、药品费是一项很重要的支出，也可以将这些费用项目从"公用经费"中独立出来。事业单位在考虑成本核算项目时，应当结合自身的费用项目特点来设置成本核算项目，如不涉及"补助和转移性支付费用"和"其他费用"，可不设置这些核算项目。"补助和转移性支付费用"主要包含除人员经费外的其他对个人和家庭的补助、对企事业单位的补贴等。由于事业单位是在国家机关领导下的社会服务组织，不承担行政职能，基本不涉及"对企事业单位的补贴"。高等教育学校会涉及支付给学生的奖学金、助学金等"补助和转移性支付费用"，科研单位或医院可能涉及融资或租赁设备所发生的利息支出等财务费用。其他一般单位较少涉及"补助和转移性支付费用"和"其他费用"。

（四）政府成本归集分配研究

各类成本核算项目应按照其用途和所发生的部门进行分配和归集。对于基本服务部门中用于提供公共产品或服务，或履行职能、职责（成本核算对象）所消耗的直接成本，根据原始凭证能够直接认定属于某个成本核算对象的，应当直接计入；对于几种成本核算对象共同耗用，根据原始凭证虽不能直接认定，但采用适当的经济可行的简化方法可以在各成本核算对象间进行分配的，根据分配结果计入相应的成本核算对象中。如果该基本服务部门只提供一项服务，或只履行一项职责或职能，则其所发生的成本都是直接成本，直接计入成本核算对象中。

对于基本服务部门中用于提供公共产品或服务，或履行职能、职责（成本核算对象）所消耗的间接成本，是多个成本核算对象所共同消耗的，且不能通过经济可行的简化方法进行分配的，则需要通过一定的分配程序，分配计入各成本核算对象中。

对于辅助服务部门所发生的费用，也应当比照"基本服务部门"的处理办法进行。如果某一辅助服务部门只提供一项服务，且其所发生的成本可以以相同或类似因果关系为基础进行分配，则该辅助服务部门所发生的全部成本都是直接成本，直接计入该服务项目中。但如果某一辅助服务部门同时提供多项服务，且这些服务都需要按照不同的成本动因进行分配，则应当参照"基本服务部门"的处理办法区分直接成本和间接成本，间接成本通过一定的分配程序计入各服务对象中。

（五）部门汇总、各级政府层面成本核算

1. 主体

政府部门汇总层面的成本核算以政府部门本级及其下属事业单位的成本核算

为基础。而各级政府层面成本核算以政府部门汇总层面的成本核算为基础。

在部门汇总和各级政府层面不直接进行成本核算，直接在部门汇总和各级政府层面进行成本核算的难度较大，且很难保证成本核算的准确程度。同时进行政府成本会计核算的目的主要是进行绩效评价，落实政府成本控制的责任归属，从而提高政府履职绩效，但是仅从部门汇总和各级政府层面进行成本核算则将导致难以将政府成本控制责任逐级分解，难以具体落实到政府部门机构以及每一位政府雇员身上。

政府部门通过合并部门本级及其下属事业单位的成本会计报告，编制政府部门汇总层面的成本会计报告。而各级政府财政部门通过合并各级政府下属所有政府部门汇总的成本会计报告，编制各级政府层面的成本会计报告，对外报告各级政府履行公共受托责任的成本信息。

美国联邦政府成本会计实践就是采取这种"从政府部门成本会计到政府层面成本会计"的做法。

2. 对象的确定

对于政府部门汇总层面成本核算对象的确定，政府会计主体应当站在部门汇总层面梳理部门本级及其下属事业单位所履行或承担的政府职责、职能类别，确定主要的业务活动类型（可以参照《政府收支功能分类科目》的款级科目确定），将业务活动作为基本的成本核算对象。同时考虑项级科目中的项目支出和具体业务项目作为成本核算对象。某项业务活动的成本，反映政府主体因履行某些政府职责或职能所耗费的全部人力、物力和财力。某个项目的成本，反映政府主体为完成具体项目所发生的人、财、物等资源耗费。

各级政府层面通常可以参照《政府收支功能分类科目》的类和款级科目来确定成本核算对象，如国防、公共安全、教育、科研、文化、外交、医疗，等等。

3. 主要问题

（1）跨部门合作的处理。《国务院关于印发推进财政资金统筹使用方案的通知》（国发〔2015〕35号）要求推进跨部门资金的统筹使用。加强跨部门资金的清理整合，对同一工作事项，原则上应按照部门职责分工，明确由一个部门负责，资金相应列入其部门预算；确需分解为由多个部门负责的，应按照项目和资金性质明确牵头部门，制定统一的资金管理办法，并按照部门预算管理规定分别列入各自部门预算，以减少部门间的横向分配资金。

对于由多个部门共同合作完成的工作事项，建议统一在一级政府或上级部门层面进行完整的成本核算。

（2）各政府会计主体间相互提供服务的处理。企业在编制合并财务报表时，需要将内部顺逆流交易产生的未实现内部交易损益抵销。政府会计主体之间也存在着相互提供服务的情形。

如北京市某高校为北京市财政局提供了会计从业人员的后续教育服务，该高校在其财务报表中确认了该项培训收入，以及提供服务相关的费用，同时在其成本会计报告中确认了提供培训服务相关的人员和场地使用费等成本；北京市财政局在其财务报表中确认了接受培训服务支付的相关费用，同时也在其成本会计报告中确认了相关的成本。

对于该项各政府会计主体间相互提供服务的情形，由于存在成本重复计入的问题，所以在更高层次的部门汇总或各级政府综合层面应当将重复计入的成本抵销。

（3）主体间成本的分配问题。站在部门汇总或各级政府综合层面，还存在着某类部门或单位，其主要职责是为整个政府体系内其他部门或单位提供服务。其他部门或单位接受服务并不需要付费，而是由财政直接拨款给这类部门或单位。

目前许多地方实行会计集中核算，会计核算中心为各个政府部门机构提供会计核算服务，但是各政府部门单位却不用对此支付等价现金，该会计核算中心是由财政直接拨款的。

国家机关事务管理局负责中央国家机关公务用车的编制、配备、更新、处置工作。其他中央部门使用了公务用车，但并不需要支付现金。国家机关事务管理局的主要收入来源就是财政拨款。

中央组织部、纪检监察部等部门的主要职责都是为了整个政府体系更好地规范运作，以更好地提供公共产品或服务，其本身并不直接对外提供公共产品或服务。站在部门汇总或各级政府综合的角度，这类部门或单位的性质更类似于支持中心或辅助服务部门。

这就是美国联邦政府会计准则咨询委员会（FASAB）颁布的《联邦政府管理成本会计概念与准则公告》所界定的"主体间成本（inter-entity costs）"，主体间成本作为支持性成本通常要分配到各部门机构与其提供的公共产品或服务。

现阶段，将主体间成本作为支持性成本，在部门汇总或各级政府综合层面归集到各成本核算对象上涉及大量的分配问题。同时这些支持性的部门在《政府收支功能分类科目》上也都有对应的职责，有明确的成本核算对象。所以建议暂不对这些支持性成本进行分配。

未来政府成本会计技术以及国家绩效评价管理发展到一定阶段时，从合理性角度考虑，这类政府会计主体的成本应当在部门层面或各级政府综合层面分配到消耗资源的各成本核算对象上。

三、实现权责发生制与收付实现制有效结合

一直以来，收付实现制已深入政府会计核算，此时将权责发生制引入政府会计核算工作中需要一个过渡与适应的过程。为了权责发生制引入政府会计核算能够顺利过渡，为政府会计核算制度变革提供强有力的保障，国家正在积极地推动相关政策的出台和实施。实现政府会计核算从收付实现制到权责发生制的变革，除了国家提供强有力的政策支持外，各级单位还应将权责发生制与收付实现制有机结合、相互衔接，促进政府会计核算制度的平稳过渡。在政府会计改革的初期，仍以收付实现制为主，发挥政府职能的主要作用，在改革的不断推进过程中，逐渐扩大权责发生制的应用范围，逐步实现以权责发生制为基础的政府会计核算制度，促进政府职能从参与管理向综合管理转变，真正实现政府的管理职能。根据《政府会计准则——基本准则》的规定，我国政府会计体系包括以收付实现制为基础的预算会计和以权责发生制为基础的财务会计。因预算会计是对政府会计主体在会计期间预算执行情况的核算，是对全部收入与支出的计量，因而现阶段是以收付实现制为核算基础的。而财务会计是对政府会计主体在会计期间所发生的各项经济事项的核算，与企业的财务会计核算具有一定的共性，也一直以权责发生制为核算基础。因此，实现我国政府会计核算基础向权责发生制转变有着良好的基础与未来，这一变革指日可待，同时也促进了政府成本会计体系的构建。

四、建立完善的成本会计信息系统

1998年，美国联合财务管理改善项目组（JFIMP）表示，只有能满足信息与功能的要求，同时实现信息的有机整合，这样的管理成本会计系统才是一个合格的政府机构的系统。成本会计系统的作用是将单位内部的财务信息与非财务信息加以整合，并对相关的成本费用进行分配与归集，实现这一工作需要保证系统内数据的真实性、准确性与完整性。但是每个政府单位都有自己的独特属性与职能，其工作的规范与要求也不尽相同，并不是所有的单位都需要或者都适合成本

会计信息系统，各单位应根据自身实际需求设定。对于信息系统在政府成本会计中的应用，西方国家运用较早，且现阶段发展也较为成熟与完善，已经实现了从定制系统向通用系统的过渡，而这些通用系统足以满足政府部门在经营运作过程中对大部分信息的需求，这些通用系统不仅价格低，而且通用性较高、容易运用。但是同时，通用系统并不能满足所有单位的需求，只能满足基本需求，需求比较多、比较细化的单位，应结合自身的特征与业务活动的特点，对通用系统的某些内容加以细化调整，量身定制一套适合自身发展诉求的、高效的应用系统。

五、提升成本核算人员的综合素质

基于政府的管理性质，政府会计中对成本的核算与传统的财务核算存在一定的差别，这也就要求从事政府成本核算的会计人员需要具备成本核算的专业技能，政府单位也应多组织从事政府成本核算工作的人员学习与培训。与传统的财务人员相比，成本会计需要财务人员在具备足够的专业知识与技能的基础上，同时兼具良好的沟通协调能力、理解能力与分析能力，这是由于成本会计的特性所决定的。一般来说成本会计的核算贯穿着单位内部的各层级，贯穿业务活动的全过程，需要从事成本会计的人员充分了解组织的运作流程，通过与各环节涉及人员的沟通，对业务流程及相关信息进行梳理与分析，进而将成本进行归集、分配。由于成本核算涉及范围广，对从事成本核算工作的财务人员的专业知识、个人素养的要求较高，所以应加强对该类会计人员的针对性培训，提高其专业知识水平、提升专业素养。在培训与学习的过程中，逐步转变会计人员的思维观念，提高会计人员的综合能力，使其具有一定的成本会计核算胜任能力，同时为权责发生制的引入做好前期铺垫。新时代的政府会计，不仅要求会计人员具备岗位胜任能力与专业运用能力，还要求会计人员能够找准工作的重点，充分认识成本的重要性，以合理控制成本为手段，以结果为导向，实现从重投入到重结果的转变。

第八章 财务报告审计公开对财务报告质量的影响及提升措施

第一节 审计公开影响财务报告质量的问题分析

一、尚未形成政府财务报告审计制度体系

政府财务报告审计制度是政府综合财务报告制度体系不可或缺的重要组成部分,其目的是实现政府财务报告的目标与功能,为提高政府会计信息的公信力和决策有用性提供基本保障。按照国务院批转财政部《权责发生制政府综合财务报告制度改革方案》(以下简称《改革方案》)中有关制度体系建设要求,我国政府各单位需构建财务报告审计制度,按规定对政府和部门的财务报告进行审计,并将审计报告与被审计的财务报告依法提交本级人大常委会备案,同时通过各种渠道及时向社会披露。截至目前,从国际上看,OECD主要国家已建立了完善的政府财务报告审计制度体系,并形成相对成熟的做法和模式,但我国的政府财务报告审计制度体系尚未形成,各级政府编制的政府财务报告尚未经过审计,主要原因如下。

(一)财务报告编制单位接受审计的内生需求不足

根据历年披露的审计情况显示,我国财政管理虽取得了较大的成效,但由于信息的不对称性,伴随其所产生的道德风险、逆向选择仍然存在。人往往都是趋利避害的,任何人在行使权力后都会本能地自我保护,排斥监督检查。正如孟德斯鸠所说:"一切有权力的人都容易滥用权力"。在政府会计的改革中,这些问题也仍然存在。在新的财政管理和政府会计环境下,从事政府会计工作的财务人员普遍缺乏以权责发生制为核算基础的核算知识与经验,在组织编制政府财务报告

方面也没有先例可循。面对全新的政府会计核算和报告体系，政府会计人员的专业知识尚未得到及时更新，同时缺乏相关的运用经验，无法形成一个与之相适应的完善的知识框架。会计人员的知识和能力匮乏，暂时还无法达到完全符合政府会计改革和政府综合财务报告制度建设的要求，这将导致政府会计核算和财务报告编制中可能存在更多的问题，重大错报风险进一步加大。特别是在政府综合财务报告制度建立初期，政府财务报告编制中可能还存在较多问题，作为公共受托责任的受托方和政府财务信息的提供方，财政部门及各行政事业单位担心审计出具带有保留意见或否定意见的负面评价，接受审计监督的主观愿望并不高，不会自发自觉地产生对政府财务报告审计制度的内生性需求。

（二）审计机关存在一定程度的路径依赖

一直以来，政府财政管理的核心是预算管理，以收付实现制为核算基础对政府经营活动进行计量核算，几乎没有政府单位采用权责发生制。在政府财务报告改革之初，不仅从事核算的会计人员缺乏知识与经验，审计人员的相关知识和经验也较为匮乏。因此，审计人员可能会对如何开展政府财务报告审计存在许多疑惑，缺乏对政府财务报告的认知，对深层次的操作更是知之甚少，需要相关的指引才能有效执行。但是，由于审计规范体系目前尚不完善，有关政府财务报告审计相关描述的准则或是指南更是没有，难以为政府财务报告审计提供指导。基于目前的情况，长期思维固化的审计程序会对政府财务报告审计存在一定的影响，审计人员可能会在较长时间内存在一定程度的路径依赖。我国目前的财政审计制度是在之前的政府会计环境下形成的，其审计的目标、重点以及方式方法都受到很大的影响。政府财务报告审计制度的建立要求审计思维和框架体系的搭建要在延续传统的审计模式下与政府综合财务报告制度相适应，审计目标、内容重点以及方式方法都要在原有的基础上变革，这一变革要求审计人员迅速地接受、适应，然后做到主动参与、积极推动。

（三）未建立健全跨部门协调机制

政府综合财务报告制度建设以政府财务报告审计制度为保障，而政府财务报告审计制度的建立需要充分研究和系统把握政府财务报告制度，两者相辅相成，缺一不可。因此，为了建立健全政府财务报告制度体系，首先必须要建立健全跨部门的协调机制，促进财政和审计部门间的沟通与合作，两者协同构建政府财务报告审计制度。政府综合财务报告制度是包括政府财务报告审计制度在内的完整体系，建立健全政府财务报告审计制度是政府综合财务报告制度建设的主要任务之一。同时，《改革方案》也明确提出："各地区、各部门要高度重视权责发生制政府综合财务报告制度改革工作，加强组织领导，明确任务分工和责任，抓好工作落实，确保改革顺利推进。财政部要抓紧制定政府会计准则、政府财务报告编制办法和操作指南等，修订完善相关财务会计制度，并指导地方财政部门做好组织实施工作；审计部门要按规定组织做好政府财务报告审计工作。"财政部作为政府综合财务报告制度建设的总牵头部门，应进一步充分发挥统筹协调作用，而审计署作为主管全国审计工作的部门，其法定职责之一即为"起草审计法律法规草案，拟订审计政策，制定审计规章、审计准则和指南并监督执行""参与起草财政经济及其相关的法律法规草案"，但是从现实情况来看，无论是中央层面抑或地方层面，关于政府综合财务报告制度建设的跨部门协调机制并未形成。

（四）审计需求与审计资源的供给存在矛盾

根据《改革方案》的要求，"政府综合财务报告和部门财务报告须按规定接受审计后，报本级人民代表大会常务委员会备案，并按规定向社会公开"。《改革方案》对政府财务审计的范围给予明确，全国的公有制单位均需接受审计，但是由于我国公有制单位数量多、规模大，而各级审计机关的人数总和不足八万人，审计人员的数量与审计需求的发展间存在极大的不协调，加上审计的透明化，社会的监督力度逐步增大，导致供需矛盾将长期存在。以中央部门预算执行和决算草案审计为例，现行做法是，按照其预算规模和重要程度将100多个中央部门划分为A、B、C三类，A类单位每年审计，B类单位每隔一年审计一次，C类单位每三至五年审计一次，这样每年安排审计50个左右的中央部门，确保三至五年全部覆盖。但即使如此，人手少、任务重的矛盾已经非常突出，政府综合财务报告制度设计提出的审计全覆盖与现有审计资源之间的矛盾就更为尖锐了，仍然依托现有的审计组织方式和技术手段是无法实现的。

二、公开制度处于探索阶段，相关要素内容尚不明确

长期以来，我国披露政府财务信息的机构包括全国人大财经委和预工委、地方各级人大及对应机构、财政部、国家税务总局、审计署、国家统计局以及各大部委，政府财务信息一直实行的是以预算会计为依托，以预决算报告、审计署出具的审计报告和各类年鉴为补充的碎片化信息披露方式。不同的政府财务信息报告分别由不同的机构在不同的时间通过网络、人大预算草案等方式发布：每年财

政部官方网站会定期发布本财政年度的预算报告,以及上一财政年度的决算报告;各部委发布本年度的部门预算报告;审计署每年针对特定财政事项进行审计,并及时披露审计报告;国家统计局官方网站会披露相关的年度财政数据;地方财政部门也定期公布本级政府的预算、决算情况,相关职能部门会定期发布部门或单位的部门预算,但各省公布的情况参差不齐。

完善的信息披露制度必须满足使用者和监督者的需要,即本级政府、上级政府和相关部委对信息使用的需求,以及人大代表和其他人对监督的需求。同时,还要满足公众、债权人、投资者和其他外部投资者的监管和使用需求,以及信用评估的需要,这是强化监督的重要物质保障。受编制方法不够完善的限制,且由于编制结果仍在诊断过程中,目前的政府财务报告编制仍在起步阶段,其真实性和客观性有待进一步考察,因此无法将其公开对外披露。

第二节 提升财务报告质量的相关措施

一、建立健全我国政府财务报告审计制度框架

第一,政府财务报告审计制度的总体目标应定位为以促进政府会计改革和政府财务报告目标实现为核心,通过审计鉴证职能的发挥,持续改进和提高政府及部门财务报告信息质量,通过评价职能的发挥揭示财政风险,为开展政府信用评级、加强资产负债管理、改进政府绩效监督考核、防范财政风险等提供审计支持保障,促进政府财务管理水平提高和财政经济可持续发展,加快推进国家治理体系和治理能力现代化进程。在实践过程中,要统筹当前和长远,立足我国国情和发展实际,坚持稳中求进、循序渐进的思路,分阶段对政府财务报告审计总体目标和当前具体目标进行合理定位,实现政府财务报告审计制度体系与政府会计和政府综合财务报告制度改革建设进程保持协调统一。

第二,在政府财务报告审计主体方面,充分考虑中国特色社会主义政府管理体制,由审计机关负责开展政府综合财务报告审计。注册会计师广泛参与政府部门财务报告审计。

第三,在审计规范方面,建议我国政府综合财务报告审计标准应包括基本准则、具体准则和准则解释三个层次。财政部门作为政府综合财务报告制度建设的总牵头部门,应建立健全跨部门的协调机制,财政和审计部门之间加强合作,就

政府财务报告审计标准进行研究探索。

第四，在审计对象方面，从调研和现阶段我国政府财务报告编制工作开展情况来看，建议政府综合财务报告审计初级阶段主要以财务会计报表及会计报表附注为主，待发展成熟以后，再将政府财政经济分析、财政财务管理情况纳入审计对象。同时，建议政府部门财务报告审计初级阶段主要以财务会计报表及会计报表附注为主。

第五，在政府财务报告审计方法方面，可考虑采用风险导向审计思路。具体而言，政府财务报表风险导向审计方法是通过对报告主体的本体及环境的分析，对内控、资产、负债、收入与费用进行梳理，以发现政府财务报告的重大错报风险，同时对风险程度较高的交易、账户余额和披露的认定层次进行确认。分析造成某项交易、账户余额和披露认定层次较高风险程度的背后，报告主体可能出现的具体错报形式，并针对此确定具体审计策略。进一步地，在政府财务报告重大错报风险分析中，应从政策制度环境、会计核算情况和内部控制三方面综合分析。在此基础上，审计人员可针对不同的风险状况和错报形式，综合运用询问、观察、检查、函证、重新计算、重新执行、分析程序等多种具体审计方法来实施，以获取充分、适当的审计证据。

第六，在意见类型方面，考虑到我国目前政府财务报告制度改革正在初步实施阶段，政府财务报告审计制度的设计和实施须统一服务于政府财务报告改革整体目标，即通过审计实施、审计报告等方式监督及促进政府财务报告编制质量的不断提高。因此，在政府财务报告审计实施过程中，除了发布无保留意见、非无保留意见（保留意见、否定意见及无法表示意见）审计意见类型的标准报告之外，还应充分发挥管理建议书的作用，即通过管理建议书揭示审计过程中已注意到的、可能导致被审计单位财务报表产生重大错误报告的报表编制方法，或与报表相关的内部控制重大缺陷，促进被审计单位不断提高报表编制水平。

第七，在政府财务报告审计的内容及重点方面，建议我国政府财务报告审计应涵盖财务信息和非财务信息两方面。重点关注政府会计准则的执行情况，充分考虑政府综合财务报告和部门财务报告的差异。对于政府财务报告的审计内容考虑区分提供鉴证意见或审阅意见：对于政府综合财务报告中会计报表及附注发表审计鉴证意见；对于政府财政经济分析、政府财政财务管理情况分析发表审阅意见；对于政府部门财务报告中会计报表及附注发表审计鉴证意见；对于政府部门财务分析发表审阅意见。

第八，在政府财务报告审计的报送方面，各级政府及部门要积极利用信息传播工具，通过数据平台将审计报告及时报送上级部门的同时对外披露，让报告的使用者能够及时了解并获取。根据上报及披露的要求，各机关单位应及时将审计报告与财务报告上报财政部门与审计部门备案，并通过官网、公众号等渠道公示；各级财政部门应及时将审计报告上报人大常委会备案，同时还应及时在财政部门官网、公众号等平台公示与披露。从审计报告使用者的角度来看，建议在报送政府审计报告时，对报告及结果进行详细的解释与说明，便于报告的使用者对报告及结论的理解，充分发挥报告的价值。为了政府审计报告的使用者能够恰当地运用报告，财政部门和审计部门应就审计报告制定运用指导文件，对被审计单位、审计主体、委托人、报告使用者如何在决策中有效地运用审计结论作出指引。

二、建立健全我国政府财务报告审计制度实施体系

第一，在组织模式方面，首先要明确财政部门、审计部门、财务报告编制部门对于审计的职责分工、主体责任，建立协同机制，以统一的审计方案、统一的质量要求、统一的时间要求完成国家审计。其次要充分利用社会力量，适合我国国情的政府财务报告审计组织方式应以国家审计机关为主，社会审计机构为辅，可充分利用内部审计工作成果。

第二，在审计技术方面，要全面推行大数据审计模式，从"大数据审计——大数据分析——形成审计分析模块——完善审计报告生成流程——基于审计师的职业判断形成审计意见——自动生成审计报告"等大数据审计流程设想。向信息化要效率、要资源，不断加强审计管理和组织方式的改革创新，以推进政府财务报告审计迈向高质量发展阶段。

第三，在保障体系方面，建议将政府财务报告相关知识体系和技能体系纳入国家审计人员特殊能力范畴；同时由于政府财务报告审计也将引入大量社会审计力量（注册会计师）参与，因此，有必要对注册会计师参与国家审计的能力框架从专业知识和专业技能两方面进行补充定义。

第四，在沟通与协调方面，财政在接受审计机关财务报告审计时，应主动积极配合。审计机关在进行政府综合财务报告审计前、审计过程中、审计结束后均应清晰且明确地告知需财政配合的工作。审计机关在出具审计报告前，必须先征求财政的意见，做到充分沟通。在审计与部门的沟通、协调方面，审计进场前由

第八章 财务报告审计公开对财务报告质量的影响及提升措施

审计人员下发审计通知书给被审计部门,被审计部门还会收到同级财政部门关于配合审计的通知要求。在审计机关上下级的沟通、协调中,从审计署到各地方审计机关需对政府综合财务报告审计工作进行统一协调,包括审计计划、审计实施、审计底稿规范、审计方式方法、审计数据规范等相关要素的一体化工作安排,确保审计工作的有效衔接、审计资源的有效配置。需对统一审计计划、审计风险认定、审计要求、审计程序、审计底稿要求、审计方式方法、审计流程进行审计组之间及审计组内部的沟通、协调,做好统一规范及资源共享,提高审计工作质量及效率;在政府财务报告审计与其他审计的沟通和协调过程中,财务报告审计可充分利用预决算审计的结果,有机整合两者的审计内容,并根据财务报告审计需求对预决算审计的内容进行优化调整,以此来提高财务报告审计的效率,提高审计结果利用率。在被审计单位之间的沟通、协调中,由于部门财务报告是政府综合财务报告的编制基础,在综合财务报告审计过程中,不排除少数情况下会延伸至相关部门的情形,此时需双方做好沟通协调。同时,部门在接受审计过程中,对于审计发现的重大无法整改的事项,也应及时向同级财政汇报,以便财政评估该类事项对财政编制的综合财务报告的影响。对于出具非无保留审计意见的部门,应及时向同级财政沟通。其中,在财政上下级的沟通、协调中,上级财政编制的综合财务报告是在下级财政报送的综合财务报告基础上进行编制的,上级财政在接受审计机关的审计过程中,对于延伸涉及下级财政相关的事项,需下级财政积极配合做好协调。下级财政在接受审计时如果存在重大无法按审计要求进行整改的事项,可能影响上级财政综合财务报告的公允反映时,应及时与上级财政沟通。在审计与人民代表大会的沟通、协调中,审计后的政府综合财务报告与审计报告应依法报本级人民代表大会常务委员会备案,并按规定向社会公开。审计报告向人大备案后,如果人大对审计报告有疑问,审计机关应及时向人大汇报解释说明。在财政与人民代表大会沟通、协调中,审计后的政府综合财务报告应向人大备案,如果人大对政府综合财务报告有疑问,财政应及时向人大汇报解释说明。在政府(部门)外部使用者沟通、协调中,主要通过政府审计报告公开相关制度进行沟通、协调。对于债券信用评级机构,除了通过政府官方公开的渠道获取政府财务报告外,在我国各地发行政府债券及其他政府债务时,政府代理人、各地财政需向债券信用评级机构单独报送经审计后的政府财务报告,并实时向债券信用评级机构解释说明政府财务报告中相关数据、分析指标及其他说明内容,做好政府信用评级相关的沟通、协调。

三、加快推进财务报告内部审计措施

审计的监督职能在国家治理现代化进程中发挥着举足轻重的作用，国家审计以审计的独立性与权威性对权力的使用进行监督与制衡，为国家治理现代化保驾护航。由于从事国家审计的人员较少，外部审计无法满足政府的常态化需求，内部审计此时就显得尤为重要。内部审计是各机关单位的一个独立部门，通过监督本单位日常的经济行为，实现全过程的自我约束，为外部审计提供较为精准的数据资料。对于政府部门来说，内部审计与外部审计是实现权力制约的两把利刃，是整个管理的手段，只有用好这两把利刃，将两者紧密结合，将审计覆盖到政府行为的全过程，才能够为审计报告的可靠性、资金使用的合理性提供保证，以实现财政支出的效率与效果，提升部门整体绩效水平。

为使政府财务信息能够得到更加准确的披露，应当完善以权责发生制为基础的政府财务报告制度，并通过审计对财务信息进行监督，提高财务信息的可靠性与真实性。基于目前国家审计人员的匮乏，应当建立健全政府机关内部审计制度，通过内部审计与外部审计的密切合作，共同为政府治理保驾护航。建议财政部门组织政府财务报告质量的检查审核，主管部门尽早开展政府财务报告的内部审计，及时发现问题，研究解决方案，实施质量提升的具体措施，为我国的审计和政府财务公开夯实基础。

四、加快财务报告公开制度的研究出台

制定政府财务报告公开制度是为了规范财务报告披露的程序，加强对审计风险的控制能力，降低政治风险与财政风险，充分反映政府资产、负债、收入和费用的情况，提高审计结论的准确性。政府财务报告的信息使用主体较为广泛，不仅包括政府部门、政法部门、投资评估机构，还有债权人、投资人等。各报告使用主体对于政府财务信息的需求也不同，对于需要使用财务信息的报告使用者来说，报告中的财务信息为其决策提供了一定的参考与支持。同时，政府财务报告披露的财务数据，便于报告使用者充分了解政府当前的营运能力与偿债能力，及时对可能存在的风险进行判断。

政府财务报告的使用者对于政府信息的使用不是一次性的，而是一个长期、持续的过程，政府信息公开的及时性与全面性决定了报告使用者对政府情况判断的准确性。为了让公众及时准确地了解政府状况，政府部门在其决策的不同环节

应将财务报告所需的全部资料保全并及时公示。除了政府内部流程需保全与及时公示外，在将政府财务报告上报人大与上级主管部门时，所提供的资料也应全面详实。但是由于财务报告的使用者对政府信息的需求不同，这就要求政府部门在披露政府财务报告时应根据政府财务报告编制简要版报告、单体报告等不同类型进行公示。

政府财务信息公开是用制度的形式对政府在资源分配和使用中的执行情况进行反映和监督。对于政府财务报告公开制度来讲，其构成要素是决定制度能否在民主理财中发挥出应有作用的关键。公开政府财务报告是为了反映政府受托责任履行情况，提供决策有效信息，这就决定了公开制度应具有以下五个基本要素。

第一，主体要素。政府财务报告公开制度的主体要素是指支配和控制政府财务资源和编制政府财务报告的主体力量，由三方面构成，即政府、人大和民众。各主体是相互依存融合的关系，这些决定了公开制度的政治内涵，即民主价值和政府受托责任。

第二，环境要素。政府财务报告公开是受到社会各种因素影响的必然反应和结果，公开制度环境要素包括政治、经济、文化、法制和社会变化等。政府财务报告的公开必须适应所处的环境约束，逐步推进，对公开制度进行不断细化和完善。

第三，程序要素。公开制度的程序要素是指政府财务报告公开的序列组成及序列间规定的途径，包括政府财务报告编制、审核、报备、审计、公开、监督评价和问责。序列中的每个组成部分分别承担着各自的责任，序列组成不能紊乱，否则就会打乱所规定的途径，导致制度执行效果无法达到预期目标。不仅如此，公开制度的各组成部分之间还起着互相制约的作用，如财政部门审核制约财务报告编制，监督评价问责是对报告反映的结果承担责任。

第四，质量要素。公开制度的质量要素是政府财务报告公开能够实现预期目标的重要保障，具体是指审计的客观性、财务信息的及时性、财务报告编制的完整性、准确性，以及数据的真实性、相关性等。

第五，技术要素。政府财务报告公开制度的技术要素是指支撑转发财务报告公开的技术方法，包括统计数据管理、数据分析运用和信息化平台支撑等。政府财务报告通过对财政资源配置的存量和流量反映政府政策和政治承诺，并关系到社会各方利益，这些都离不开技术的支撑。

第九章 内控管理对财务报告质量的影响及提升措施

第一节 内控管理影响财务报告质量的问题分析

一、内部控制环境不完善导致对财务报告的重视程度不足

内部控制环境是内控的基础,是实施内控的保障,对政府机关来说,内控的环境主要为单位的组织架构、管理层的意识以及人事制度。具体来说,组织架构是单位内部机构的设置与管理,是对决策、执行与监督行为的划分,是对单位人员、岗位、工作程序的规范。由于我国行政事业单位内部控制体系建设起步较晚,政府单位受长期的工作思维影响,对于内部控制的重视不够、要求不高,导致"人人重视、人人参与"内控财务工作的环境氛围尚未形成。

(一)内部控制制度体系不健全

在经济迅速发展的当今社会,随着我国政府的职能逐步实现从参与管理到综合管理的转变,财政管理框架基本形成,政府部门的内部控制体系也初步建立。但是由于缺乏相关制度的指导与制约,各单位的内部控制并未形成一个完善的体系,对于内部控制的标准也未达成一个高度统一的意见。近年来,为了适应当今市场发展的趋势,政府部门先后进行了大量的改革,包括与预算、收支、政府采购等相关的改革,以及金财、金税、金关等工程的建设,改革力度之强,涉及范围之广前所未有。但是迅速广泛的变革也引发了许多问题,如法律法规与相关制度文件间的矛盾,这一点从财政国库制度的改革中可以得到很好的诠释。财政国库管理制度的变革是为了更加规范地实现财政国库的管理,但是由于其是首次变革,与国家现有的法律规范之间缺乏一定的承接性,无法适应现行的《预算法》

《国家金库条例》《税收征管法》等法律法规。为了解决这一突出问题，实现财政国库制度改革，国家虽相继实施了一些过渡措施，但是由于法律法规修改的要求较高，加之改革的配套没有制定，这一矛盾更加突出，也引发了诸多问题。最典型的问题有以下几个：第一，缺乏相关的监督检查规定，财政收入无法及时上缴，甚至出现挪用公款等行为；第二，资金用途不明确，存在资金挪用的现象，无法做到专款专用；第三，有些单位缺乏内部审计意识，未设置内部审计机构及人员。由于相关制度体系的不健全，缺乏法律法规的规范，这些问题无法得到有效的解决，因此，现阶段的各部门应在强化财政管理改革的进程中，加强内部控制建设力度，不断完善相关标准。

（二）内部控制意识薄弱

内部控制的有效建立需要每一位员工的重视和参与，而不仅仅是管理层的责任。管理层作为内部控制的关键岗位，应当具备较强的内部控制意识，促进单位业务更好地发展。但是现在有很大一部分政府部门的领导层对内部控制认知不足，缺乏基本的内部控制知识，并没有充分认识到内控对单位发展的促进作用，仍旧坚持以发展为主、管理为辅的思维方式。虽然经过多年的知识普及与国家对政府部门内控体系建设的要求，但是仍有一部分单位没有制定相应的内控制度，还有一些单位虽然制定了内控制度，但仅将其停留在纸面应付检查，更别说贯彻执行了。对于已经执行内部控制的单位来说，也有相当一部分管理层认为内部控制是财务部门的事，自己对于内部控制的执行几乎不参与，忽视其对单位运行的监督职能。财务人员作为内控的主要执行者，对内控的了解较为浅显，认为做好自己的岗位工作就够了，不参与重要决策，缺乏控制意识，未将内部控制与单位业务活动相联系，未能充分发挥财务对单位的宏观把控与监督的作用。

（三）组织构架设置不合理，权责不清

政府单位在组织架构及岗位的设置上无法做到像企业一样细分，这是由政府单位的性质决定的。因政府单位不以营利为目的，主要是发挥管理职能，这就决定了其对于岗位及人员的需求有限，加之编制有限，导致各单位人员数量不多，很多单位存在一人多岗、不相容岗位未分离的情况。由于内部控制在政府单位内部的建立时间较晚，很多单位延续一贯的岗位职责划分，加之对于内部控制的认知较为浅薄，在内控制度建立之初，未能很好地结合单位的实际情况进行岗位优

化与职责调整,导致内控规定与实际情况相悖,内控制度无法得到有效执行。

内部控制的有效运行是涉及单位业务的全流程,与每个岗位都息息相关,如果同一人同时担任执行与监督的职责,那么内部控制将形同虚设。在业务发生的全过程中,财务人员的作用尤其重要,但是有些单位不仅不相容岗位不分离,而且对于财务部门的定位仍停留在"钱袋子"的层面,财务部门不参与决策也不参与具体的业务管理,只负责收支及记账,并没有充分发挥财会的辅助决策与监督控制的作用。

由于政府部门的特殊性,长期以来许多单位都是"一言堂"的管理制度,缺乏对业务的监督与制约。由于政府部门人员习惯了什么事都由领导决定的行事风格,对于审批流程和审批权限不是特别在意,这就导致了审批流程不规范、审批权限不明晰的情况。虽然已经初步建立了内控制度,但是如果领导不带头强制贯彻的话,内控也将形同虚设。不论是单位的日常行政管理,还是业务活动,都应制定并遵守相应的审批流程、明确审批权限,对于重大决策应上会实行集体审批,但是有些单位为了节约时间省去开会集体审批的环节,由领导直接审批通过执行,给该决策的准确性带来很大的风险。可能存在领导独断专行,所有的决策权都在一把手手中的情况,滥用职权、贪污腐败则不可避免,内部控制较难发挥作用。

(四) 奖惩机制不明确,内控形同虚设

由于政府部门的工资水平相对稳定,分配的标准也较为固定,且随着工资组成比例的调整,基本工资占比逐渐减少,工资水平较为平均,缺乏激励效果,这就导致内部人员工作的积极性与主动性逐步减弱。对于一些有自营收益项目的单位,员工可通过自身的努力获取除基本工资之外的绩效、奖金等超额收益,但是这种收益受各种因素的影响较大,缺乏明确的分配标准与规定,导致同一单位不同人员的收入差异较大。政府部门的人员有相当比例的人抱着养老的心态在工作,工作积极性不高,更是缺乏主动性与创造性。导致这种现象的原因有很多,最为突出的就是长期扭曲的观念。在政府部门一直有一种不良风气,即人情重于业绩、人际关系重于个人能力。对于一些没有背景的人员来说,虽然个人能力特别突出,却因为所谓的人情、人际关系等非业绩、非个人能力的因素导致其无法取得应得的奖励,长此以往,再强烈的主动性与积极性也终将被磨灭。这种扭曲的政绩观对内部控制的实施产生很大的阻碍,不仅管理层不严格执行内控规范,普通科员也只将内控当作一项额外的工作,没有主动遵守内控规范、积极参与单位内控建设、严格把控财务信息质量的意识,内部控制形同虚设。

二、风险防控理念缺失导致财务风险发生的可能性提高

自新冠疫情暴发以来,长期萎靡的市场经济使国际金融市场经历了"至暗时刻",政府单位也不可避免地受到很大的影响。自次贷危机以来,各国政府对风险的意识不断加强,不再坚信政府部门毫无风险的观念,内部控制也逐渐被重视起来,政府部门希望通过内部控制对可能的财务风险进行预警,及时采取措施降低财务风险发生的可能性及其带来的影响。但是仍有许多政府单位并未意识到内部控制对风险防范的重要意义,在没有遇到风险之前,他们普遍认为政府部门作为管理机构,没有过多地参与市场经济活动,不存在所谓的经营风险。虽然经营风险对于政府部门来说影响一般较小,但是其忽视了政府部门在履行职能时所引发的社会风险与政治风险。由于风险意识较差,对自身的风险研究甚至不存在,在危机真正来临前,这些政府部门无法准确地对风险进行识别与评估,更没有相应的防范措施。通过初探,可以发现政府部门存在的风险有以下几个:其一是腐败的风险。由于社会发展迅速,现有的法律法规并不能完全适应发展的需求,虽然相关的规定也在陆续完善,但是对权力的制约仍有漏洞,以公谋私、滥用职权、贪污腐败的情况仍然存在。其二是资金使用不合理的风险。公共设施是为民生所建设的,其资金投入主要来源于财政资金,由于缺乏活跃的市场,财政资金的使用并没有社会资本运用得成熟,资金的投入与运用可能无法达到最佳的使用效率与效果。虽然近年财政资金与社会资金合作力度加大,以充分利用社会资源盘活财政资源,但其所面对的资金使用不合理的风险仍然存在。其三是资源配置的风险。目前,公共资源尤其是稀缺性公共资源的配置权主要还是集中在行政主管部门手中,如土地使用权仍由主管部门进行规划与分配,社会企业为争夺稀缺资源则不乏采取"人情"等手段,行贿受贿的行为也从未断绝,其对资源的合理配置有着很大的影响,而资源配置的不合理也会诱发各种风险。

由于政府部门人员在长期的工作中对于政府行为所诱发的各项风险缺乏一定的认知,对于上级部门决策后下发的事项也只一味地注重执行,在执行前缺乏对于各项风险的预测与评估,在执行过程中忽略了对风险的控制,执行后也未及时对执行过程中遇见的风险进行分析与探究,再次执行类似的业务时并没有很好的经验加以借鉴,因而各项风险仍然存在。这种缺乏对风险的预警与控制的行为,究其根本还是缺乏完善的风险防范机制,不能够做到对风险的预警、识别、控制贯穿政府行为的各个环节,也无法做到对风险的及时分析与报告,给单位及财政

资源的合理运用埋下了隐患，容易诱发不必要的损失。

三、内部控制力度不强导致财务报告的准确性受限

由于国家加强对政府单位内部控制体系的建设，各单位也积极贯彻落实，但仍有很多单位的内控体系建设只是停留在表象，更像是只给财务部门增加的一项工作，并未根据内控要求执行各项活动，导致财务工作与内控建设不能有效结合，预算的执行力得不到有效的监督。而造成这种现象的原因主要有两个：其一，政府部门的经费支出习惯，使超出制度标准的部分，没有被有效制止，即使各项经费的支出标准都有严格的规定，但是因单位领导默许，支出也并不会完全按照预算要求执行。对于费用的报销也基本上都采用实报实销的政策，经手人提出申请，领导审核通过后财务直接报销。近年来，国家加大对于"三公经费"的管理力度，经费超支的情况也得到了很大的改善，但"三公经费"外的支出，仍存在一些不规范的情况，如项目经费被挪用，没有做到专款专用，无法充分发挥专项资金应有的作用。其二，由于政府单位人员长期的工作习惯存在与制度要求不一致的地方，许多部门人员在执行内控制度的过程中存在抵触情绪，认为是给自己增加工作量，使制度规范没有被充分运用，制度的执行效果较差。具体而言，在对财务处理的执行中，没有严格按照规定对凭证进行复核、对账证进行核对、对收支的真实性进行核对、对资产的数量进行复核、对挂账行为进行处理。在财政资金使用过程中，专项资金的使用审核不严，存在专项不专用、资金用途改变、超支、资金挪用等情况。在基建资金使用中，存在不按程序报批、支出审核不严、检查力度不强等情况。在财政收入的收取与上缴中，存在私自收费、不按规定标准收费、不完全上缴等行为。许多单位的行政性收费与非税收入不上缴财政，或是将预算内收入转为预算外收入，预算外收入不纳入财政专户管理等。在财政收支结余的使用上，专项经费结余不纳入预算管理，没有按规定上缴应缴的经费结余。

政府部门对资产的管理也存在缺乏有效控制的问题。许多单位长期以来一直资产管理混乱，许多闲置资产不能得到有效的盘活利用，该处置的资产也没有按规定及时处理，甚至造成了国有资产的流失。实行集中采购之后，政府采购行为得到了有效的管理与控制，但许多单位的资产管理员仍旧采用过去的习惯，缺乏资产管理意识，管理层也未意识到资产管理对内控的重要作用。新购入的资产不能及时入账并对其进行编号管理，最常见的是捐赠、已竣工的基建项目、长期外

借的固定资产等。正是由于这种资产管理观念的匮乏、疏于管理，未经审批就随意变卖资产，同时也未及时登记入账，导致资产流失严重。资产管理方面存在的问题主要表现在以下几个方面：首先，资产界定范围不明确，无法准确判断低值易耗品和固定资产，也没有按照规定定期进行固定资产的清查与盘点，没有及时将实物与账务进行核对。其次，疏于对资产的管理，由于有的单位没有明确资产管理制度，未设立专门的资产管理员，导致存货无人看管，固定资产的使用情况不明确，对于已处置的资产无人登记，对正在使用的资产未能编号入账管理，这部分资产极易流失。再次，资产处置及借用流程不规范，处置的资产未经审批就随意处理，出借的资产不能按期收回。还有违规购买并转移资产，未按规定对资产计提折旧等问题，而这些问题都极易造成国有资产流失，导致经济损失。未按规定对固定资产计提折旧是由于现行的法律法规对此没有明确的规定，一般都是根据单位自身情况来定，这个问题在政府部门尤为突出。

除了上述预算、收支、资产等方面对政府财务报告和内控体系建设有影响之外，现金的管理和票据的管理对内控建设也很重要。对于现金来说，常常存在单位出纳未能每日及时将限额以外的现金送存银行，在日常现金的使用中还存在坐支、挪用等情况，甚至会出现白条抵库的现象。在现金的管理中，不能做到定期盘点与核对，未能做到日清月结、及时登记入账。还有部分财务人员借用暂不入账的资金炒股以谋取私利，甚至挪用公款，因而诱发经济犯罪。对于票据来说，有些单位并未进行票据的台账管理工作，对于票据的使用情况不能及时了解与更新，票据的购置、领用、交验与核销的过程审批不严格，缺乏有效的抽查监督，导致公款挪用、小金库等问题的出现。

四、管理会计应用力度不够影响财务信息质量

随着市场的发展，传统的财务会计已无法满足会计主体日益发展的需求，管理会计在市场经济中被逐渐运用。随着政府单位会计体系的建设，会计制度不断变革的同时许多问题也应运而生。由于管理会计在国内的发展时间较短，政府部门也没有运用的先例，许多人对于管理会计仅停留在浅显的认知层面，并没有意识到其对单位发展的重要意义。管理会计若想在单位中得到很好的运用，首先需要解决单位在内控建设中遇到的问题，建立健全全面的制度体系，完善并加强监督体系建设，同时注重加强人才队伍的建设，引进并培养懂管理、懂会计、懂运用的人才。

(一) 业务主管部门的指导监督检查力度不够

作为各级政府单位的主管部门,财政和行政部门应担当起指导、监督和检查的职能。国家推行新政府会计制度在政府单位的应用,对于政府单位的管理会计做出了进一步的要求,而这些新要求的执行与运用除了需要单位自身不断地努力之外,还需要主管部门对其进行长期的指导与监督,同时还应定期对其进行成果的检查与考核。一个单位的管理会计运用成效如何,不仅取决于自身对于管理会计的重视程度、建设水平,还取决于主管部门对管理会计的重视程度。管理会计在政府部门中的应用不足主要是因为主管部门的指导较少、监督较少。指导较少主要是指主管部门没有出台相应的指导方针,未形成书面文件供各单位参照执行,各单位只能摸着石头过河,逐步去探索。由于目前政府的监督及绩效评价主要集中在重大项目上,对管理会计的监督比较缺乏,许多单位也因此缺少了管理会计建设的动力。

(二) 政府部门缺乏对管理会计的认知

我国管理会计在 20 世纪 70 年代末才逐步向决策型转变,管理会计也在真正意义上正式参与到市场经济主体的发展之中。经过管理会计在企业中的逐步发展与完善,政府部门也逐渐对其加以重视,将其逐步纳入日常管理之中,但是由于起步较晚,政府部门的基层工作人员对管理会计的认知存在一定局限性,对于管理会计工作在政府部门中如何开展更是一头雾水,没有很好的指导方针指导其开展相应的工作。更多时候,会计人员会将管理会计与财务会计混淆,没有充分认知到管理的决策性作用。由于政府部门的管理层年龄偏大,对管理会计的了解较少,且习惯了传统的工作模式,会觉得管理会计在日常决策中的运用比较麻烦或比较复杂,没有形成管理会计的知识体系并加以运用,重视程度较低,导致单位对于管理会计人才的需求不高,一般会由财务人员兼任相关工作,资金使用效率与效果得不到很好的监督和改善,这也是长期以来政府部门成本管理较为薄弱的原因之一。在政府工作职能转变的进程中,传统的财务会计已经不能满足发展的需求,成本管理、绩效考核应与财务会计相结合,三者协同发展,建立科学完善的管理会计体系,促进业务与财务相融合,协调发展。

(三) 缺乏健全的体系基础

由于政府部门体量与岗位的限制,许多单位对人员的需求量较小,单位内部人员数量较少,加上传统的工作习惯,导致很多工作集中在部分人的手中,极易造成不相容岗位未分离，执行和决策为同一个人、财务和出纳为同一个人，岗位职责划分不明，导致单位内部控制体系建设受到了很大的制约，执行力极大地受限。也正是由于岗位职责不分，导致财务工作质量较差、流程不规范，不能适应长久的发展，也经不起监督与推敲，严重影响了单位业务的正常开展。有些单位不仅对管理会计的认知受限，而且对内部审计的设置也不合理，将内部审计与财务合并，忽视了审计的独立性与监督职能。对于有些以业务为核心、业务为导向的单位，传统的工作模式无法将绩效作为导向，难以满足业务发展的需求，业财融合、加强绩效评价与考核已迫在眉睫。建立健全内部控制体系与管理会计体系对其工作的开展与效率的提升将有着很大的促进作用。

（四）财务人员缺乏管理会计能力

传统从事财务工作的会计人员一直学习及更新的是财务核算的相关知识，对于管理与经济学的知识知之甚少，只是简单粗略地作为补充进行学习，缺乏对管理的认知与宏观经济的把控，实操能力极其匮乏。加之单位没有明确的绩效考核与监督，奖罚机制不完善，会计人员更新学习的意识与主动性也就相应地缺失，比较安于现状与被动接受知识的灌输。财务人员普遍认为只要完成手头的传统核算工作就行了，对于提升自身和单位的管理水平缺乏足够的动力，不会利用工作之便充分了解业务部门运作、树立单位运作的全局观，没有人才激烈竞争的危机意识，很容易被单位的发展所淘汰。也正是由于上述原因，才会造成真正懂管理会计、会将管理会计运用到工作中的人才的缺失，在一定程度上限制了政府部门管理会计的发展与应用，难以保证政府财务报告的真实完整。

五、沟通效率影响财务报告信息的时效性

信息的沟通与交流是内部控制的载体，贯穿内部控制的全过程。目前不仅是政府部门，甚至是很大一部分企业，虽有信息沟通但却不是很有成效，究其根本还是单位从上到下没有树立信息沟通与交流的重要观念。在很多人的意识中，沟通是日常生活人际交流的基本能力，无需过高的要求，单位内部正是因为这种错误的观念，才容易造成信息传达的误差，有时很小的误差也会导致非常严重的后果。比如，部门在资金的运用过程中存在项目资金挪用的情况，由于部门领导对于资金挪用的影响与危害没有深入的认知，很少甚至是不向上级领导报备批准就执行，这种行为很容易产生严重的后果，极易造成国有资产的流失。

同样，在实行集中化处理会计核算之后，核算中心与政府单位之间的沟通显

得尤为重要。会计核算要真实地反映业务发生的过程，因此在会计核算的过程中，每一个环节都需要充分的监督与控制，各环节间的沟通若是不畅，则极易造成会计核算的不及时与不准确，单位业务发生的状况得不到真实体现。对于资产的管理亦如此，资产管理的第一要义是要保证账实相符，会计核算中心与单位之间沟通不畅，则容易导致新增资产入库单财务账汇总没有体现，或是账面对资产进行报废处置而实物并没有进行相应的处置等账实不符的情况发生，极易造成国有资产的流失，单位的内部控制也没有发挥其应有的作用，无法真实反映单位的实际情况。

六、监督检查体系不完善无法为财务报告的编制保驾护航

部门内部控制的监督有内部监督和外部监督两种方式，但是由于内部控制发展不完善，内部控制的监督也受到不同程度的制约，导致其不能充分发挥作用。

（一）内部审计监督体系不完备

首先，受越来越严格的外部管控行为的影响，很多单位领导对内部监督的重视程度不够，导致了部门设置的不合理。由于国家加强对财政资金的管理，实行收支两条线，杜绝收支混用，减少了资金的浪费；同时，加强对国有资金支出的管控，由国库进行统一管理与支付，国有资金滥用的情况得到了很好的控制。在对收支进行管理之后，也对符合规定的事项实行政府采购，对采购行为也进行了进一步的约束与管理。同时，由于国家加强对领导干部的监督与考核，实行了领导干部经济责任审计、离任审计等多重审计，这就导致许多领导认为内部审计可有可无，虽会按国家规定设立内部审计机构，但是却不予以实权，机构形同虚设。

其次，正是由于领导干部对内部审计的认知不足，导致了内部审计的独立性得不到充分保障，内部审计的监督变成了形式主义。很多单位按规定设立审计机构后，将其划入财务部门或者人事部门，而不是作为一个独立的部门设立，这就导致了内部审计部门独立性的丧失，无法从监督的视角对财务情况、经济业务的发生状况进行科学的检查与监督，也无法对领导的决策行为带来的后果进行科学的评判，单位的运作情况得不到改善，得出的审计结论也没有信服性与权威性。具体来说，有些单位的审计人员由财务人员或者是纪检人员担任，财务人员对自己的行为进行监督违背了不相容岗位相分离的原则，导致内部控制失去作用。由于纪检人员缺乏一定的专业知识和技巧，不能胜任审计工作。由于审计机构独立性的缺失，对于结果的决策缺乏决定权，仍需要向领导汇报，听从领导指示，无

形之中造成决策与监督同为一个人的情况，极大地影响审计报告结果的真实性。

（二）外部监督力度不足

由于内部控制在政府部门的应用较晚，整个政府部门体系的内部控制也尚未形成一个整体，财政部门、审计部门、纪检部门等监督机构长期以来各司其职，彼此没有形成紧密结合的沟通与合作机制，外部监督机构无法充分发挥一加一大于二的监督效用。在具体的监督活动中，财政与审计部门更加注重国有资金的使用效率与效果，注重使用的规范性与合法性，很少会对其财务相关制度体系进行考核与监督，也无法站在监督者的视角对单位的经济行为进行指导，缺乏对内部控制的监督检查观念，这也极易造成财务报告的结果不能发挥其应有的作用。

第二节 提升财务报告质量的相关措施

一、提升内控认识，为财务报告营造良好氛围

（一）明确主体责任，提高管理层的责任意识

单位的负责人对内部控制体系能否建立与施行有决定性的作用，负责人若是重视内部控制的建设，财务报告的结果将得到很好的反映，若不重视，财务报告的结果将无法精准反映。内部控制的建立与发展受到负责人的知识水平、认知水平、能力水平、道德素养等多方面的影响，负责人的水平如何将直接决定该单位的发展模式，决定内部控制的效率与效果。通过对国外内部控制发展较好的国家发展历程的回顾，可以看出当国家从法律的角度推行内部控制建设时，内部控制将会很快地得到很好的发展与完善，这对于我国政府部门内部控制的建设与发展也有一定的启发意义。应通过立法强制执行内部控制，另外对内部控制加以指导与规范，不断提高单位领导对内部控制的意识，更正负责人对内部控制的错误认知，端正其对待内部控制建设的态度。

（二）合理设置组织架构，将财务报告纳入重要事项的决策议事机制

合理的组织架构应当包括决策、执行和监督三项内容，并且三者之间的权责分配合理，同时能够保证监督机构的独立性。在政府部门的运作中，监督机构通常是单位内部的常设机构，直接或间接隶属于单位主要负责人领导，无法对领导层的经济行为作出监督与考核，通常需要第三方外部机构来进行监督检查。如果

能够做到决策、执行与监督的三权分立,在很大程度上能够对管理层的行为进行一定的制约,避免过于集权带来的不利影响。

政府单位应建立决策议事机制,施行小事审批大事上会的形式,避免权力过于集中带来的决策风险;施行集体讨论与联签制度,坚持民主集中制,对于"三重一大"事项(即重大决策、重大事项、重大人事任免和大额资金支付决策)进行计提讨论研究,重大事项聘请相关的专家进行论证,聘请专业的技术咨询人员进行指导。其中,"三重一大"事项的设立条件没有统一的标准,均根据单位内部的实际情况与特点制定,一经制定则不可随意变更,当业务类型发生转变或是单位规模迅速扩大时,可重新讨论决策,对"三重一大"事项的标准进行相应的更正与改进。另外,应当加强责任人的主体意识与责任意识,施行追责问责制度,将责任细分并落实到人,确保责任与权力相匹配,并根据具体环节的责任要求对责任人进行考核评价,纳入年度个人综合考评。

(三)完善行政事业单位人力资源制度,创造良好的选聘氛围

内部控制是由人构成,并由人来统筹实施的,离不开人力资源的作用。完善的人力资源政策对于提升内控管控水平有着不可忽视的影响。为实现内部控制的目标,选聘人员应注意以下几点:(1)关注员工的职业道德水平和专业适配能力,为内部控制关键岗位配备合格、合适的专业人员。(2)责任权力不对等时,责任过大容易引起工作懈怠、权力过高容易产生贪污腐败;而岗位职责不明确,则容易发生效率低下、推卸责任等问题。行政事业单位应当全面梳理单位的经济活动,绘制业务全景图,挖掘流程关键节点,书面明确关键岗位的职业道德要求、岗位能力要求、岗位职责范围与结果责任归属,并赋予岗位应有的权力,以保证权责相当、权责分明,为良好有序地推进工作建立组织基础。(3)风险多发生于长期从事某一关键岗位的情况,应充分重视"岗位疲劳""小团体固化"和"风险意识弱化"等问题。在条件允许的情况下,单位应对关键岗位进行轮岗,一方面,打破部门横向间的隔阂与界限,为协作配合打好基础。另一方面,可避免单位内管理结构固化、小团体的形成。当然,在现实情况中,存在许多制约条件,如单位人员少、专业人员位置相对固定,以致缺乏轮岗条件等。对于此类问题,行政事业单位可以采取专项审计的方式确保岗位人员廉洁性。关键岗位轮岗与专项审计在方法、内容上起到相互补充的作用,对于增强关键岗位人员廉洁自律意识、做到"四个坚持"、切实加强拒腐防变能力有着重要意义。

对行政事业单位而言,诚信守法、清正廉洁、忠于职守、自省自警的文化内驱力，是其内部控制建设的氛围保障基础。为营造和谐进取的文化氛围，行政事业单位应重点关注以下几方面：首先，行政事业单位负责人严于律己、以身作则，注意发扬民主，相信群众、自觉接受群众监督。其次，借鉴西方"新公共管理运动"理念的核心思想，在过程合规管控的基础上，将政府看作需要兼顾效率的企业来管理，推进我国行政事业单位管理模式的转变，实现从人治管理到制度管理的转型。最后，行政事业单位内部需要加强对和谐进取的单位文化的宣贯，在单位内部铸建核心价值体系，打造全员共同的价值认同。

二、强化风控防控水平，发挥财务报告的基础性、关键性作用

（一）加强风险防范意识，将财务报告工作纳入风险指标

2017年至2022年我国财政持续入不敷出，2022年总收入20.3万亿元，总支出却达26万亿元，政府性债务负债率36.7%，虽低于60%的国际警戒线，但也反映出我国行政事业单位财务风险控制不到位，资金安排不合理、不高效。缺乏竞争与挑战是我国行政事业单位风险意识薄弱的根源，当没有足够的结果目标支持、没有严厉的考核机制时，他们虽能意识到运营管理存在风险，却没有足够的动力驱使他们走出舒适区。对此，建议我国行政事业单位强化单位全员的风险意识、完善风险管理体系、深化落地风险评估工作并充分应用评估成果，做到"真评真改"。尤其是将财务报告工作纳入风险指标体系，提升相关人员对财务数字的敏感性，强化财务责任意识。与此同时，我国行政事业单位可适当引入竞争机制，努力与新公共管理理论相融合，创建一种新的公共管理理论框架。培养行政事业单位的风险防范意识并非一朝一夕所能实现，实现全员风控还任重道远。

（二）完善风险评估机制，发挥财务报告的基础性支撑作用

为确保单位工作目标的顺利实现和财务报告的真实完整，行政事业单位在开展风险评估工作时，可以责成内部控制部门或其他相关部门牵头成立风险评估工作小组，明确责任部门与责任人，以便顺利地推进工作。在风险评估过程中，通过风险识别、风险分析、风险判定、风险应对来查找和应对风险。在日常管理中不断更新风险类别与等级、完善风险评估机制。

首先，内控风险是指影响内部控制目标实现的因素，风险评估应服务于内控目标的实现。因此，行政事业单位在识别和分析风险前应准确地设定内部控制目标，以实现目标流程中的重要节点为主要关注点来查找风险，并评估行政事业单

位的承受能力，即单位所能承受的最大损失。

其次，按管理层级分类，行政事业单位面临的风险可归结为单位层面与业务层面两类。对于风险的度量、识别、分析和应对工作，都需从这两个层面分别推进。风险识别方面，单位层面的主要风险点包括：意识风险——单位文化认同低、相关责任人责任意识不强、缺乏执行力等；组织结构风险——组织架构不健全、机构设置不合理、部门责任不清晰、内部控制机制不健全；经济决策风险——经济活动决策机制不科学、执行程序不合理或未执行；岗位人力风险——员工素质或能力不合要求、关键岗位空缺、制衡岗位未分离、未执行轮岗等。业务层面风险主要包括预算管理、收支管理、国有资产管理、政府采购管理、合同管理与基础建设项目等具体业务管理中的不确定因素。风险分析方面，行政事业单位应按照梳理的风险清单逐项判断风险发生的可能性与影响程度，并赋予相应系数。综合计算两组系数后，得到风险的重大程度，据此排出优先级，并筛选重大风险与重要风险。风险应对方面，根据风险性质制定相应的风险应对策略，对于单位承受范围之外的风险采取规避、转移的应对措施，对于发生可能性较大的风险，在兼顾收益与效率的情况下，采取风险补偿、风险降低等应对措施，尽力将风险的影响程度降至最低。

最后，风险评估结果应当形成书面报告，作为完善内部控制建设和提升政府财务报告质量的事实依据，提请单位领导班子审批决策。风险评估至少每年进行一次，当外部环境、经济活动或管理要求等发生变化时，应对风险进行重估，并及时更新风险库，保证单位风险管理与时俱进。

三、推行全面全过程管控，扎实推动财务报告落地生根

（一）不相容岗位相分离

不相容岗位分离是内部控制体系的一项重要控制措施，是防范内部错误和舞弊的主要手段。党中央、财政部和国资委多次强调了不相容岗位分离的重要性。其中，授权批准、业务经办、会计记录、财产保管、稽核检查等职务是多个法规重点强调的岗位。合理设置岗位、分离不相容岗位、明晰岗位权限，建立制约制衡工作机制，切实履行决策、执行和监督三权分立的要求，确保事项申请与审批、审核与执行、执行与记录及监督岗位分离，是推进行政事业单位财务报告工作的必要保障。充分发挥不相容岗位分离机制在财务报告工作中的事前防范和事中控制作用，有效预防腐败和防范舞弊，为财务报告工作创造健康的生态环境。

（二）内部授权审批

《内控规范》提出了"内部授权审批控制"的方法，内部控制以资金管控为重点，故而该方法也侧重针对资金支出业务活动的授权行为，可有效确保财务报告质量的提升。根据十八届四中全会的精神，财政部在《财政部关于全面推进行政事业单位内部控制建设的指导意见》（财会〔2015〕24号）中对行政事业单位提出"分级授权"的要求："对各管理层级和各工作岗位，必须依法依规分别授权，明确授权范围、授权对象、授权期限、授权与行权责任、一般授权与特殊授权界限，防止授权不当、越权办事。"行政事业单位需要书面明确领导、各科室、各相关岗位职责范围、审批程序和业务处理权限。单位领导、科室负责人、项目负责人、经办人都必须在相应的授权范围内行使职权、办理经济业务。严格防止未经授权、越权或违规审批。规范和约束一把手的权力和决策行为，防止一把手成为"一霸手"。一方面，一把手的权力要向上集中。对于"三重一大"范围内的事项，一把手无权自行决策或审批，应经会签与集体决策制度，提交党组会（或者支部委员会等）实施集体决策；另一方面，一把手的权力要向下分解，具体来说就是分级授权，将部分业务事项的审批权授予班子副职领导、科室负责人，科学分配权力，提升单位实施公共服务或行政管理的效能。

（三）归口管理

归口管理是长期以来党政机构各项工作管理中采取的一种领导方式，其原则在于权责对等，核心有两个方面：一方面，归口管理部门对被归口管理部门的领导指挥关系，包括布置工作、交办任务、综合协调、督促检查等。另一方面，被归口管理部门的一些重大工作、紧急工作或意外情况，特别是超出管理权限的事项，都要向归口管理部门请示汇报。行政事业单位财务报告工作应当充分考虑、结合本单位经济活动的特性，以专门委员会或联合工作小组的形式牵头开展，由牵头部门与负责人按照权责对等的原则统一管理监控。

（四）预算管理

预算是单位战略执行的财力保障，是单位经济活动的基础。预算管理体系贯穿经济活动的全生命周期，发挥着事前计划、事中管控与事后分析的作用，当下，行政事业单位全面预算管理改革工作进行得如火如荼，市场经济中的企业管理概念也愈发在行政事业单位中流行。在整体震荡下行的经济新常态下，强化落地行政事业单位的全面预算管理是减轻国家财政压力的重要措施，也是国家监督财政资金使用状况的主要途径，对国家、对单位都颇具意义。

（五）资产保护控制

保障国有资产安全、有效利用国有资产，是行政事业单位内部控制的重要目标之一。保障国有资产安全需要单位限制未经授权人员对资产的处置，采取资产记录、定期清查盘点、会计资产账簿核对等措施，确保财产的安全完整。

行政事业单位的资产购买预算大多来源于无偿的财政资金，缺乏指标的要求，多数单位的资产管理人员存在"重购置轻管理"的错误认知，导致资产购置无计划、资产闲置率过高，造成了公共资源的巨大浪费；与此同时，资产未经评估而被低价出售的现象屡禁不止，严重损害了公共资源的合理配置。对此，行政事业单位应当建立健全国有资产保护制度，细化国有资产清查盘点工作计划，日常严格登记资产状态与使用情况，规范处置审批流程，并联合财务会计部门与资产管理部门定期核对，防范国有资产的不良利用与处置，为财务报告工作夯实基础。

（六）会计控制

传统会计工作侧重于记录与核算，其主要职责是记录、核算并解释历史信息，而较少会利用会计信息支撑内部经营管理决策与风险管理工作。随着经济持续转型升级、会计专业创新转型、会计工作的职能职责加快拓展，会计的管理职能作用逐渐凸显，具备管理性质的会计岗位需求将迎来爆发式增长。在此背景下，会计职能的升级对内部控制体系建设与执行提出了更高要求，行政事业单位应进一步发挥内部控制在辅助管理决策、风险管控等方面的职能作用，努力推进会计工作的转型升级。行政事业单位推进完善内部会计控制制度建设，是维护财经纪律、实现财务信息真实性、抓好增收节支、强化财政管理职能的重要措施，使单位在财务报告工作中有章可循、有据可依。行政事业单位应当加强会计组织建设，配备专业能力胜任的会计人员，形成内部会计机构和岗位设置合理、权责明确划分、不相容岗位分离、岗位相互制约的完善的内部会计控制制度。通过全面实施该制度，减少资产损失风险，切实规范会计行为，提高财政资金的使用效益。

（七）单据控制

为强化单据管理，《财政票据管理办法》等制度针对行政事业单位的单据填制、审核、归档和保管等方面提出了重点要求。单据是财务收支的法定依据和会计核算的原始凭证，展现了行政事业单位经济行为的"痕迹"，是检查、监督行政事业单位经济收支业务的主要依据。行政事业单位应实行"统一管理、专人负责"的管理体制，对外控制发票的真实合法性，对内管控表单的严谨合规性，加强往来资金管理，以确保经济活动真实、合法。

（八）信息内部公开

信息内部公开意味着行政事业单位将财务报告、资产负债、收支情况等按照既定方法和程序，进行内部公开。财务信息公开可选择各行政事业单位公共查阅室、信息公告栏、电子信息屏等多种渠道，使之置于内部员工的监督之下，提高透明度，在一定程度上实现经济业务信息的交流共享，加强社会公众监督。同时促进相关部门自觉自律，实现提升工作效率的内控目标。

四、完善管理会计应用保障财务信息质量

（一）加强规范性指导，建立健全监督检查机制

管理会计的主要内容包括两个方面：一是规划与决策会计，用以支撑单位未来的战略、决策和规划；二是评价与控制会计，用于分析过去财务信息并控制现在及未来的经济活动。推进管理会计在行政事业单位中的应用与普及，可以整合财务、业务信息，满足领导层决策分析等需要，确保资金合理使用，提高资金的利用效率，最大化利用国有资源。财政主管部门应发挥指导、监督检查的职责，提出建设意见，并促进规范落地实施。同时，可组织区域性交流，分享优秀案例；设置奖惩监督检查机制，量化建设成果，表彰奖励优秀敢为者，对建设不好的单位采取通报或约谈等措施，督促其加强重视程度。

（二）提升一把手重视度，营造良好氛围

国家虽大力倡导管理会计体系，力求推进其在行政事业单位的全面落地实施，但管理会计在行政事业单位中的应用起步较晚，大多数行政事业单位领导对于管理会计理念缺乏足够的认知，还未意识到其在提升内部管理水平和政府财务报告质量方面的潜在意义与价值。同时，管理会计工作需要全员参与，而调动全员积极性也存在一定的困难。对于这种新型管理思想，学习与认知还有很长的路要走。要使管理会计真正发挥作用，尚存不少挑战。

推进管理会计的核心是抓好会计与单位业务的融合，需要领导层面具有统筹兼顾的全局意识。为深刻贯彻管理会计思想，加强加快推进管理会计思想落地，

上级主管部门应将行政事业单位一把手指定为管理会计推进负责人,建立起"一把手工程",首先要让一把手充分提升意识,才能使整个单位建立起推进管理会计的良好氛围。相关管理人员要有发展意识,自主学习管理会计知识,思考管理会计在业务领域的运用,强化财务报告质量提升,可借鉴优秀案例,结合单位业务实际,形成完整的、具有操作性的实施规划,并定期检查、不断复盘修正,为单位管理会计的实施提供方向性指导。

(三)健全完善内部制度,建设良好经营基础

行政事业单位在做好会计基础规范化工作的基础上,其管理会计活动应围绕规划、决策、控制以及评价等维度有序开展。围绕单位战略目标制定工作规划,完善内部控制与管理会计机制建设,以业财融合的视角更新业务流程,使管理会计在预算管理、监督检查以及绩效考核等方面深入应用。同时,完成引导财务人员从"重核算"向"重管理"的职能转变。深化会计人员时间价值的观念,引导其思考资金占用成本与效率等问题,借助信息技术将财务人员从信息归集、信息复制、信息审核等烦琐复杂的工作中解脱出来,摒除以传统既定模式编报财务报告的旧习惯,转移工作重点,努力为业务发展提供更具实际价值的财务信息。同时加强管理会计理念向业务人员的渗透,促进管理会计和业务发展的深度融合,营造良好的管理会计应用场景与环境。

(四)致力人才培育,储备高素质管理会计人员

"十四五"时期,财政部提出了大力发展管理会计人才的规划,在财政体制不断深化改革的大环境下,精细化管理的重要性日益提升,管理会计观念势在必行。管理会计的深入应用需要高素质、强技能的专业人才队伍建设和储备。然而,在实际中存在诸多不足:一些财务人员缺乏扎实的会计知识基础,导致会计信息不准确;部分单位随意指派一般会计人员充当会计管理者,而他们无法在实际工作中融入管理会计理念;部分单位用人制度、奖励机制不完善,导致人才流失严重;这些因素在一定程度上都影响了管理会计的贯彻推进。行政事业单位的管理会计工作需要一系列相关责任人合力统筹负责,才能保证其有序推进。对此,建议行政事业单位应加大培训经费的投入,定期邀请相关领域专业人士,开展对相关人员的管理会计培训工作。同时,加强内部的沟通交流,增强财会人员的业务管理思想,提高业务人员的财务意识,打造复合型管理人才。建立定期轮岗、岗位绩效考核的选聘机制,结合单位情况注重实际能力应用,对于高素质的

复合型人才强调"唯才是举",以此加强工作人员的紧迫感,激发工作人员的积极性。营造自主学习氛围,让财务与业务人员通过业财融合实践提升管理会计的应用水平,为组织决策提供更高效的财务报告信息。

五、健全信息沟通机制促进财务报告的分析和使用

(一)信息公开

政府资金来源于纳税人,随着公民权利意识的提升,纳税人开始对财政预算愈发关注。政府信息公开条例规定:"行政机关应主动公开政务信息,行政事业单位应真实、及时、完整地公开单位社会服务的尽职情况和财务状况"。国务院常务会议还要求:"中央部门要细化'三公经费'的解释说明,公开车辆购置及保有量、因公出国(境)团组数及人数、公务接待有关情况,公开行政经费支出情况"。国务院"三公经费"公开令箭直指政府,表明了中央打造"阳光政府"的态度和决心。行政事业单位应主动接受群众与上级部门的监督,保障纳税人的知情权与参与权,力求得民心、顺民意。同时应当制定统一的标准,对信息公开的频率、内容、范围和方式等进行规范,保障信息公开的实施路径,进而形成全社会公开、透明、阳光、监督的积极效应。

(二)建立多渠道的信息沟通机制

行政事业单位需要搭建全面完善的信息沟通渠道,确保单位内部信息有效共享。从纵向而言,建立健全内部报告制度,从管理报告和财务报告两方面规范约束,全面反映经济活动情况、及时有效提供各类业务信息,以加强内部管理,为领导层决策提供支撑。单位领导层还应充分开辟意见反映渠道,以消除相关负责人"一言堂"或"一支笔"作出决策的风险。建立岗位责任制,部门定岗定责,分工承接整体工作,达到自上而下有效协作的目的。从横向而言,行政机关要通过单位信息流通系统与体系建立沟通渠道,明确沟通交流方式和频率,确保部门之间、岗位之间的信息同步互通。加强部门之间联动监督,如财务部门与资产管理部门定期核对会计账簿与资产台账,采购部门与财务部门、合同管理部门定期核对项目合同执行进度与账款情况等。

(三)完善信息反馈机制

由于信息在时间和内容方面的不对称,不同地区、行业、单位之间对信息的拥有、应用存在很大差异,数字鸿沟导致发展不平衡、资源难共享、信息重复获

取等问题。法律赋予人民群众知情权、参与权和监督权，然而人民群众常常处于信息劣势方，信息或知识大多掌握在决策制定者手中。因此，行政事业单位有义务向人民群众公开披露其所掌握的信息，以履行公共受托责任。一方面，行政事业单位应充分调研人民群众对财务报告工作成果的反馈，对于工作成果与群众预期的偏差，深入探究其形成原因，制定调整方案，改进工作内容和方式，争当新时代人民满意的好公仆。另一方面，行政事业单位应建立健全响应机制，广开言路，真诚对待人民群众的投诉和质疑，积极应对危机公关的难题，及时有效地作出回应与解释，以此树立行政事业单位的良好可信形象。

（四）加强信息化建设

信息技术的广泛应用，为业务活动带来事半功倍的效果，内部控制信息化是指基于风险评估情况和制度、流程、职责梳理结果，围绕相关外部制度和监督检查要求，设计切实可行的业务流程方案，并通过信息化手段，将管理节点、关键要素逐渐固化到信息系统中，打造行政事业单位系统化和常态化的内部控制管理体系。其中，财务报告信息化对于内部控制效率提升意义重大：根据智能判断，自动化对经济业务活动进行约束，提高信息的准确性和及时性，减少人为干扰的同时，还能将人力资源从烦琐的重复工作中解脱出来，使他们投入更有价值的分析、决策活动中，提升工作效率，促进行政事业单位向例外管理转型。然而，信息化建设的蓬勃发展，也同时带来信息安全与用户隐私风险。因此，规范开发、使用与运维流程，建立相应的责任追究倒查机制，在财务报告信息化建设的过程中也至关重要。

六、强化监督机制确保财务报告工作成效

2023年2月15日，中共中央办公厅、国务院办公厅印发《关于进一步加强财会监督工作的意见》（以下简称《意见》）。《意见》对新时代建立健全财会监督体系、完善工作机制等方面作出了顶层设计，是指导当前和今后一个时期全国财会监督工作的纲领性文件，对进一步健全党和国家监督体系、推进国家治理体系和治理能力现代化，推进全面从严治党、维护中央政令畅通，健全财政职能、加强财政管理、严肃财经纪律、维护财经秩序等方面都具有重要意义。

（一）建立完善的内部监督机制

财务报告工作的内部监督，是指单位内部监督机构对财务报告工作体系的建

立与运行情况进行监督检查，评价财务报告内部控制的有效性，揭示相关缺陷并及时督促整改的过程，对推动和促进行政事业单位财务报告工作的不断完善和有效实施等发挥纠偏作用。然而在现阶段的应用中，因行政事业单位内部监督机构缺乏独立性，评价结果缺乏客观性，导致监督工作不能发挥其应有的作用。因此行政事业单位财务报告监督工作应当从建立符合其特点的监督机制入手。

一是确定主责部门，行政事业单位的各项经济业务活动特点各异，既相辅相成又相互制约，一项经济活动可能涉及财税、法务、采购、合同、资产等多个部门或岗位。经济业务的"全面性"特点要求单位管理者以全局的视角，统筹管控各项经济业务活动。单独设置负责财务报告工作的牵头部门，负责具体的组织协调工作，作为财务报告工作的组织保障。

二是充分构建经济活动相关部门的沟通网络。行政事业单位应当完善财务会计、政府采购、国有资产管理、合同管理等部门或岗位之间的沟通协调机制。各部门应积极配合财务报告牵头部门履行分内职责，牵头部门应在各部门的辅助下，落实单位的财务报告工作。

三是充分发挥内部审计、纪检监察等监督部门的作用。合适的内部监督对于发现财务报告工作的薄弱环节并增强改进、财务报告工作机制有效运行发挥着至关重要的作用。

（二）高效借力外部，加强监管力度

《意见》明确，财会监督效能的提升需要体系、机制、系统多维一体，统筹推进。财会监督体系，横向涉及财政部门、有关部门、相关单位、中介机构、行业协会等监督主体的协同，纵向涉及中央与地方、地方各级政府和有关部门的联动，同时还涉及财会监督与其他各类监督的贯通协调。因此，除充分发挥内部审计与纪检监察的内部监督作用外，还应当注重引入外部监管的力量，通过内外合力切实提高行政事业单位财务报告工作的监督力度。我国行政事业单位财务报告外部监管机构主要包括财政部、审计署和纪检监察机关，这些机构担负主要督导责任。

财政部主要负责财政预算与公共资金使用的监管。采取专项督查与日常监管两种方式，并充分利用行政事业单位的自我评价结论，对行政事业单位财务工作开展监督，以提升监督效率和效果。

纪检监察机关主要是以专项资金检查的形式，对行政事业单位的公共资金使用开展抽查，并对筛查出的违法违纪行为进行惩治，以保障防范舞弊和打击腐败

的内部控制目标的实现。中纪委积极推动的廉政风险防控机制建设，侧重于对权力的监控，内部控制则着重于经济活动程序和标准的规范，两者在方向和思路上一致，在内容和方法上相辅相成、互相补充。

外部审计是对行政事业单位内部审计的必要补充，其主要职责是对单位经济业务活动的合理性、合法性、准确性、真实性和效益性开展审查，并对审查结果作出客观公正的评价。按照审查人的不同，外部审计一般分为政府审计与社会审计两种形式：政府审计是国家各级审计机关主导开展的审查活动；社会审计是行政事业单位自主邀请或与其上级单位合作的外部专业人员开展的审查活动。我国行政事业单位外部审计一般以政府审计为主，辅以社会审计，两者优势互补，可有效实现外部审计对行政事业单位财务报告工作的监督目的。

《意见》的出台是贯彻落实党中央、国务院关于加强财会监督工作决策部署的重大举措，为推动新时代财会监督工作高质量发展和政府财务报告质量提升指明了方向。新时代财会监督不是传统意义的财政监督、财务监督和会计监督的简单加总，而是三者的有机融合和凝练升华，是涵盖了财政、财务、会计监督在内的全覆盖的一种监督行为。也就是说，财会监督涉及与国家财经政策执行和资金运行相关的各类单位和个人的经济活动。各单位要坚持目标导向和问题导向，切实加大监督力度，保障党中央、国务院重大决策部署贯彻落实，确保党中央政令畅通；要强化财经纪律刚性约束，加强对财经领域公权力行使的制约和监督；要严厉打击财务会计违法违规行为，强化对会计信息质量的监督。

第十章 预算绩效管理对财务报告质量的影响及提升措施

第一节 预算绩效管理影响财务报告质量的问题分析

为推进权责发生制体系下政府综合财务报告的编制工作，国家各部委、各级地方政府、各行业主管部门纷纷发布实施方案与指导意见。2022年，"十四五"规划再次明确了政府财务报告制度改革的目标任务以及2022年全国财政决算工作会议的要求。目前，政府综合财务报告的编制工作正在大踏步前行。不过，根据对编制情况的了解发现，在吸收绩效理念、展示绩效信息、监督绩效水平等绩效管控方面仍存在较大的改进空间。

一、制度设计中的绩效元素还有待进一步丰富

权责发生制财务报告改革在设计理念上，突出了政府绩效和现代财政制度之间的内在联系，但绩效管理同政府会计之间的相互关系仍显得较为模糊。在权责发生制政府综合财务报告的政策文件中，对于"绩效"的要求还仅停留在目标和任务上，未能针对如何加强预算绩效管理作出具体规范和必要的要求。

例如，《改革方案》中虽4次提到"绩效"一词，但仅在改革目标和报告应用任务中涉及绩效管理的要求。如果说2014年颁布改革方案之时，预算绩效管理改革尚在萌生之际，那么2019年12月修订的《政府财务报告编制办法（试行）》《政府部门财务报告编制操作指南（试行）》和《政府综合财务报告编制操作指南（试行）》，作为财务报告编制的具体操作办法，虽然分别（3次、2次、1次）提到"绩效"一词，但也仅在财务报告的分析中提出。

换一个角度来看，2018年颁布的预算绩效管理改革核心文件以及2020年发布的《项目支出绩效评价管理办法》中，也并未更多涉及在预算绩效管理中如何具体运用权责发生制政府财务报告。由此可见，这两项制度在具体政策层面的融合仍有不足。但政府财务报告作为预算绩效管理中财务指标和非财务指标的重要数据来源，由哪些部门来应用分析数据，在绩效评价的目标选择、指标设置以及评价方法中如何应用财务报告数据等具体问题，才是真正连接这两项制度的关键所在。

二、财务报告数据内容与预算绩效管理要求之间存在一定的不适应性

运用财务报告信息来考核部门和地方政府绩效情况，从而改进绩效监督考核机制，是政府财务报告的主要应用方式之一。而作为绩效评价的重要数据来源，财务报告所展示的数据信息应该体现预算绩效管理的相关要求。但当前财务报告的核算对象选择、资金划分方式等，还难以完全适应"全方位、全过程、全覆盖"的预算绩效管理要求。

在横向上，政府会计核算对资产进行分类时，按照资产的形式分为流动资产和非流动资产，再细分为对外投资、固定资产、在建工程、无形资产等。这种分类方法，基本上参照了企业会计的分类方法，却忽略了政府资产与企业资产功能上的差异。随着中国特色社会主义现代财政制度建设的不断深入，公共部门成本核算对象选择正在逐渐向预算绩效管理的要求靠拢。2019年发布的《事业单位成本核算基本指引》指出，为满足内外部绩效评价需求，可以将政策和项目、内部组织部门、业务团队、单位整体等作为成本核算对象。但在针对不同类型单位的具体指引中，尚未按照绩效管理的要求设置成本核算对象，因而难以全面覆盖政府部门、单位、政策项目以及成本预算的全部成本信息。

在纵向上，由于资金的投入、使用和结果呈现，可能分属于不同部门的责任范围，以部门作为成本核算对象可能导致资金流动过程脱节，难以对资金使用实行全过程管理。当前合并财务报表的编制方法，在一定程度上综合了各部门的财务信息。进一步而言，如果能够对整体的成本信息进行纵向梳理，即不仅仅以部门或单位为基础，而是选择项目、政策等资金使用媒介作为成本核算对象，根据资金的使用流程来梳理资金的投入产出，财务报告就可以进一步成为预算绩效监督和评价的重要依据。

三、政府财务报告作为绩效数据的客观性和科学性有待加强

虽如前文所述，政府部门和财政部门同时作为政府财务报告的编制主体及预算绩效管理的主要参与者，在一定程度上明确了各自的绩效管理责任范围，但同时也在一定程度上影响了数据的客观性。人大、审计机关和公众作为预算绩效监督的重要外部主体，也是财务报告最重要的使用主体，是政府财务报告数据客观性和科学性的重要保障。

在决算报告制度的建设上，近年来对于预算资金使用情况的监督逐步呈现技术化和专业化，绩效审计和人大绩效监督也已成为重点发展方向。在此基础上，中央各部门及各级地方政府的预决算报告都已逐渐搭建起较为直观且便捷的公开渠道。对于逐步完善的政府财务报告编制而言，审计机关和公众也需要担当起进一步保证财务成本及收益信息客观性的监督职责，这就需要更加完善政府财务报告的审计和公开工作。当前，财务报告的审计公开工作已经启动，2020年9月，审计署发布《政府财务报告审计办法（试行）》，提出对政府财务状况和运行情况的真实性、合法性、效益性实行审计，促进政府财务报告的可信性和透明度，以提升政府运行绩效。但财务报告的公开，还远落后于预决算报告，政府财务报告甚难通过公开渠道搜索获取。在《政府财务报告编制办法（试行）》《政府部门财务报告编制操作指南（试行）》《政府综合财务报告编制操作指南（试行）》中，也并未对财务报告的公开作出更加明确的要求。因此，进一步完善财务报告的公开机制和公开渠道，是权责发生制政府财务报告的重要发展方向。

四、政府绩效评价体系不够完善

我国政府绩效评价始于20世纪90年代中期，2011年国务院批复建立政府绩效管理工作联席会议制度，在部分地方政府和部门进行试点的基础上逐步推行，至今已实践了20多年，但我国政府绩效评价体系依然不够完善，主要表现在以下方面。

首先，制度和规范不够健全。目前我国尚未针对政府绩效评估出台专门的法律法规，评估主体涉及的范围甚广，包含了财政、预算、人大、政协、项目单位、专家、第三方机构与社会公众等。在评估的过程中，由于牵扯各方而存在一定的壁垒，权责划分不明确，虽是按照相关的文件规定组织开展的，但由于不同组织主体间的评价部门设置存在差异，也因各自具体侧重点不同，导致了评估具

有一定的随意性。以财政绩效评价为例,虽然有制度予以规范,其目的是编制政府部门及综合性的绩效评价报告,但是实际执行中更像是对政府工作进行总结披露与审计。然而绩效评价报告不是工作的总结披露也不是审计,它具有管理咨询的属性,属于管理咨询范畴,出具的也是咨询报告。绩效评价报告以绩效的评估和基本财务信息为基础,绩效与预算相挂钩,而绩效评价下的预算是以单位的性质、业务活动与项目成本的实际支配情况来考核,对资金进行归集与分配的。对于绩效评价报告的各使用方,也是根据绩效评价报告所披露的事项对政府单位的履职情况与项目资金使用情况进行考量,发现其中的资金使用不合理之处并针对性制定成本管理方案,在以后同类型的业务开展中合理配置资金,达到控制成本、提高管理水平与综合治理能力、深化政府部门改革的目的。如果绩效评价的结果不被思考与运用,绩效评价工作则毫无意义,考核也将只是流于形式,起不到应有的促进与改善作用。

其次,政府绩效评价指标体系不健全。政府由于其职能和业务活动的特殊性,绩效评价指标的设计也较为复杂。指标既要体现政府目标多样性的特点,又要体现不同目标的不同之处。政府绩效评价指标体系的建立需要充分考虑到经济指标与非经济指标、基础和职能指标、刚性和弹性指标等,且各类型单位在评价指标的设计与选择上应充分结合单位特点,并合理分配其权重,避免资源分配的不合理,减少资金倾斜。很多单位的评价指标在设置时有一定的倾向性,为了迎合上级领导而设立,这不仅会造成资源配置的不合理,甚至会与单位的职能相冲突,造成国有资金的浪费,损害社会公众利益。有些单位对于政府绩效评价的对象也容易混淆,将评价的重点与方向定位在资金的使用上,评价指标缺乏明确性与针对性,模糊责任主体、责任下移,不能够很好地将监督与使用绩效相分离。

最后,绩效评价指标体系不科学。目前,能够承接绩效评价业务的一般都是第三方机构,以事务所、咨询公司为主,其工作模式受审计工作思维的影响,通常是按照审计的过程对其进行考核评价,在评价的过程中缺乏社会公众的参与,没有考虑到社会公众对政府绩效需求的导向性。由于第三方人员在绩效评价中带着审计的思维,容易忽视资金的使用目标,对于公共资金的认知尚缺,无法充分考虑到其对公共价值的作用,评价的方法缺乏一定的稳定性。绩效评价通常是以指标分析的方法为主,在某些指标分析无法覆盖的方向上会使用成本效益法、民主评判法、比较法、因素分析法、目标成本法和最低成本法等加以辅助,这些方法通常会在附注中使用。绩效评价的一级指标为经济性、效率性与效益性,同时结合政府部门及政策的要求，对项目的产出、质量、成本、效率与效果等方面设定二级评价指标，但是考虑到政府部门对社会的作用，应当在指标体系中适当加入社会公众对公共产品的需求与评价等指标。但是由于社会公众的需求与偏好不一致，每个人的感受与要求也不同，难以将复杂的需求用科学的衡量指标来界定，这也在很大程度上影响了评价结果的可靠性与科学性，对于绩效评价的奖惩机制也会有很大影响。

第二节 提升财务报告质量的相关措施

一、加强政府财务报告与预算绩效管理的制度衔接

权责发生制政府财务报告与预算绩效管理协同度不高的主要原因，来自顶层设计的相互分离。两项改革虽然都以政府问责制为重要出发点，但在规定和管理办法的设置上并没有充分体现两者的衔接与融合。因此制度衔接的首要步骤，就是在两者的政策设计上，增加运用财务数据报告来开展绩效评价的具体要求。

首先，对于政府财务报告而言，在权责发生制政府财务报告的整体政策和细分指南中，应进一步明确使用财务报告来分析资金使用绩效的原则、方法，并将绩效分析纳入财务分析指标体系之中。例如，《国际公共部门会计准则》（IPSAS）第1号文件就要求政府财务报告中应包括"财务绩效表"。在这类准则性文件的指导下，包括新西兰在内的遵循IPSAS的国家，在政府财务报告中，通过财务绩效表展示了具体的绩效信息。而美国MD&A信息披露制度中对绩效信息进行说明的要求，也是通过准则性文件（即政府会计准则委员会第34号）进行规范的。因此，在政策和准则性文件中，强调政府财务报告进一步融入绩效元素的顶层设计要求，可以推动财务报告和绩效管理之间的有效衔接。此外，还可以考虑更加普遍地按照预算绩效管理的要求来界定成本核算对象。例如，《事业单位成本核算基本指引》已明确提出，可以为满足内外部绩效评价需求，以政策和项目、单位整体等作为成本核算对象，但在具体指引中却没有再细化此类成本核算对象的划分方式。因此，在政府会计成本核算的对象选择上，应进一步根据全方位、全过程、全覆盖的预算绩效管理要求，以政府、部门或单位整体，项目或政策，以及不同预算资金来源和功能来确定。

其次，对于预算绩效管理的政策性文件，也需要进一步明确在绩效评价和监

督过程中,如何系统分析财务报告和预算报告的数据,如何运用财务报告来设计绩效目标及绩效指标。由于预决算报告主要对年度财政收支进行总结,而政府财务报告反映的是公共部门的财务状况,包括预决算报告中没有的资产、负债以及隐性债务等信息,因此,在绩效评价的数据选择上,对预算资金的到位率、使用率等反映资金流入流出的指标考察,可以通过预决算报告进行核算,而对于项目、政策或部门(单位)整体的实际产出和成果核算、成本收益配比等,使用财务报告数据则可以获得更加全面、完整和准确的信息。通过政府财务报告和预算绩效管理在顶层设计层面上的融合,可以为两者的深入衔接打下基础。

二、深化政府财务报告与预算绩效管理的指标衔接

无论是财务分析指标还是预算绩效指标,都是推动绩效问责的重要基础。最新修订的《政府财务报告编制指南》中,列举了政府财务报告的分析方法和分析指标,其中对政府部门财务报告的分析提出了资产负债率、现金比率等7个指标;对政府综合财务报告的分析则针对财务状况、运行情况、财政中长期可持续性设置了20个指标。然而,预算绩效状况作为政府部门财务分析的重要内容,尚未体现在当前的分析指标设置中。因此,随着权责发生制政府财务报告和预算绩效管理的纵深推进,可以考虑根据两套指标在数据类型、设置方法以及分析目标上的相似性,推动指标的衔接。

一方面,对于财务报告分析指标而言,应在考察政府财务状况、运行情况的基础上,加入对预算管理和绩效状况的考核指标。同时,可参考绩效评价指标体系的设置方式,进一步细化和完善财务分析指标。具体而言,对于财务报告分析的一级指标,可以保持现有的以分析内容为基础的划分方式,即设置财务状况指标、政府运行情况指标以及财政中长期可持续性指标,并在此基础上增加关于绩效管理、财政风险等财务分析内容作为一级指标。由于政府财务报告可以更加完整和真实地反映政府成本信息,故而政府活动的成本、产出及负债情况,应作为衡量资金使用绩效的二级指标,为成本收益分析提供数据。在此基础上进一步细化,将资产负债率、净资产变动率等作为三级指标,并对指标的计算方式、数据来源、分析标准等加以规定,进一步规范绩效分析过程,提高政府财务分析的科学性。

另一方面,对于预算绩效评价指标而言,目前的指标设置仍以产出指标为主体,而效益指标(特别是可持续影响指标)相对较少,这种状况在一定程度上受

预决算报告数据特征的制约。因此，在后续两项制度的进一步衔接中，可以借鉴财务分析中"财政中长期可持续性指标"的设置方式，并运用政府财务报告数据，对"公共基础设施成新率""固定资产成新率"等指标进行考核。此外，在强化指标衔接的过程中，设置较为统一的编制标准和编制形式，也可以有效加强两套指标体系之间横向比较、相互借鉴的能力。例如，为了促进财务分析与绩效分析的有效结合，英国在政府整体合并财务报告的合并边界选择中，参考了国家统计局对公共部门的分类，这样可以确保财务报告与其他财务绩效衡量指标一致且具有可比性。因此，加强对财务分析指标和绩效评价指标体系的共享与衔接，可以有效拓展政府财务分析和绩效分析的深度与广度，使之更好地服务于财政资金的使用和绩效的提升。

三、拓展政府财务报告与预算绩效管理的应用衔接

无论是权责发生制政府财务报告制度还是预算绩效管理改革的推进，其报告的呈现均是制度落地和结果应用中最重要、也最为直接的体现。如何应用好政府财务报告和绩效评价报告，串联起这两项制度的运行过程，成为两者衔接的最终落地措施。

对于政府财务报告而言，以更加直观且具体的形式来展示绩效评价所需要的相关信息，是其进一步发展的主要方向。根据 IPSAS 第 1 号文件的要求，新西兰等国已将财务绩效表同资产负债表、现金流量表、收入费用表等共同作为财务报告的主体内容。而财务绩效表中的主要内容包括收入、财务成本、采用权益法核算的盈余或亏损份额，以及盈余或赤字等方面的内容。作为预算绩效评价的重要数据来源，可以考虑在政府财务报告的后续改革中，对绩效评价基础数据进行汇总，一并加入整体的会计和财务表格之中。而在预算绩效评价使用政府财务数据的基础上，评价报告中也应明确所使用的具体数据来源，以使公众在行使预算绩效监督的过程中有据可循、有依可查。

在此基础上，在财务报告中对政府绩效情况进行总览，则成为加强公众绩效监督的直观性与便捷性的有效方式。例如，英国在政府整体合并财务报告的第一章中，就专门设置了"概述和绩效分析"，对报告期内的整体绩效情况进行概述。这种较为简洁且直观的绩效分析，更加体现了政府财务报告的公众友好特征。因此，在完成本期绩效评价的基础上，可以将绩效评价的结果通过概览或简洁报告的形式，在政府财务报告中展示。进一步而言，为了提高公众绩效监督的便捷

性，也可以将预算绩效报告与政府财务报告分析加以汇总合并，这样便可以通过一份报告来全面了解政府资金、运行、风险以及绩效的全部信息。

四、强化政府绩效评价，引导政府经济活动高效化

首先，建立健全社会公众主体参与评价的体系。由于政府部门的社会服务属性，在绩效评价的过程中应充分考虑社会公众的评价，由于个体的差异，虽能得出大部分人的共性，但是仍有个体的特殊性。人都是追求自身利益最大化的理性人，在评价的过程中集体的共性是否能够超越个体的需求，存在一定的未知性。因此，寻求方法解决这种个体与群体的冲突，取得两者协同发展尤为重要。要做好这一工作还需要明确界定评价主体与客体、委托方与受托方、评价结果的使用方等各关联方之间的关系，明确各方的职责与义务。同时，作为政府部门公共行为的监督方，人大、媒体与第三方机构均应充分发挥各自的监督与评价的作用，对绩效评价的全过程进行监督，保证社会公众对政府行为的客观评价，为可靠的绩效评价结果提供依据。

其次，完善绩效评价指标体系。目前，社会发展已经不仅仅是对物质文化的需求了，公平正义、环保安全更是社会公众需求的重要组成部分，在此基础上又对共享、节能等方面提出了更高的需求，政府部门在公共服务设施的建设上也要充分考虑到当代的社会需求。政府部门应把聚焦在预算与部门利益上的注意力转移到民生上，随着基础设施的不断更新，政府部门开始注意资金使用及取得效益的最大化，加强对成本的控制与核算。因此，在对政府绩效评价的过程中，应当充分设立满足时代需求的指标，包括以推进政治体制改革、服务型政府建设、国家治理结构的现代化等为主的政府行政指标；以衡量经济绩效水平为主的经济绩效指标；以生态环境保护为主的生态环保指标；以民生为主的公共服务指标；还有预警防控能力与应急能力等方面的指标。通过这些指标的加入，加强政府对社会发展的薄弱环节的重视，宏观调配资金的使用方向，强化乡村建设，均衡城乡差异，促进人口、行业、城乡的结构与社会的发展相协调。因此，需要通过设立科学、全面的多维度与多层次的指标体系，促进绩效评价质量水平的提升。

政府绩效评价指标体系的涉及面较广，涉及的类型也较为复杂，许多地方在绩效评价的过程中逐步降低经济类指标的权重，侧重于对民生和环保方面的考核，由于经济类与非经济类指标之间存在一致性又相互冲突，在评价指标权重的分配上应理性对待，不能与长期的经济指标绩效评价一样，要逐步削弱经济指标

第十章 预算绩效管理对财务报告质量的影响及提升措施

对政府绩效的影响，侧重非经济指标的建设。在实际工作中，还有一个亟须解决的问题就是基层政府在接受分配的任务的不协调上，上级政府部门下发的任务中存在互相冲突的评价指标，例如工业与环保，两者在现有的发展水平下无法达到协同并进，抓工业则环保就会处于弱势，抓环保则工业的发展又会受到阻碍。这就需要上级部门重新对任务进行明确与划分，分离相冲突的部门任务，以保证绩效评价的科学合理、真实有效。

保证绩效评价工作稳步进行的基础是对评价的规定，是评价的标准，如果没有明确的评价标准，绩效评价的结果也将会大打折扣。明确绩效评价标准不仅有利于评价工作的开展，还有利于实现预算编制的科学化，强化预算的约束作用。绩效评价的标准也同样包含许多方面，从过去到未来，从宏观到微观，具体来说，对于既定的事实应设立相应的历史标准；对于即将开展的工作，要结合历史标准来制定未来的计划标准；对于宏观行业来说，应当有行业统一的规范；细化到微观上，应当对项目产出的质量、行为活动制定相应的标准。也应在评价标准中对于不同的评价目的作出相应的规定，以保证评价方法和评价指标的相对稳定，促进不同类型的绩效评价工作稳步开展。

最后，规范绩效评价方法。绩效评价的方法应当包括定性分析和定量分析两部分，结合不同维度的标准，从对会计核算的定量分析到对综合能力考核的定性分析，综合定量与定性分析数值，形成可量化的绩效评价结果，有助于形成针对性的意见。对于具体评价业务的绩效评价方法的选择，要视评价对象本身的特点来决定，要充分考虑到评估对象的类型、指标特征、相关的具体要求，要与评价对象相适应，才能取得有效的评价结果。

最后，完善评价结果的披露。政府部门绩效评价的结果要及时向社会披露，接受社会公众的监督，才能有利于政府工作的改进与提升。各级政府可利用自身现有的新媒体渠道，如官网、公众号、视频号等平台，也可运用大数据平台及时向社会公开绩效评价工作。目前的大数据平台发展已逐渐成熟，社会的各类信息、数据都被海量存储，各级政府可积极打造统一的数据化平台，与各类平台链接，直接利用平台的数据作为支撑，及时调取所需数据，并可达到迅速分类汇总与分析。这种数据平台的建设，不仅能够促进评价体系的完善，加强公众对政府绩效评价的参与，还能将各政府部门的评价内容与结果进行汇总、对比、分析，将绩效评价过程透明化，促进绩效评价活动间的优势互补、共同进步。

第十一章 政府数字化转型对财务报告信息的应用及质量推动

政府数字化转型,是政府主动适应数字化时代背景,对施政理念、方式、流程、手段、工具等进行全局性、系统性、根本性重塑,通过数据共享促进业务协同,提升政府治理体系和治理能力现代化的过程。提速建设"数字政府",是贯彻落实网络强国、"数字中国"战略,深化"数字城市"建设的关键抓手;是深化"不见面、马上办"改革、推进政府职能转变、优化营商环境的必然要求;是提升行政质量、行政效率和政府公信力,建设人民满意的服务型政府,推动高质量发展的重要举措。

第一节 数字政府的发展背景与数字治理需求

一、数字政府的背景分析

加强数字政府建设,对于构建与数字时代经济社会发展相适应的政府治理模式,进一步推进国家治理体系和治理能力现代化具有重要意义。

(一) 数字政府是我国的重大战略决策部署

数字政府是指运用信息化手段对政府的管理、业务、技术等机构重新进行设定与描述,运用大数据重塑政府机制,运用大数据加强对平台的建设、对渠道的建设,以实现进一步优化政府组织架构,实现运作模式的更新与转变,全面提升政府在市场经济中的协调作用,充分发挥其在市场监管、社会治理、公共服务、生态环境等领域的能力,形成用数据对政府行为进行反映与考核,用数据促进决策与创新的现代化治理模式。在数字中国的战略背景下,提高数字经济发展水平，增强城市的经济实力，提升数字政府治理水平，已成为大势所趋和当务之急。

中央全面深化改革委员会第二十五次会议指出，要在政府治理理念和方法上进行创新，加快政府职能转变，推进法治政府建设，构建廉洁政府、服务型政府，必须用好数字政府建设这把利刃。党的十八大以来，党和国家各项工作取得了实质性进展，对大数据战略、网络强国战略作出战略调整与部署。坚定、正确的政治方向和党的全面领导是数字政府建设的关键。数字政府建设应着眼于满足人民日益增长的美好生活需要，构建一个广泛、智能、便捷、公平、包容的数字服务体系，让数据替百姓跑腿，简化办事流程，提高办事效率。通过数字化改革为政府职能转变作出贡献，建立高效协调的政府数字能力体系，在落实经济市场调控、社会管理、公共服务、生态保护等政府职能方面发挥数字化的支柱性作用，促进各行业政府应用系统的集中建设、互联互通和协同增效。建立健全规范的数字政府体系必须加强系统设计，以法律为准绳、以规章制度为保障，依法共享和使用数据，推进技术、运营以及数据三项融合，从而进一步提高跨层级、地区、系统、部门、业务的管理和协同服务。始终绷紧数据安全这根弦，强化数字政府在安全管理方面的责任担当，加快构建全面的数字政府安全体系。

（二）数字政府是"加快数字化发展，建设数字中国"的规划目标

迎接数字时代，激活数据要素潜能，推进网络强国建设。生产生活方式及其治理方面的整体性改革依托于数字化转型，有赖于数字政府和数字社会建设。《关于加强数字政府建设的指导意见》将工作目标划分为两个阶段：第一阶段，截至2025年，我国将建立更加健全的统筹协调机制，数字政府体系与治理能力现代化的适配程度更高，政府数字化、智能化水平将迈上一个新的台阶，决策更加科学、治理更加精确、服务更加高效妥帖。数字政府建设将为重大战略的实施、社会经济发展以及服务型政府建设等方面提供强大助力。第二阶段，截至2035年，我国的数字政府建设将更加完善、公平开放、透明普惠、高效精准、敏捷灵活，基本建成与国家治理体系和治理能力现代化相匹配的数字政府，成为实现社会主义现代化的有力支柱。

（三）政府数字化体系建设是当前和今后一项重要的工作任务

《关于加强数字政府建设的指导意见》从七个方面提出了数字政府建设的重点任务。第一，构建协同高效的政府数字化履职能力体系方面，通过加强大数据

对经济运行的监测、创新数字化治理新模式与行政管理和服务方式、推动智慧监管平台建设、改进便民利企服务数字化措施、增强对生态环境变化动态监测与控制、推进政务公开平台智能化发展与机关单位数字建设,促进政府各方面的数字化转型,提升政府履职能力与效力。第二,构建全面的数字政府安全体系方面,要提高保障安全的能力,将自主调控纳入可控范围,落实安全管理问责,明确构建安全体系的要求。第三,构建科学规范的数字政府建设规则体系方面,要不断推动数字政府建设机制创新,以数字改革助推政府职能转变,开设示范试点,不断完善法律监督体系与标准规范,确保数字政府建设平稳有序开展、智能高效运行,促进整体协同增效。第四,构建开放共享的数据资源体系方面,不断挖掘数据价值,增强数据共享的有效性,推动相关管理机制创新,有序开发使用数据。第五,建设智能化集中平台支撑体系过程方面,增强各平台及应用的支撑作用,集中力量建设结构合理、智能化集中化的支撑平台,为数字政府建设打下更加坚实的基础。第六,以数字政府建设全面引领驱动数字化发展方面,全面推进数字化发展,不断提升数字政府效能,为数字化发展营造良好的社会和生态环境,使数字经济更具活力。第七,加强党在数字政府建设中的领导方面,加强党中央对数字政府建设的集中统一领导,完善宣传机制,提高数字素养,加强评估评价,将党的政治优势和组织优势转化为数字政府建设的强大动力和保障,确保数字政府建设关键决策部署的落实和跟进。

二、我国数字政府的发展历程及趋势

(一) 数字政府的发展历程

数字政府建设是电子政务发展的新阶段。电子政务在我国已经走过40多年的历程,从"办公自动化""三金工程"到"两网四库十二金"再到"最多跑一次"和"一网通办、一网统管",数字政府的建设过程见证了我国为推进政府职能转变所做的努力,为构建服务型政府进行的探索,更反映了推进国家治理体系和治理能力现代化的历程。

党的十八大以来,党中央、国务院高度重视电子政务发展,电子政务由业务办公的支撑工具,转变为促进重大改革措施贯彻落实、支撑重大问题决策研判、提高服务人民群众水平和提升政府治理能力的法宝。

党的十九大以来,数字政府建设加速推进。从四中全会首次明确提出"推进数字政府建设"到五中全会提出"加强数字政府建设",短期内两次党的全会都强调数字政府建设，其重视程度可见一斑。由"推进"到"加强"，充分体现了高层对数据赋能国家治理的精准把握。

2020年4月，《中共中央 国务院关于构建更加完善的要素市场化配置体制机制的意见》发布，首次从国家层面明确将数据作为继土地、劳动力、资本和技术之后的第五大生产要素。随着云计算、人工智能、移动互联等新兴技术的快速发展和在各行各业的持续渗透，数据在国家治理、社会发展、人民生活中正扮演着愈发重要的角色。

《中华人民共和国国民经济和社会发展第十四个五年规划和二〇三五年远景目标纲要》对数字政府建设的任务进行了明确，特意拿出一个章节来对如何"提高数字政府建设水平"进行陈述。2021年12月，国务院印发《"十四五"数字经济发展规划》，明确了"十四五"期间推动数字经济健康发展的指导思想、基本原则、发展目标、重点任务和保障措施。我国先后经历了农业经济和工业经济阶段，数字经济是继两者之后的又一种主导经济形态，其载体为现代信息网络，数字资源是其中的关键要素，追求公平与效率的辩证统一，以所有要素的数字化转型与信息和通信技术的综合应用为发展的重要动力。近年来，数字经济搭上了时代的列车，覆盖范围空前广阔，发展更是日新月异，对社会生产生活方式和治理方式产生了深远的影响，引发了一系列重大变化。

2022年6月，国务院印发《关于加强数字政府建设的指导意见》，进一步强调，加强数字政府建设是创新政府治理理念和方式的重要举措。由此可见，"十四五"以及之后的更长时期内，数字政府建设将是国家治理的重要内容之一。

（二）数字政府治理的发展趋势

1. 集约化

通过系统集约化建设可以打破政府系统横向的交流壁垒，为政务信息的协同共享打下坚实的技术和平台基础。为了从全局和根本上解决长期存在的政务信息化建设各自为政、条块分割、信息孤岛的问题，国务院公布了《政务信息系统整合共享实施方案》等文件，各级政府应深入贯彻，遵循五个统一的总体原则，有效推进政务信息系统集约化建设，切实避免各自为政、重复投资、重复建设等问题，利用大数据、云计算等新兴技术，打通政府系统垂直与纵向的互通互联，加快推进政务信息系统的整合共享。

2. 协同共享

政务信息的协同共享有利于消除政府部门之间的信息孤岛现象，有利于各部门进行更好的决策以及国务院进行更好的顶层设计,提高政务效率和政府服务水平。2016年以来,国务院颁布《政务信息资源共享管理暂行办法》等文件,从顶层设计层面强调各级、各部门之间的政务信息协同共享。提出要及时、准确、全面编制政务信息目录资源、对政务信息资源进行分类共享、将可共享应共享的政务信息上传到政务系统供各方下载等要求,切实推进政务信息资源协同共享。

3. 政务大数据

利用政务大数据可以让政府的治理与决策更加精细化、科学化,可以促进公共服务能力与水平的全面提升,可以引发民生大数据开发应用的新高潮。政务大数据指政府所拥有和管理的数据,具体包括自然信息、城市建设、城市健康管理统计监察和服务与民生消费类数据。从广义来看,政务大数据还包括政府工作开展产生、采集以及因管理服务需求而采集的外部大数据,为政府自有和面向政府的大数据。政务大数据在国内外都有很多的应用案例和实践,但因为目前的采集和开放、跨领域应用还面临许多问题,政务大数据的应用还只是起步阶段。

4. 精准管理

在大数据背景下,服务型政府可以根据居民具体情况提供精准服务、精准管理。如可以根据用户画像和政务服务应用的属性特征,系统自动感知当前用户需要的、正在办的、已办理的所有事项与服务,进行主动精准推荐;根据之前搜集到的企业数据、法人数据、个人数据,可以给每一个用户建立用户画像,相当于给每一个用户打上标记,这些数据可为未来做主动感知和主动推送服务提供参考。大数据等新技术的应用使精准管理成为可能,精准管理使数字政府更进一步向服务型政府转变。服务型政府这个概念在经历了长时间探讨之后,于2004年被首次提出。党的十六届三中全会通过的《中共中央关于完善社会主义市场经济体制若干问题的决定》中提到,增强政府的服务职能,首要的是深化行政审批制度改革,政府职能从"全能型"转向"服务型",政府决策建设突出规范化,增强透明度与公众参与度。

5. 政府监管

通过大数据政府可以实现对内部、对市场的有效监管,同时政务大数据公开可以方便人民对政府进行有效监督。例如,由于缺乏必要的信息,政府对市场的监管往往面临诸多困难,而大数据的使用可以有效避免这一问题,为政府监管提供详细的必要信息,显著增强政府对市场的监管能力。大数据已在多个城市的政府监管中发挥作用:在北京,一些违法违规交易的线索无法避开互联网搜寻,在监管部门与企业的通力合作下,更多的违法行为被查获;在上海,超过三亿条数据被投入调查使用,信息平台覆盖的问题有 1200 多个,涉及法人和个人监管、审批、执法和资格等多方面。

三、政府数字治理对政府财务报告的需求

如今,全球数据总量每年以指数级的速度增长,但得到有效利用的却微乎其微,数据的要素化价值能否得到发挥,取决于数据是否得到有效治理,使数据由"资源"真正转化为"资产"。目前国家层面已经着手开展各行业数据治理标准规范的制定工作,部分行业如公安、电信、金融等已经编制了相对详细的数据分类、数据分级要求,数据的记录、计量和分析既是持续、高效地完成数据治理的基础工作,也是政府数字治理层面面临的重大挑战。

(一)预算部门(单位)自身管理

作为政府行政管理的核心要素,行政事业单位的财务管理在为前者提供数据支持的基础上,负责协调政府财务活动的各项资金的筹集活动,及对各项资金进行分配,作出使用规划。传统财务管理工作追求稳步发展,围绕一些基础的财会工作展开,如核算记账、制作财务报表等,这种对政府的各项业务进行事后核算的做法只能起到最基本的监督作用。近年来,互联网和计算机技术的迅猛发展给各行各业带来了诸多挑战,为了适应复杂多变的市场环境,财务管理工作不断追求理念、工具和实现方式上的创新。从 20 世纪 80 年代的电算化到 90 年代的信息化,各部门在计算机和数据库技术的辅助下建立起更加紧密的联系,业务流程更加完善,管理程序更加简洁,财务数据存储量和存储年限都有了质的飞跃。依托多种技术如物联网、大数据、区块链和云计算等的加成,行政事业单位实现了多功能一体化,建立起链接各部门数据的财务管理平台。数字化技术的全面应用扩大了财务管理工作的覆盖范围,将其延伸至全流程乃至整个社会。要实现财务数字化的本质目标——借助数字化技术来深度变革行政管理工作,财务管理工作必须完成向智能化、自动化和数字化的转型。要推动财政数字化转型,还应从创新财务管理模式入手。各单位应全面改造过去独立的、封闭且带有管控性质的管理模式,将其转变为更具人性化和以服务为导向的新模式。随着财务管理模式的变化,财务信息共享平台也会发生相应的改变,从而为政府现代化治理提质增效。

(二)财政部门的统筹管理

作为构建数字政府的重要过程之一,数字财政建设的重要性不容忽视。要实

现有效的数字财政支持，必须深化财政改革，融合数字技术和相关的财政制度，打造集数据分析、管理和服务于一体的数字财政，从而为现代化治理提供数字智慧赋能。财政数据所包含的角色是多方位的，包括群众、行政事业单位和企业等，数据来源于资源配置环节，主要用于引导现有经济资源的流向。

预算管理一体化建设是一项整体性、全局性很强的工作，是以系统化思维和信息化手段深化预算管理制度改革、提升预算管理水平、加快建立现代财政制度的基础性工作，是覆盖预算管理从编制到执行再到核算的业务管理闭环。2022年9月21日，财政部发布《关于印发〈预算指标核算管理办法（试行）〉的通知》指出，自2023年1月1日起，浙江省、云南省、河北省、河南省、陕西省、海南省、湖北省、黑龙江省全面推广实施预算指标核算管理，在全国范围内实施的时间节点为2023年7月1日，各地应积极推进整体部署，做好推广落实改革工作。

深圳市信息化建设历经"金财工程""智慧财政""预算管理一体化系统改造"三大阶段，已达到TB级的数据量。在一体化建设方面，实现了市区两级预算管理一体化、系统部署一体化、数据存放集中化。但是目前还存在着科学决策缺乏数据支撑、全市财政收支情况无法动态掌握、财政资金使用效能量化分析和财政大监督体系系统支撑不足、支出标准无体系且难量化、转移支付项目难以跟踪、OA与业务系统无法联动，以及跨系统、跨层级、跨年度综合数据查询难以实现等问题，为此，对支出标准、单位电子档案、单位会计核算、单位数据报表等方面提出了新的标准和要求。

（三）政府治理的数据应用

《中共中央　国务院关于支持深圳建设中国特色社会主义先行示范区的意见》中，对深圳探索政府治理体系和治理能力现代化提出了很高的要求，例如"推进'数字政府'改革建设，实现主动、精准、整体式、智能化的政府管理和服务""综合应用大数据、云计算、人工智能等技术，提高社会治理智能化专业化水平"等。

随着时代的进步，区块链、大数据、云计算等高新技术也在蓬勃发展中，数字化产业方兴未艾，数字化＋管理使得城市变得越来越智慧，城市管理越来越高效。当前国家正着力于打造"数字政府"，区块链技术在推进政务改革、加快"数字政府"建设中发挥了重要作用。"十四五"规划和"二〇三五年远景目标纲要"指出，"以联盟链为重点发展区块链服务平台和金融科技、供应链管理、政务服务等领域应用方案，完善监督机制"。例如在深圳，交通出行、差旅费报销等都不再需要"贴发票",人们在日常生活中都能体验到"链上开票"的快捷,区块链电子发票给群众带来了实实在在的便利。

目前,智慧城市成为数字化发展与城市管理结合的发展趋势,这些目标的实现均与政府财务报告紧密相关,也对政府财务报告数据价值的挖掘、分析和应用提出了新的要求。

第二节 数字化转型对政府财务报告数据的影响

一、数字政府对政府财务报告的影响

(一) 以落实政府工作规划为导向

政府会计改革是内控的延伸。财政部门作为政府综合财务报告的编制主体是非常重要的,相当于企业集团母公司的财务机构。政府财务报告以权责发生制为基础,财务处理也要基于此。政府会计(资产负债)的内控目标是摸清各级政府全部家底状况、可利用资源(土地等)、显性债务、隐性债务等,以保障经济社会稳定健康运行。政府内控的目标是各级政府治理现代化水平大幅度提升。

(二) 以强化政府预算管理为主线

为全面准确反映政府财务状况和运行情况,提升财政财务管理水平和财政透明度,应严格落实《预算法》及其实施条例相关规定,将全面预算绩效管理工作纳入政府综合财务报告,作为政府财政财务管理情况的重要部分。该项举措是体现预算管理改革精神的有力保障,充分反映了政府在财政改革工作中的成效,凸显了政府治理能力现代化水平的进一步提升。

(三) 以规范公共资金、资产和资源管控为核心

《行政事业性国有资产管理条例》(国务院令第738号)和将公路水路、水利基础设施、市政基础设施纳入表内核算等一系列措施正稳步推进,有利于政府财务数据的规范化、标准化和统一化。《关于盘活行政事业单位国有资产的指导意见》(财资〔2022〕124号)指出,行政事业单位国有资产规模不断壮大、管理水平不断提高,但还存在部分资产统筹不够、使用效益不高等现象。为落实政府"过紧日子"的要求,有效盘活行政事业单位国有资产,根据《行政事业性国有资产管理条例》(国务院令第738号)、《国务院关于进一步深化预算管理制度改

革的意见》（国发〔2021〕5号）等法规制度，加快推进行政事业单位各类国有资产盘活利用，建立健全资产盘活工作机制，通过自用、共享、调剂、出租、处置等多种方式，提升资产盘活利用效率，为保障行政事业单位履职和事业发展、促进经济社会发展提供更加坚实的物质基础。这对财务报告的记账模式和数据梳理，以及财务报告的内容和质量都提出了新的要求。

（四）以有效搭建信息系统为保障——"互联网＋政务服务""互联网＋监督"平台

为落实党中央、国务院决策部署，贯彻中央全面深化改革委员会第十七次会议精神，以及《国务院办公厅关于建立健全政务数据共享协调机制加快推进数据有序共享的意见》（国办发〔2021〕6号）和《国务院关于加强数字政府建设的指导意见》（国发〔2022〕14号）的部署要求，整合构建标准统一、布局合理、管理协同、安全可靠的全国一体化政务大数据体系，加强数据汇聚融合、共享开放和开发利用，促进数据依法有序流动，充分发挥政务数据在提升政府履职能力、支撑数字政府建设以及推进国家治理体系和治理能力现代化中的重要作用，国务院办公厅于2022年9月13日发布了《关于印发全国一体化政务大数据体系建设指南的通知》（国办函〔2022〕102号），为下一步全国一体化政务大数据建设指明了方向和目标。

二、预算管理一体化对政府财务报告的影响

（一）预算管理一体化总体特征对财务报告的要求

1. 数据业务化

财政部《关于印发〈关于推进财政大数据应用的实施意见〉的通知》（财办〔2019〕31号）要求，加强以数据为基础的定量分析，使数据成为财政管理、政策设计的重要支撑。以当前财政改革与管理的热点问题为出发点，将大数据技术与财政业务深度融合，发挥大数据价值，推动财政改革和管理更加精准、高效、科学。

2. 业务标准化

实现财政管理全业务流程的数字化、智能化和高效化，既要防范风险，又要将绩效考评贯穿预算管理全过程。基于财政业务的经济社会分析预测指标体系，财政应结合财务报告相关数据为政府全局服务，实现量化、动态优化、科学预

测、高效运行、过程监控和防范预警。

3. 标准统一化

财政管理一体化是规则、标准、数据的统一，财政财务数据的应用，应体现数字政府治理、数字政府要求的数字财政的运行、报告和监督体系。结合《国务院关于进一步深化预算管理制度改革的意见》，服务财政管理提升水平，服务财政决策提升水平，服务以财控政提升水平。重点包含预算管理提升水平的方向、支出标准化、财政资源统筹、财务大数据应用等。

（二）预算管理一体化现存问题对财务报告的影响

预算单位在数字化背景下，还普遍存在以下问题：

1. 与单位系统衔接不充分（存在信息的二次录入）

智慧财政系统与单位系统的规则不一致，缺乏统一的标准，且尚未实现全面对接，导致单位信息较难准确获取，预算单位需要二次录入信息到智慧财政系统中，用户体验较差。

2. 缺乏单位端使用的系统（单位内控）

部分单位尚未建设内控系统，单位资金管理工作难以精细化开展，需要建设单位内控相关系统，实现预算管理一体化的"前伸后延"，提升预算单位资金管理效率。

3. 跨业务类型数据查询支撑不足

预算单位存在跨业务领域信息查询需求，但当前难以满足，需要对接外部数据，并实现常态化数据治理与运营，支撑相关业务需求。

4. 部分系统操作较为复杂

智慧财政现有部分系统还不完善且操作复杂，导致预算单位用户体验较差，需要建立有效反馈机制，及时解决用户体验问题。

5. 部门审核操作不够便捷

智慧财政现有部分审核功能还不够便捷，导致预算单位用户体验较差，需要进一步优化，梳理业务规则、业务流程，提高预算单位审核效率。

为此，预算单位应依托数字化技术，建立财务数字化平台，内通外联，以共享的服务价值为导向，大幅度提高数据反馈的时效性和完整性。

三、政府财务报告促进预算管理一体化协同发展

利用大数据、云计算等高新技术建立数字化管理平台，能够实现在线实时获

取数据，从而为单位的经济活动提供可靠的决策依据。数字化管理平台基于统一的财务管理模式将预算编制、收支管理、资产管理等相关模块联通，能够在一定程度上规范单位的财务管理。财务人员利用数字化管理平台可以生成电子凭证、财务报表、财务报告等，大大减少其工作量，提高了工作效率，也可以保证财务报表的准确性与真实性。与此同时，数字化管理平台还可以进行数据的横向或纵向比对，形成一条完整的数据链，财务人员也可以就数据进行分析和统计。此外，数字化管理平台还可以将多个模块进行联动，设置智能化监控和校验规则，实施风险监督，提升财务的精细化水平。

（一）以政府财务报告制度实现风险预警

国务院要求力争在2020年前建立具有中国特色的政府会计准则体系，政府会计准则制度将各类行政事业单位归于同一会计制度框架下。政府财务报告制度是政府会计改革的产物，也是政府会计应对财政风险的关键措施之一。政府财务报告可以直观地显示收支、资产、负债等相关财务信息，为政府财务管理活动提供参考，也能够在一定程度上实现财政活动风险预警。政府财务报告对财政风险预警的影响主要有三个方面：一是通过调整报告编制范围及内容来提升预警信息的精准性；二是通过丰富财务指标来加强风险处理评价及监督效果；三是基于满足各方信息需求的目的来优化风险判定结果的可信度，从而在信息层面上实现对风险预警能力的强化，发挥政府会计应有的作用，有效应对财政风险。政府财务报告不但要关注财务数据的真实性，还要关注财务数据的全面性。

（二）以优化负债管理工作来实现风险监管

政府所面临的财务风险可能是由于政府的财务负债信息不明确所引起的，而政府负债是政府财政风险的主要原因之一，所以政府必须要对负债管理高度重视，只有明确可能存在的财政风险，才能有效地监管。所以，首先，要明确核算基础，要依据政府会计准则对财政负债进行确认。只有明确财政负债的内容，才能对其进行分类和计量，以便于为后续的负债管理工作提供信息参考。其次，政府会计可以反映政府负债信息，政府财务会计关于负债类项目设置更多的科目，有助于政府财政负债的确认和计量，进一步加强了财政风险信息的披露效果，也为政府应对财政风险起到参考作用。最后，由于政府在不断进行会计改革，根据最新要求，政府会计报告需要披露会计报表，同时也需要对重要事项及未尽事项进行附注说明，使得负债披露更全面，提升了负债管理工作的质量。

(三) 以政府会计来实现风险调控

随着近年来政府会计的改革，政府会计已不仅仅是预算会计，同时还包括财务会计。政府会计的核算基础包括权责发生制和收付现实制，可以帮助政府调控财政风险、强化管理能力。政府会计具有内部控制作用，要注意政府预算编制及执行工作，这是内部控制作用得以发挥的关键。预算编制的高质量保证了政府会计对预算对应业务的有效控制，对这些业务进行统计分析，明确资金收支情况，还可进一步规范资金管理工作，减少由于收支问题而引发的财政风险。随着政府单位逐步实现政府会计的"双基础、双报告、双功能"，会计报表合并已经成为主流趋势，每笔纳入部门管理的现金业务都必须采用"平行记账"的办法，这样进一步促进了政府的预算管理水平并强化了政府会计对财政风险的调控。

第三节 政府财务报告赋能政府数字治理发展

一、政府财务大数据的应用

利用大数据、云计算等技术优化政府"财务共享中心"。例如，济南市政府结算中心（以下简称"结算中心"）负责全市300多家行政事业单位的资金结算和会计核算，实现了财务数据的集中式管理。结算中心是市直单位的"财务共享中心"，其有能力、有责任去协助全市单位来进一步加强财务管理，做好预算绩效管理，为此结算中心开发了《济南市政府财务报告分析体系设计》，对全市结算单位的财务运行情况进行总体分析，为做好预算绩效管理提供形象直观的数据支持。

重构数据库，为财务分析和绩效管理提供全方位共享服务。为加强财务数据的运用和研究，要对财务报告信息进行分析，挖掘数据潜在价值，在构建政府财务分析指标体系时，不仅有收入、支出的流量指标，还有政府资产、负债的存量指标；不仅有预算管理指标，还有财务管理指标。这些指标除了将财务报表和预算报表分析相结合外，还运用了财政部门资产管理系统数据、国库集中支付系统数据等报表外数据，全面分析政府的财务状况、运行成本和财政中长期可持续发展水平。政府财务分析指标应用体系数据库，从资产管理系统调取了不同类别资产的购置、使用和折旧等数据，从国库支付系统调取了部门预算、预算执行的相关数据，从会计核算系统调取了资产、负债、收入、费用等数据。数据库重构充分发挥了所有财务数据对政府财务分析和绩效管理工作的作用。

运用图表形式，为财务分析和绩效管理提供形象直观的服务。财务报告分析体系分为单位和市政府两个层面。对单位层面财务分析体系的设计，分别从单位内部资产负债、收入支出维度对单位的财务状况进行较为全面的刻画。其采用饼状图、折线图、分位数排名等多种形式展示，对组织建设情况进行定量分析，可以生动展示单位的财务画像，直观反映单位的财务支出状况和绩效管理情况。

财务报告分析体系充分考虑了典型行政事业单位的特点，兼顾信息需求的共同性和异质性。在资产分类时按流动性、自有性、层级性等进行多层次划分，在收支情况分析时按收支来源、收支类型等进行多维度划分，为单位加强资产负债管理、全面分析预算收支执行情况等提供数据支持。通过大数据分析，提出财务管理和绩效管理建议，供财务信息使用者决策、参考。

财务分析助力提升预算绩效管理能力。运用云计算、大数据等高新技术使财务分析报告能够及时导出，进一步提升了财务数据的及时性和准确性，更好地赋能业务、支持管理、辅助决策，提升各结算单位的预算绩效管理能力和水平。提供财务分析报告实现了会计服务从提高效率到提升效能的转变，在高效完成会计核算、加强资金管控的基础上，还为政府和各部门单位业务目标实现、决策管理提供数据支持。

二、智慧财务与数字治理

财务数字化有两层含义：一是财务全面应用以云计算和区块链为代表的数字化技术；二是对财务模式进行全方位数字化变革。

一方面，大数据、云计算、人工智能等高新技术快速崛起，数字化技术为单位财务管理提供了新思路、新方法，基于数字化技术打造财务数字化管理平台，将单位各部门、各业务、各模块进行串联，形成了一条数据通道，确保全方位、全过程、全领域实现数据实时流动和共享。另一方面，打造财务数字化管理平台不仅需要长远计划和思考，还需要攻克相关难题、逐步推进。就目前而言，财务信息系统还是以预算管理一体化为主，行政事业单位财务管理以预算管理为核心，预算全过程管理从预算编制到预算执行再到支付管理、会计核算、决算管理、资产管理等，形成闭环。针对数字化平台应搭建更加完善和健全的绩效管理与评价机制，加强数据的实时监控，降低风险。

随着政府改革的纵深发展,高新技术快速迭代更替,数字化、智能化使得财务管理环境发生了翻天覆地的变化,传统的财务管理理念也需随之更新,业财融合是大势所趋。就单位职能而言,行政事业单位紧密联系各部门,高效率、高质量完成预算编制、会计核算等财会工作,提高行政管理效率,提升财务管理的附加值;就财务人员而言,我国政府会计人员需要对数字化清晰认知,不断培训并加强财务数字化相关知识的学习,也可以引进相关数字化人才,保障财务数字化的顺利转型。

三、数字赋能拓展政府财务报告应用空间

政府财务数字化改革是建设数字政府的重要组成部分,也是符合数字经济发展的必然趋势。长期以来,政府财务数字化改革滞后于数字政府的建设。近些年,在深化预算管理制度改革的背景下,各级政府以财政预算管理一体化建设推广实施为契机,推动各部门、各单位财务数字化转型,推动数字政府高质量发展。

(一) 变革政府财务管理理念,以创造公共价值为目标

从公共行政学来说,公共价值是公民对政府期望的集合,是公众通过切实的公共政策与服务所获得的一种效用。正如企业财务管理的目标是实现企业股东价值最大化一样,政府财务管理的目标应从传统的合规管理转向实现公共价值最大化即公共价值创造,增进公民所认同的公共价值。

(二) 主动运用大智移云物区技术,推动政府财务数字化转型

在满足政府信息安全等级保护要求的基础上,更好地统筹发展和安排,主动运用大数据、人工智能、移动互联网、云计算、物联网、区块链等高新技术,充分发挥财务作为单位经济活动归口管理的数据优势,推动财务管理向数字化转型,在数字政府建设中发挥引领作用和推动作用。

(三) 修订行政单位财务规则与内控规范,为数字化建设奠定法制基础

《行政单位财务规则》《行政事业单位内部控制基本规范》等财务管理制度已滞后于《预算法》《会计法》等法律法规。应结合预算管理制度改革和政府会计改革进程,及时修订行政单位财务规则与内部控制规范,推动政府财务管理理念变革、机制变革、手段变革,为数字技术与财务管理深度融合奠定法制基础。

(四) 对接财政预算管理一体化,实现预算管理与财务管理一体化

财政预算管理一体化是运用系统化思维和信息化手段,推动深化预算管理制

度改革，其主要目标是促进政府预算、部门预算、单位预算的有效衔接和管理贯通。以对接财政预算管理一体化为抓手，加强各部门、各单位的预算、资产、负债、收入、支出、会计、内控等数字化转型，实现宏观预算管理与微观财务管理一体化，充分发挥财政在国家治理中的基础作用。

（五）行政事业单位财务数字化转型的建议

1. 加强财务系统优化，打破信息壁垒

数字化技术是打造财务数字化管理平台的基础，推进财务数字化管理平台的建设主要从以下几方面入手：其一，以预算管理为核心，将资产、核算、工资、票据等系统纳入财务数字化管理平台，即可覆盖全业务流程、全财务体系、全受益对象，实现数据贯通和实时共享，可以有效防止信息不对称；其二，以"业财融合，数据赋能"为导向，建立财务、业务一体化平台，以业务为纽带串联财务数据，进一步加强业务与数据的关联，推进财务数字化转型，有效提升财务管理水平及效果。

2. 健全财务管理机制，完善责任管理

随着数字化政府建设进程的加快，行政事业单位应注意在转变财务管理模式时，要积极适应数字化技术的发展，要跟上现代信息技术的步伐。行政事业单位要同步优化财务管理职能，加强政府资金的监管，营造良好的数字化转型环境，并且要通过相关制度来明确责任，充分运用数字化技术进行动态监管和数据跟踪，及时发现并处理相关的财务风险。

3. 强化人才队伍建设，创新管理观念

步入21世纪，大数据、云计算、人工智能等高新技术快速发展，财务管理理念也需随之更新，业财融合是大势所趋，财务人员要建立服务理念，真正做到学以致用，提升自己的专业素养，成为有理想、有道德、有能力的数字化新时代财务人员；同时，应用高新技术的财务管理对财务人员在战略分析、数据分析等方面提出了更高的要求，财务人员需要转变固有的思维方式，加快适应财务数字化新环境，提升数字敏感度及实际操作能力、数据分析能力、战略分析能力。

在数字化、智能化浪潮的席卷下，财务管理工作成为一把双刃剑，既是机遇也是挑战。我们应抓住机遇、无惧挑战，进一步推进财务数字化转型升级，打造财务数字化管理平台，深化财务制度改革，实现现代化治理。我国政府财务数字化转型升级正处于发展的初级阶段，政府应加强对财务数字化转型升级的关注与重视，将更多的资源倾注于打造财务数字化管理新平台，促进政府财务数字化水平的不断提升。

附录一 2022 年度政府综合财务报告样式

一、政府综合财务报表

（一）会计报表

表 1　　　　　　　　　　　　　资产负债表

编制单位：　　　　　　　　　　年　月　日　　　　　　　　　　单位：万元

项目	附注	年末数	年初数
流动资产			
货币资金	附表 1		
短期投资			
应收及预付款项	附表 2		
应收股利			
应收利息			
存货			
一年内到期的非流动资产	附表 3		
其他流动资产			
非流动资产			
长期投资	附表 4		
应收转贷款	附表 5		
固定资产净值	附表 6		
在建工程	附表 7		
无形资产净值	附表 8		
研发支出			
公共基础设施净值	附表 9		
政府储备物资	附表 10		
文物文化资产			
保障性住房净值	附表 11		
PPP 项目资产净值	附表 12		
其他非流动资产			
受托代理资产			
资产合计			

续表

项目	附注	年末数	年初数
流动负债			
应付短期政府债券			
短期借款			
应付职工薪酬			
应付及预收款项	附表 13		
应付政府补贴款			
应付利息			
一年内到期的非流动负债	附表 14		
其他流动负债			
非流动负债			
应付长期政府债券	附表 15		
应付转贷款	附表 16		
长期借款	附表 17		
长期应付款			
其他非流动负债			
受托代理负债			
负债合计			
净资产			
负债及净资产合计			

表 2 收入费用表

编制单位： 年 单位：万元

项目	附注	本年数	上年数
税收收入			
非税收入			
事业收入			
经营收入			
投资收益			
政府间转移性收入	附表18		
其他收入			
收入合计			
工资福利费用			
商品和服务费用			
对个人和家庭的补助			
对企业补助费用			
对社会保障基金补助费用			
政府间转移性支出	附表19		
固定资产折旧费用			
无形资产摊销费用			
公共基础设施折旧（摊销）费用			
保障性住房折旧费用			
资产处置费用			
财务费用			
其他费用			
费用合计			
本年盈余			

(二)会计报表附注

1. 会计报表编制基础(略)
2. 遵循相关制度规定的声明(略)
3. 会计报表包含的主体范围(略)
4. 重要会计政策与会计估计变更情况(略)
5. 会计报表重要项目明细信息及说明

(1)货币资金明细信息如下:

附表1　　　　　　　　　货币资金明细表　　　　　　　　单位:万元

项目	年初数	年末数
库存现金		
国库存款		
国库现金管理存款		
其他财政存款		
银行存款		
其中:土地储备资金存款		
物资储备资金存款		
其他货币资金		
合计		

(2)应收及预付款项明细信息如下:

附表2　　　　　　　　应收及预付款项明细表　　　　　　　单位:万元

主体	年初数	年末数
财政		
政府部门		
部门1		
部门2		
……		
其他		
合计		

注:1. 本表中的"财政"是指承担核算财政预算资金等职能的政府财政部门;"政府部门"是指纳入本级政府综合财务报告合并范围的部门;"其他"是指土地储备资金和物资储备资金等资金主体。

2. 本表反映被合并主体抵销后的应收及预付款项金额。

(3) 一年内到期的非流动资产明细信息如下：

附表3　　　　　一年内到期的非流动资产明细表　　　　　单位：万元

主体	年初数	年末数
财政		
其中：应收地方政府债券转贷款（1年内到期）		
应收主权外债转贷款（1年内到期）		
政府部门		
合计		

注：本表中的"财政"是指承担核算财政预算资金等职能的政府财政部门；"政府部门"是指纳入本级政府综合财务报告合并范围的部门。

(4) 长期投资及投资收益明细表如下：

附表4　　　　　　长期投资及投资收益明细表　　　　　单位：万元

投资对象	长期投资				投资收益	
	年初数	本年增加	本年减少	年末数	上年数	本年数
股权投资（××家）						
对企业股权投资（××家）						
企业1						
企业2						
企业3						
……						
其他企业（××家）						
对投资基金股权投资（××家）						
投资基金1						
投资基金2						
投资基金3						
……						
其他股权投资						
债券投资						
合计						

注：1. 本表按照长期投资年末数从大到小排列。
　　2. 对企业股权投资原则上列示前50家，超过部分合并填入其他企业。

(5) 应收转贷款明细信息如下:

附表 5　　　　　　　　　　　应收转贷款明细表　　　　　　　　　　单位：万元

转贷对象	年初数	年末数
应收地方政府债券转贷款		
地区 1		
地区 2		
地区 3		
……		
应收主权外债转贷款		
地区 1		
地区 2		
地区 3		
……		
合计		

注：1. 本表按照转贷对象列示明细。

2. 本表仅包含本金金额。

(6) 固定资产明细信息如下：

附表 6   固定资产明细表   单位：万元

项目	年初数	本年增加	本年减少	年末数
原值合计				
房屋和构筑物				
设备				
文物和陈列品				
图书和档案				
家具和用具				
特种动植物				
累计折旧合计				
房屋和构筑物				
设备				
文物和陈列品	—	—	—	—
图书和档案	—	—	—	—
家具和用具				
特种动植物	—	—	—	—
净值合计		—	—	
房屋和构筑物		—	—	
设备		—	—	
文物和陈列品		—	—	
图书和档案		—	—	
家具和用具		—	—	
特种动植物		—	—	

（7）在建工程明细信息如下：

附表 7　　　　　　　　　　在建工程明细表　　　　　　　　　单位：万元

主体	年初数	本年增加	本年减少	年末数
土地收储项目				
其他项目				
部门 1				
部门 2				
……				
合计				

注：土地收储项目年末数小于 1 万元的，需在此处说明原因及情况。

（8）无形资产明细信息如下：

附表8　　　　　　　　　　无形资产明细表　　　　　　　　单位：万元

项目	年初数	本年增加	本年减少	年末数
原值合计				
专利权				
非专利技术				
著作权				
资源资质				
商标权				
信息数据				
其他				
累计摊销合计				
专利权				
非专利技术				
著作权				
资源资质				
商标权				
信息数据				
其他				
净值合计		—	—	
专利权		—	—	
非专利技术		—	—	
著作权		—	—	
资源资质		—	—	
商标权		—	—	
信息数据		—	—	
其他		—	—	

(9) 公共基础设施明细信息如下：

附表 9-1　　　　　　　　公共基础设施明细表（原值）　　　　　　单位：万元

项目	年初数	本年增加	本年减少	年末数
市政基础设施				
交通设施				
供排水设施				
能源设施				
环卫设施				
园林绿化设施				
综合类设施				
信息通信设施				
其他市政设施				
交通基础设施				
公路				
汽车客运站				
铁路				
机场				
航道				
沿海航海保障设施				
港口				
轮渡				
水利基础设施				
防洪（潮）工程				
治涝工程				
灌溉工程				
引调水工程				
农村供水工程				
水力发电工程				
水土保持工程				
水库工程				
水文基础设施				
其他公共基础设施				
原值合计				

附表 9－2　　　　公共基础设施明细表（累计折旧/摊销）　　　　单位：万元

项目	年初数	本年增加	本年减少	年末数
市政基础设施				
交通设施				
供排水设施				
能源设施				
环卫设施				
市政园林绿化设施				
综合类设施				
信息通信设施				
其他市政设施				
交通基础设施				
公路				
汽车客运站				
铁路				
机场				
航道				
沿海航海保障设施				
港口				
轮渡				
水利基础设施				
防洪（潮）工程				
治涝工程				
灌溉工程				
引调水工程				
农村供水工程				
水力发电工程				
水土保持工程				
水库工程				
水文基础设施				
其他公共基础设施				
累计折旧（摊销）合计				

附表 9−3　　　　　　　　公共基础设施明细表（净值）　　　　　单位：万元

项目	年初数	本年增加	本年减少	年末数
市政基础设施		—	—	
交通设施		—	—	
供排水设施		—	—	
能源设施		—	—	
环卫设施		—	—	
园林绿化设施		—	—	
综合类设施		—	—	
信息通信设施		—	—	
其他市政设施		—	—	
交通基础设施		—	—	
公路		—	—	
汽车客运站		—	—	
铁路		—	—	
机场		—	—	
航道		—	—	
沿海航海保障设施		—	—	
港口		—	—	
轮渡		—	—	
水利基础设施		—	—	
防洪（潮）工程		—	—	
治涝工程		—	—	
灌溉工程		—	—	
引调水工程		—	—	
农村供水工程		—	—	
水力发电工程		—	—	
水土保持工程		—	—	
水库工程		—	—	
水文基础设施		—	—	
其他公共基础设施		—	—	
净值合计		—	—	

注：公共基础设施净值合计小于 1 万元的，需在此处说明原因及情况。

(10) 政府储备物资明细信息如下：

附表 10-1　　　　　政府储备物资明细表　　　　单位：万元

主体	年初数	本年增加	本年减少	年末数
部门 1				
部门 2				
……				
合计				

注：本表按照政府储备资产持有部门列示明细。

附表 10-2　　　　　政府储备物资明细表　　　　单位：万元

项目	年初数	本年增加	本年减少	年末数
粮食等农产品和农资储备				
其中：粮食				
棉花				
食糖				
肉类				
能源储备				
矿产品原材料储备				
应急专用物资储备				
其中：应急抢险救灾物资				
医药				
合计				

注：本表按照政府储备物资种类列示明细。

(11) 保障性住房明细信息如下:

附表 11　　　　　　　　保障性住房明细表　　　　　　　单位：万元

项目	年初数	本年增加	本年减少	年末数
原值合计				
公租房				
经济适用房				
保障性租赁住房				
共有产权住房				
累计折旧合计				
公租房				
经济适用房				
保障性租赁住房				
共有产权住房				
净值合计		—	—	
公租房		—	—	
经济适用房		—	—	
保障性租赁住房		—	—	
共有产权住房		—	—	

注：保障性住房净值合计小于 1 万元的，需在此处说明原因及情况。

(12) PPP 项目资产明细信息如下:

附表 12　　　　　　　PPP 项目资产净值明细表　　　　　　单位：万元

主体	年初数	本年增加	本年减少	年末数
部门 1				
部门 2				
部门 3				
……				
合计				

(13) 应付及预收款项明细信息如下：

附表 13　　　　　应付及预收款项明细表　　　　　单位：万元

主体	年初数	年末数
财政		
政府部门		
部门 1		
部门 2		
……		
其他		
合计		

注：1. 本表中的"财政"是指承担核算财政预算资金等职能的政府财政部门；"政府部门"是指纳入本级政府综合财务报告合并范围的部门；"其他"是指土地储备资金和物资储备资金等资金主体。
　　2. 本表反映被合并主体抵销后的应付及预收款项金额。

(14) 一年内到期的非流动负债明细信息如下：

附表 14　　　　　一年内到期的非流动负债明细表　　　　　单位：万元

主体	年初数	年末数
财政		
其中：应付长期政府债券（1 年内到期）		
应付地方政府债券转贷款（1 年内到期）		
应付主权外债转贷款（1 年内到期）		
政府部门		
合计		

注：本表中的"财政"是指承担核算财政预算资金等职能的政府财政部门；"政府部门"是指纳入本级政府综合财务报告合并范围的部门。

(15) 应付长期政府债券明细信息如下：

附表 15-1　　　　　应付长期政府债券明细表　　　　　单位：万元

种类	年初数	年末数
国债		
地方政府一般债券		
地方政府专项债券		
合计		

注：本表按照长期政府债券种类列示明细。

附表 15-2　　　　　应付长期政府债券明细表　　　　　单位：万元

到期期限	年初数	年末数
1～3 年（不含 1 年）		
3～5 年（不含 3 年）		
5 年以上（不含 5 年）		
合计		

注：本表按照长期政府债券到期期限列示明细。

（16）应付转贷款明细信息如下：

附表 16-1　　　　　　　　**应付转贷款明细表**　　　　　　单位：万元

种类	年初数	年末数
应付地方政府债券转贷款		
其中：地方政府一般债券		
地方政府专项债券		
应付主权外债转贷款		
合计		

注：1. 本表按照应付转贷款种类列示明细。
　　2. 本表仅列示本金金额。

附表 16-2　　　　　　　　**应付转贷款明细表**　　　　　　单位：万元

到期期限	年初数	年末数
1～3年（不含1年）		
3～5年（不含3年）		
5年以上（不含5年）		
合计		

注：本表按照应付转贷款到期期限列示。

(17) 长期借款明细信息如下：

附表 17-1　　　　　　　　长期借款明细表　　　　　　　单位：万元

债务人	年初数	年末数
财政		
政府部门		
部门 1		
部门 2		
……		
其他		
合计		

注：1. 本表按照债务人列示明细，并按长期借款年末数从大到小排列。
　　2. 本表中的"财政"是指承担核算财政预算资金等职能的政府财政部门；"政府部门"是指纳入本级政府综合财务报告合并范围的部门；"其他"是指土地储备资金和物资储备资金等资金主体。

附表 17-2　　　　　　　　长期借款明细表　　　　　　　单位：万元

债权人	年初数	年末数
机构 1		
机构 2		
机构 3		
……		
其他机构		
合计		

注：1. 本表按照债权人列示明细，并按长期借款年末数从大到小排列。
　　2. 本表债权人原则上列示前 50 家，超过部分合并填入其他机构。

附表 17-3　　　　　　　　长期借款明细表　　　　　　　单位：万元

到期期限	年初数	年末数
1~3 年（不含 1 年）		
3~5 年（不含 3 年）		
5 年以上（不含 5 年）		
合计		

注：本表按照长期借款到期期限列示明细。

(18) 政府间转移性收入明细信息如下：

附表 18　　政府间转移性收入明细表　　　　单位：万元

来源	上年数	本年数
上级政府财政		
下级政府财政		
地区 1		
地区 2		
……		
其他		
合计		

注：本表按照政府间转移性收入来源主体列示明细。

(19) 政府间转移性支出明细信息如下：

附表 19　　政府间转移性支出明细表　　　　单位：万元

对象	上年数	本年数
上级政府财政		
下级政府财政		
地区 1		
地区 2		
……		
其他		
合计		

注：本表按照政府间转移性支出对象列示明细。

6. 需要说明的其他事项

（1）本级政府社保基金情况。可采用文字及表格结合的方式进行说明，表样如下：

××年度社保基金情况表　　　　　　　　　　单位：万元

社保基金种类	上年累计结余	本年收入	本年支出	本年累计结余
企业职工基本养老保险				
机关事业单位基本养老保险				
……				
合计				

注：本级政府社保基金专户资金余额（年末存款余额）为××万元。

（2）资产负债表日后重大事项。

（3）政府部门管理的公共基础设施、文物文化资产、保障性住房、自然资源资产等重要资产的种类和实物量等相关信息。

（4）在建工程中土地收储项目及面积等情况。

（5）或有事项。披露政府或有事项的事由和金额，如担保事项、未决诉讼或仲裁、承诺（补贴、代偿）、救助等，若无法预计金额应说明理由。

（6）资产负债表项目年初数调整情况。

（7）其他未在会计报表中列示但对政府财务状况有重大影响的事项。

二、政府财政经济分析

（一）政府财务状况分析

1. 资产情况。分析政府资产总额变化情况及原因；重点分析政府资产的构成及分布，对于货币资金、应收及预付款项、长期投资、固定资产、在建工程、公共基础设施、政府储备物资、保障性住房等重要项目，分析各项目比重、变化趋势以及对于政府偿债能力和公共服务能力的影响；其他资产/总资产若高于10%，公共基础设施净值、保障性住房净值较上年增减变动幅度超过20%，需单独分析原因。

2. 负债情况。分析政府负债总额变化情况及原因；重点分析政府负债规模及结构，分析各项目比重以及变化趋势；其他负债/总负债若高于10%，需单独分析原因。

3. 净资产情况。分析政府净资产总额变化情况及原因；净资产总额年末数若为负数，需单独分析原因。

4. 财务状况指标分析。通过政府资产负债率、现金比率、流动比率等指标，分析政府财务风险及可控程度，需要采取的措施等。

（二）政府运行情况分析

1. 收入情况。分析政府收入总额变化情况及原因；重点分析政府收入规模、结构及来源分布、重点收入项目的比重及变化趋势，特别是宏观经济运行、相关行业发展、税收政策、非税收入政策等对政府收入变动的影响；其他收入/总收入若高于10%，需单独分析原因。

2. 费用情况。分析政府费用总额变化情况及原因；重点按照经济分类分析政府费用规模及构成，特别是政府投融资情况对政府费用变动的影响。其他费用/总费用若高于10%，需单独分析原因。

3. 运行情况指标分析。运用政府收入费用率、税收收入比重等指标，分析政府财政财务运行质量和效率。

（三）财政中长期可持续性分析

基于当前政府财政财务状况和运行情况，结合本地区经济形势、重点产业发展趋势、财政体制、财税政策、社会保障政策、通货膨胀率等，全面分析政府未来中长期收入支出变化趋势、预测财政收支缺口等。

三、政府财政财务管理情况

（一）政府预算管理情况

（二）政府资产负债管理情况

（三）政府收支管理情况

附录二 2022年度政府部门财务报告样式

一、政府部门财务报表

（一）政府部门会计报表

表 1　　　　　　　　　　　　**资产负债表**

编制单位：　　　　　　　　　　　年　月　日　　　　　　　　　　单位：万元

项目	附注	年末数	年初数
流动资产：			
货币资金	附表1		
短期投资			
财政应返还额度			
应收票据	附表2		
应收账款净额	附表3		
预付账款	附表4		
应收股利应收利息			
其他应收款净额	附表5		
存货			
待摊费用			
一年内到期的非流动资产其他流动资产			
流动资产合计			
非流动资产：			
长期股权投资	附表6		
长期债券投资	附表6		
固定资产原值			
减：固定资产累计折旧			
固定资产净值	附表7		

续表

项目	附注	年末数	年初数
工程物资			
在建工程	附表 8		
无形资产原值			
减：无形资产累计摊销			
无形资产净值	附表 9		
研发支出			
公共基础设施原值			
减：公共基础设施累计折旧（摊销）			
公共基础设施净值	附表 10		
政府储备物资	附表 11		
文物文化资产			
保障性住房原值			
减：保障性住房累计折旧			
保障性住房净值	附表 12		
PPP 项目资产			
减：PPP 项目资产累计折旧（摊销）			
PPP 项目资产净值	附表 13		
长期待摊费用			
待处理财产损溢			
其他非流动资产			
非流动资产合计			
受托代理资产			
资产总计			
流动负债：			
短期借款			
应交增值税			
其他应交税费			

续表

项目	附注	年末数	年初数
应缴财政款			
应付职工薪酬			
应付票据	附表 14		
应付账款	附表 15		
应付政府补贴款			
应付利息			
预收账款	附表 16		
其他应付款	附表 17		
预提费用			
一年内到期的非流动负债			
其他流动负债			
流动负债合计			
非流动负债：			
长期借款	附表 18		
长期应付款	附表 19		
预计负债			
其他非流动负债			
非流动负债合计			
受托代理负债			
负债合计			
净资产：			
累计盈余			
专用基金			
权益法调整			
PPP 项目净资产			
净资产合计			
负债及净资产总计			

表 2-1　　　　　　　　　　　　收入费用表（1）

编制单位：　　　　　　　　　　　年　　　　　　　　　　　　　　单位：万元

项目	附注	本年数	上年数
财政拨款收入			
事业收入	附表20		
上级补助收入			
附属单位上缴收入			
经营收入	附表21		
非同级财政拨款收入	附表22		
投资收益	附表6		
捐赠收入			
利息收入			
租金收入	附表23		
其他收入	附表24		
收入合计			
业务活动费用	附表25		
单位管理费用	附表26		
经营费用	附表27		
资产处置费用			
上缴上级费用			
对附属单位补助费用			
所得税费用			
其他费用			
费用合计			
本年盈余			

表 2-2　　　　　　　　　　　　收入费用表（2）

编制单位：　　　　　　　　　　　　年　　　　　　　　　　　　单位：万元

项目	附注	本年数	上年数
财政拨款收入			
事业收入	附表 20		
上级补助收入			
附属单位上缴收入			
经营收入	附表 21		
非同级财政拨款收入	附表 22		
投资收益	附表 6		
捐赠收入			
利息收入			
租金收入	附表 23		
其他收入	附表 24		
收入合计			
工资福利费用			
商品和服务费用	附表 28		
对个人和家庭的补助费用			
对企业补助费用			
固定资产折旧费用			
无形资产摊销费用			
公共基础设施折旧（摊销）费用			
保障性住房折旧费用			
计提专用基金			
资产处置费用			
上缴上级费用			
对附属单位补助费用			
所得税费用			
其他费用*	附表 29		
费用合计			
本年盈余			

注：*表 2-2 的"其他费用"包括"业务活动费用""单位管理费用""经营费用"等会计科目中的其他部分。

（二）政府部门会计报表附注

1. 会计报表编制基础（略）

2. 遵循相关制度规定的声明（略）

3. 合并范围（略）

4. 重要会计政策与会计估计变更情况（略）

5. 会计报表重要项目的明细信息及说明

(1) 货币资金明细信息如下：

附表1　　　　　　　　　　　货币资金明细表　　　　　　　　　　　单位：万元

项目	年末数	年初数
库存现金		
银行存款		
其他货币资金		
合计		

(2) 应收票据明细信息如下：

附表2　　　　　　　　　　　应收票据明细表　　　　　　　　　　　单位：万元

债务人	年末数
应收本部门内部单位	
单位1	
单位2	
……	
应收本部门以外的同级政府单位	
单位1	
单位2	
……	
应收本部门以外的非同级政府单位	
单位1	
单位2	
……	
应收其他单位	
合计	

(3) 应收账款净额明细信息如下：

附表3　　　　　　　　　　　**应收账款净额明细表**　　　　　　　　单位：万元

债务人	应收账款原值 年末数	减：坏账准备 当期补提年末数或冲减数	应收账款净值 年末数
应收本部门内部单位			
单位1			
单位2			
……			
应收本部门以外的同级政府单位			
单位1			
单位2			
……			
应收本部门以外的非同级政府单位			
单位1			
单位2			
……			
应收其他单位			
合计			

注：当期坏账准备冲减数以"－"号填列。

(4) 预付账款明细信息如下:

附表 4　　　　　　　　　预付账款明细表　　　　　　　　　单位: 万元

债务人	年末数
预付本部门内部单位	
单位 1	
单位 2	
……	
预付本部门以外的同级政府单位	
单位 1	
单位 2	
……	
预付本部门以外的非同级政府单位	
单位 1	
单位 2	
……	
预付其他单位	
合计	

（5）其他应收款净额明细信息如下：

附表 5　　　　　　　　**其他应收款净额明细表**　　　　　　　单位：万元

债务人	其他应收款原值 年末数	减：坏账准备 当期补提年末数或冲减数	其他应收款净值 年末数
应收本部门内部单位			
单位1			
单位2			
……			
应收本部门以外的同级政府单位			
单位1			
单位2			
……			
应收本部门以外非同级政府单位			
单位1			
单位2			
……			
应收同级财政			
应收其他单位			
合计			

注：当期坏账准备冲减数以"－"号填列。

（6）长期投资及投资收益明细信息如下：

附表6　　　　　　　长期投资及投资收益明细表　　　　　　单位：万元

投资对象	长期投资						投资收益	
	年初数	追加投资	减少投资	权益法下确认的投资收益	其他变动	年末数	本年数	上年数
股权投资								
对企业股权投资								
权益法								
企业1								
企业2								
……								
成本法								
企业1				—				
企业2				—				
……				—				
对投资基金股权投资								
权益法								
投资基金1								
投资基金2								
……								
成本法								
投资基金1				—				
投资基金2				—				
……				—				
债券投资								
合计								

注：1. 本表中每类投资下分别按照长期投资年末数从大到小排列。
　　2. 长期股权投资核算方法按照年末核算方法反映。
　　3. "权益法下确认的投资收益"项目按照"长期股权投资——损益调整"科目本年发生额净额填列，如为投资净损失以"-"号填列。
　　4. "投资收益"项目按照"投资收益"科目本年发生额净额填列，如为投资净损失以"-"号填列。

（7）固定资产明细信息如下：

附表7　　　　　　　　　　　固定资产明细表　　　　　　　　　　单位：万元

项目	年初数	本年增加	本年减少	年末数
原值合计				
房屋和构筑物				
设备				
文物和陈列品				
图书和档案				
家具和用具				
特种动植物				
累计折旧合计				
房屋和构筑物				
设备				
文物和陈列品	—	—	—	—
图书和档案	—	—	—	—
家具和用具				
特种动植物	—	—	—	—
净值合计		—	—	
房屋和构筑物				
设备				
文物和陈列品		—	—	
图书和档案		—	—	
家具和用具				
特种动植物		—	—	

（8）在建工程明细信息如下：

附表8　　　　　　　　　　　在建工程明细表　　　　　　　　　　单位：万元

项目	年初数	本年增加	本年减少	年末数
项目1				
项目2				
……				
其他项目				
合计				

注：本表原则上按照项目金额从大到小列示前20项，其余部分合并填入其他项目。

(9) 无形资产明细信息如下:

附表9　　　　　　　　　　无形资产明细表　　　　　　　　　单位:万元

项目	年初数	本年增加	本年减少	年末数
原值合计				
专利权				
非专利技术著作权				
资源资质商标权				
信息数据				
其他				
累计摊销合计				
专利权				
非专利技术著作权				
资源资质商标权				
信息数据				
其他				
净值合计		—	—	
专利权		—	—	
非专利技术				
著作权				
资源资质				
商标权				
信息数据				
其他		—	—	

（10）公共基础设施明细信息如下：

附表 10 – 1　　　　　　　　公共基础设施明细表（原值）　　　　　　单位：万元

项目	年初数	本年增加	本年减少	年末数
市政基础设施				
交通设施				
供排水设施				
能源设施				
环卫设施				
园林绿化设施				
综合类设施				
信息通信设施				
其他市政设施				
交通基础设施				
公路				
汽车客运站				
铁路				
机场				
航道				
沿海航海保障设施				
港口				
轮渡				
水利基础设施				
防洪（潮）工程				
治涝工程				
灌溉工程				
引调水工程				
农村供水工程				
水力发电工程				
水土保持工程				
水库工程				
水文基础设施				
其他公共基础设施				
原值合计				

附表 10-2　　公共基础设施明细表（累计折旧/摊销）　　　单位：万元

项目	年初数	本年增加	本年减少	年末数
市政基础设施				
交通设施				
供排水设施				
能源设施				
环卫设施				
园林绿化设施				
综合类设施				
信息通信设施				
其他市政设施				
交通基础设施				
公路				
汽车客运站				
铁路				
机场				
航道				
沿海航海保障设施				
港口				
轮渡				
水利基础设施				
防洪（潮）工程				
治涝工程				
灌溉工程				
引调水工程				
农村供水工程				
水力发电工程				
水土保持工程				
水库工程				
水文基础设施				
其他公共基础设施				
累计折旧（摊销）合计				

附表10-3　　　　　　　　公共基础设施明细表（净值）　　　　　　　单位：万元

项目	年初数	本年增加	本年减少	年末数
市政基础设施		—	—	
交通设施		—	—	
供排水设施		—	—	
能源设施		—	—	
环卫设施		—	—	
园林绿化设施		—	—	
综合类设施		—	—	
信息通信设施		—	—	
其他市政设施		—	—	
交通基础设施		—	—	
公路		—	—	
汽车客运站		—	—	
铁路		—	—	
机场		—	—	
航道		—	—	
沿海航海保障设施		—	—	
港口		—	—	
轮渡		—	—	
水利基础设施		—	—	
防洪（潮）工程		—	—	
治涝工程		—	—	
灌溉工程		—	—	
引调水工程		—	—	
农村供水工程		—	—	
水力发电工程		—	—	
水土保持工程		—	—	
水库工程		—	—	
水文基础设施		—	—	
其他公共基础设施		—	—	
净值合计		—	—	

(11) 政府储备物资明细信息如下：

附表 11　　　　　　　　政府储备物资明细表　　　　　　　单位：万元

项目	年初数	本年增加	本年减少	年末数
粮食等农产品和农资储备				
其中：粮食				
棉花				
食糖				
肉类				
能源储备				
矿产品原材料储备				
应急专用物资储备				
其中：应急抢险救灾				
物资医药				
合计				

(12) 保障性住房明细信息如下：

附表 12　　　　　　　　保障性住房明细表　　　　　　　　单位：万元

项目	年初数	本年增加	本年减少	年末数
原值合计				
公租房				
经济适用房				
保障性租赁住房				
共有产权住房				
累计折旧合计				
公租房				
经济适用房				
保障性租赁住房				
共有产权住房				
净值合计		—	—	
公租房		—	—	
经济适用房		—	—	
保障性租赁住房		—	—	
共有产权住房		—	—	

（13）PPP 项目资产明细表如下：

附表 13   PPP 项目资产明细表   单位：万元

项目	年初数	本年增加	本年减少	年末数
PPP 项目资产合计				
项目 1				
项目 2				
项目 3				
……				
累计折旧（摊销）合计				
项目 1				
项目 2				
项目 3				
……				
净值合计		—	—	
项目 1		—	—	
项目 2		—	—	
项目 3		—	—	
……		—	—	

注：本表按照具体项目进行列示。

（14）应付票据明细信息如下：

附表 14   应付票据明细表   单位：万元

债权人	年末数
应付本部门内部单位	
单位 1	
单位 2	
……	
应付本部门以外的同级政府单位	
单位 1	
单位 2	
……	
应付本部门以外的非同级政府单位	
单位 1	
单位 2	
……	
应付其他单位	
合计	

(15) 应付账款明细信息如下：

附表 15　　　　　　　　　应付账款明细表　　　　　　　　单位：万元

债权人	年末数
应付本部门内部单位	
单位 1	
单位 2	
……	
应付本部门以外的同级政府单位	
单位 1	
单位 2	
……	
应付本部门以外的非同级政府单位	
单位 1	
单位 2	
……	
应付其他单位	
合计	

(16) 预收账款明细信息如下：

附表 16　　　　　　　　　预收账款明细表　　　　　　　　单位：万元

债权人	年末数
预收本部门内部单位	
单位 1	
单位 2	
……	
预收本部门以外的同级政府单位	
单位 1	
单位 2	
……	
预收本部门以外的非同级政府单位	
单位 1	
单位 2	
……	
预收其他单位	
合计	

（17）其他应付款明细信息如下：

附表 17　　　　　　　　　其他应付款明细表　　　　　　单位：万元

债权人	年末数
应付本部门内部单位	
单位 1	
单位 2	
……	
应付本部门以外的同级政府单位	
单位 1	
单位 2	
……	
应付本部门以外的非同级政府单位	
单位 1	
单位 2	
……	
应付同级财政	
应付其他单位	
合计	

注："应付同级财政"主要包括预拨经费、向同级财政部门借入的款项。

(18) 长期借款明细信息如下：

附表 18-1　　　　　　　　长期借款明细表　　　　　　　　单位：万元

债权人	年末数	年初数
机构 1		
机构 2		
机构 3		
……		
合计		

注：本表按照债权人列示明细，并按长期借款年末数从大到小排列。

附表 18-2　　　　　　　　长期借款明细表　　　　　　　　单位：万元

长期借款到期期限	年末数	年初数
1~3 年到期（不含 1 年）		
3~5 年到期（不含 3 年）		
5 年以上到期（不含 5 年）		
合计		

注：本表按照长期借款余额到期期限列示明细。

（19）长期应付款明细信息如下：

附表 19　　　　　　　　　长期应付款明细表　　　　　　　　单位：万元

债权人	年末数
应付本部门内部单位	
单位 1	
单位 2	
……	
应付本部门以外的同级政府单位	
单位 1	
单位 2	
……	
应付本部门以外的非同级政府单位	
单位 1	
单位 2	
……	
应付其他单位	
合计	

(20) 事业收入明细信息如下：

附表 20　　　　　　　　　事业收入明细表　　　　　　　单位：万元

收入来源	本年数
来自财政专户管理资金	
来自本部门内部单位	
单位 1	
单位 2	
……	
来自本部门以外的同级政府单位	
单位 1	
单位 2	
……	
来自本部门以外的非同级政府单位	
单位 1	
单位 2	
……	
来自非同级财政	
** 财政	
……	
来自其他单位	
合计	

(21) 经营收入明细信息如下：

附表 21　　　　　　　经营收入明细表　　　　　　　单位：万元

收入来源	本年数
来自本部门内部单位	
单位 1	
单位 2	
……	
来自本部门以外的同级政府单位	
单位 1	
单位 2	
……	
来自本部门以外的非同级政府单位	
单位 1	
单位 2	
……	
来自其他单位	
合计	

（22）非同级财政拨款收入明细信息如下：

附表 22　　　　　　非同级财政拨款收入明细表　　　　　单位：万元

收入来源	本年数
来自本部门内部单位	
单位 1	
单位 2	
……	
来自本部门以外的同级政府单位	
单位 1	
单位 2	
……	
来自本部门以外的非同级政府单位	
单位 1	
单位 2	
……	
来自非同级财政	
**财政	
……	
合计	

注："来自非同级财政"是指收到其他财政部门的拨款。

(23) 租金收入明细信息如下：

附表 23　　　　　　　　租金收入明细表　　　　　　　　单位：万元

收入来源	本年数
来自本部门内部单位	
单位 1	
单位 2	
……	
来自本部门以外的同级政府单位	
单位 1	
单位 2	
……	
来自本部门以外的非同级政府单位	
单位 1	
单位 2	
……	
来自其他单位	
合计	

（24）其他收入明细信息如下：

附表 24　　　　　　　　　其他收入明细表　　　　　　　　单位：万元

收入来源	本年数
来自本部门内部单位	
单位 1	
单位 2	
……	
来自本部门以外的同级政府单位	
单位 1	
单位 2	
……	
来自本部门以外的非同级政府单位	
单位 1	
单位 2	
……	
来自其他单位	
合计	

（25）业务活动费用明细信息如下：

附表 25　　业务活动费用明细表　　单位：万元

项目	本年数	上年数
工资和福利费用		
商品和服务费用		
对个人和家庭的补助费用		
对企业补助费用		
固定资产折旧费用		
无形资产摊销费用		
公共基础设施折旧（摊销）费用		
保障性住房折旧费用		
计提专用基金		
其他业务活动费用		
合计		

（26）单位管理费用明细信息如下：

附表 26　　单位管理费用明细表　　单位：万元

项目	本年数	上年数
工资和福利费用		
商品和服务费用		
对个人和家庭的补助费用		
固定资产折旧费用		
无形资产摊销费用		
其他单位管理费用		
合计		

(27) 经营费用明细信息如下:

附表 27　　　　　　　　　经营费用明细表　　　　　　　　　单位:万元

项目	本年数	上年数
工资和福利费用		
商品和服务费用		
对个人和家庭的补助费用		
固定资产折旧费用		
无形资产摊销费用		
其他经营费用		
合计		

(28) 商品和服务费用明细信息如下:

附表 28　　　　　　　　商品和服务费用明细表　　　　　　　　单位:万元

项目	本年数			
	合计	业务活动费用	单位管理费用	经营费用
支付给本部门内部单位				
单位1				
单位2				
……				
支付给本部门以外的同级政府单位				
单位1				
单位2				
……				
支付给本部门以外的非同级政府单位				
单位1				
单位2				
……				
支付给其他单位				
合计				

（29）其他费用明细信息如下：

附表 29　　　　　　　　　其他费用明细表　　　　　　　　单位：万元

项目	本年数				
	合计	业务活动费用	单位管理费用	经营费用	其他费用
支付给本部门内部单位					
单位 1					
单位 2					
……					
支付给本部门以外的同级政府单位					
单位 1					
单位 2					
……					
支付给本部门以外的非同级政府单位					
单位 1					
单位 2					
……					
支付给其他单位					
合计					

6. 需要说明的其他事项

（1）重要或有事项说明。逐笔披露政府部门或有事项的事由和金额，如担保事项、未决诉讼或未决仲裁等，若无法预计金额应说明理由。

（2）以名义金额计量的资产名称、数量等情况，以及以名义金额计量理由的说明。

以名义金额计量资产情况表

对象	数量		以名义金额计量的理由
	上年数	本年数	
存货			
固定资产			
土地、房屋和构筑物			
设备			
文物和陈列品			
图书、档案			
家具、用具			
特种动植物			
无形资产			
专利权			
非专利技术			
著作权			
资源资质			
商标权			
信息数据			
其他			
合计			

（3）使用债务资金形成的固定资产、公共基础设施、保障性住房等资产的账面价值、使用情况、收益情况及与此相关的债务偿还情况。

（4）重要资产置换、无偿调入（出）、捐入（出）、报废、重大毁损等情况的说明。

（5）对于政府部门管理的公共基础设施、文物文化资产、保障性住房、自然资源资产等重要资产，披露种类和实物量等相关信息。

（6）PPP项目合同的总体描述、重要条款及报告期间所发生的项目合同变更情况。

（7）《政府会计准则制度解释第4号》中规定的特殊情况抵销事项的报表项目及金额（由一级部门合并主体说明）。

（8）资产负债表项目年初数调整情况。

（9）政府会计具体准则中要求附注披露的其他内容，以及其他未在报表中列示，但对政府部门财务状况有重大影响的事项。

二、政府部门财务分析

（一）政府部门工作目标完成情况（略）

（二）政府部门财务状况分析

1. 分析政府部门资产总额变化情况及原因；分析部门货币资金、长期投资、固定资产、在建工程、公共基础设施、政府储备物资、保障性住房等重要资产项目的结构特点和变化情况；其他资产/总资产若高于10%、货币资金/总资产若高于25%，需单独分析。

2. 分析政府部门负债总额变化情况及原因；结合短期借款、长期借款等重点负债项目的增减变化情况，分析政府部门债务规模和债务结构等；其他负债/总负债若高于10%、应缴财政款若有余额，需单独分析。

3. 运用资产负债率、现金比率、流动比率等指标，分析政府部门财务状况。

（三）政府部门运行情况分析

1. 分析政府部门收入总额变化情况及原因；分析政府部门收入结构及来源分布、重点收入项目的比重和变化趋势，以及经济形势、相关财政政策等对政府部门收入变动的影响等；其他收入/总收入若高于10%，需单独分析。

2. 分析政府部门费用总额变化情况及原因；分析政府部门费用规模、构成及变化情况，特别是政府部门控制行政成本的政策、投融资情况及对费用变动的影响等；其他费用/总费用若高于10%，需单独分析。

3. 运用政府部门的收入费用率等指标，分析政府部门收入与费用的比例情况。

（四）政府部门财务管理情况

从部门预算管理、内控管理、资产管理、绩效管理、人才队伍建设等方面反映部门加强财务管理的主要措施和取得的成效。

附录三　关于政府财务报告质量提升的问卷调查

1. 贵部门（单位）是否组建财务报告编报工作小组，明确编审责任、领导责任、监督责任？［单选题］

选项	小计	比例
A. 是	1020	60.61%
B. 否	663	39.39%
本题有效填写人次	1683	

2. 贵部门（单位）财务报告编报人员的专业能力是否胜任？［单选题］

选项	小计	比例
A. 胜任	969	57.58%
B. 需培训后胜任	561	33.33%
C. 无法胜任	153	9.09%
本题有效填写人次	1683	

3. 贵部门（单位）在开展对纳入合并抵销的债权债务及收入费用对账时，存在的问题有哪些？［多选题］

选项	小计	比例
A. 会计政策不一致导致双方科目不对应	816	48.48%
B. 会计政策不一致导致双方金额不一致	714	42.42%
C. 双方入账时点不一致导致金额差异	765	45.45%
D. 账务核算未设置往来对象导致无法对账	612	36.36%
E. 对账对象全部计入其他单位导致对账遗漏	510	30.3%
F. 无	408	24.24%
本题有效填写人次	1683	

4. 贵部门（单位）编制财务报告时资产报告和财务报告数据一致性的情况如何？[多选题]

选项	小计	比例
A. 一致	1020	60.61%
B. 存在金额不一致的情况	510	30.3%
C. 存在资产分类不一致的情况	255	15.15%
D. 存在折旧计提额不一致的情况	408	24.24%
E. 存在资产范围不一致的情况	204	12.12%
本题有效填写人次	1683	

5. 贵部门（单位）审核本部门（单位）及下属单位的财务报告发现的问题类型有哪些？[多选题]

选项	小计	比例
A. 账簿数据取数错误	561	33.33%
B. 对账抵销不充分	612	36.36%
C. 财务报告编制方法错误	306	18.18%
D. 报告内容不完整	561	33.33%
E. 报告格式不规范	357	21.21%
F. 重要资产、往来、收入费用项目列报错误	510	30.3%
G. 财务分析不准确或财务分析过于简单	816	48.48%
H. 无	408	24.24%
本题有效填写人次	1683	

6. 您对贵部门（单位）目前的财务报告质量是否满意？[单选题]

选项	小计	比例
A. 很满意	459	27.27%
B. 满意	459	27.27%
C. 一般	663	39.39%
D. 不满意	102	6.06%
本题有效填写人次	1683	

7. 您认为新的政府会计准则制度及其相关解释或者应用指南的出台，有利于提升贵部门（单位）的财务报告质量吗？［单选题］

选项	小计	比例
A. 是	1530	90.91%
B. 否	153	9.09%
本题有效填写人次	1683	

8. 除了政府会计准则制度之外，您认为下面哪些制度也会影响贵部门（单位）政府财务报告的编制质量？［多选题］

选项	小计	比例
A. 政府财务报告审计制度	1173	69.7%
B. 政府财务报告公开制度	969	57.58%
C. 政府成本会计制度	714	42.42%
D. 财政总预算会计制度	816	48.48%
本题有效填写人次	1683	

9. 您认为信息系统（如会计核算系统、财务报告编制系统）影响贵部门（单位）财务报告的编报质量吗？［单选题］

选项	小计	比例
A. 影响	1326	78.79%
B. 不影响	357	21.21%
本题有效填写人次	1683	

10. 您认为对贵部门（单位）的财务报告执行内部审计工作是否有利于提升政府财务报告质量？［单选题］

选项	小计	比例
A. 是	1581	93.94%
B. 否	102	6.06%
本题有效填写人次	1683	

11. 从组织管理及监督的角度看，您认为下面哪些部门机关的参与对贵部门（单位）提升政府财务报告质量有积极影响？[多选题]

选项	小计	比例
A. 财政部门	1479	87.88%
B. 审计部门	1275	75.76%
C. 纪检监察部门	663	39.39%
D. 本级人大	459	27.27%
本题有效填写人次	1683	

12. 贵部门（单位）的政府会计核算影响财务报告质量的常见问题有哪些？[多选题]

选项	小计	比例
A. 会计科目设置不规范	561	33.33%
B. 资产核算不及时	918	54.55%
C. 往来款项长期挂账	1020	60.61%
D. 原始凭证不齐全	306	18.18%
E. 未完全按权责发生制确认收入和费用	765	45.45%
F. 无	255	15.15%
本题有效填写人次	1683	

13. 您认为成本核算基本指引及相关行业（如公立医院、高等学校、科研事业单位等）的成本核算具体指引的出台，有利于提升贵部门（单位）的财务报告质量吗？[单选题]

选项	小计	比例
A. 是	1479	87.88%
B. 否	204	12.12%
本题有效填写人次	1683	

14. 在推行政府成本会计的过程中，您认为主要的难点有哪些？[多选题]

选项	小计	比例
A. 特殊资产成本难计量	1173	69.7%
B. 核算成本范围不清晰	969	57.58%
C. 成本归集边界不明确	1122	66.67%
D. 难以准确匹配成本分配的对象	1326	78.79%
E. 缺少配套的成本会计信息系统	1173	69.7%
本题有效填写人次	1683	

15. 除了现行的《政府财务报告审计办法（试行）》以外，您认为是否急需国家有关部门（如审计署）出台财务报告审计的具体实施细则、操作指南等规定以提升财务报告质量？［单选题］

选项	小计	比例
A. 是	1632	96.97%
B. 否	51	3.03%
本题有效填写人次	1683	

16. 您认为加强内部控制建设是否有利于提升贵部门（单位）的财务报告质量？［单选题］

选项	小计	比例
A. 是	1632	96.97%
B. 否	51	3.03%
本题有效填写人次	1683	

17. 从内控的角度考虑，您认为下面哪些因素会影响贵部门（单位）政府财务报告的质量？［多选题］

选项	小计	比例
A. 内控体系不健全	1428	84.85%
B. 不重视风险评估	1122	66.67%
C. 内控评价走形式	1224	72.73%
D. 管理制度不完善	1224	72.73%

续表

选项	小计	比例
E. 内控职责不清晰	1173	69.7%
本题有效填写人次	1683	

18. 您认为加强预算绩效管理是否有利于提升贵部门（单位）的财务报告质量？[单选题]

选项	小计	比例
A. 是	1530	90.91%
B. 否	153	9.09%
本题有效填写人次	1683	

19. 从绩效管理的角度考虑，您认为下面哪些环节需要高质量财务数据的支撑？[多选题]

选项	小计	比例
A. 申报绩效目标	1224	72.73%
B. 设置绩效指标	1224	72.73%
C. 开展绩效评价	1122	66.67%
D. 评价结果应用	1020	60.61%
E. 制定绩效管理制度	663	39.39%
本题有效填写人次	1683	

20. 您认为政府财务报告质量对数字政府建设的作用主要体现在哪些方面？[多选题]

选项	小计	比例
A. 数据来源	1479	87.88%
B. 质量保证	1071	63.64%
C. 分析支持	1173	69.7%
D. 决策参考	1275	75.76%
E. 其他	0	0%
本题有效填写人次	1683	

参考文献

[1] 张琦,鲁睿晗,孙旭鹏.政府财务报告审计重点研究——基于与预算执行审计衔接的视角[J].审计研究,2022(04):20-30.

[2] 马蔡琛,赵笛.基于政府财务报告制度的预算绩效管理改革[J].河北学刊,2022,42(04):146-153.

[3] 黄志雄,杨沁丫,毛宣颖.深化政府财务报告体系改革的实践与思考——基于土地储备出让预算管理的启示[J].财政科学,2022(03):61-71.

[4] 财政部国库司政府财务报告处.我国政府财务报告制度改革行稳致远[N].中国财经报,2021-09-16(007).

[5] 李宗彦,何子信.跨学科视角下政府资产负债表编制研究——概念比较及协调策略[J].财政研究,2021(07):114-129.

[6] 周曙光,陈志斌.国家治理视域下政府财务报告审计的机制构建[J].会计与经济研究,2019,33(06):19-30.

[7] 石建辉.加快推进政府会计改革 夯实国家治理的财会基础[N].中国会计报,2019-11-15(002).

[8] 王美玲,姜竹.基于利益相关者多方博弈的政府财务报告审计体系优化研究[J].审计研究,2019(05):41-48.

[9] 王晨明,林常青,万寿琼,周欣.《政府会计制度》解读[M].新华出版社,2018.

[10] 黄志雄.政府综合财务报告编制问题与对策研究——基于事权划分与支出责任匹配的探讨[J].中央财经大学学报,2018(03):11-20.

[11] 刘冠亚.我国政府财务报告审计制度研究[D].中国财政科学研究院,2018.

[12] 李宗彦,郝书辰.财政治理视角下的政府财务报告改革——英国的经

验与启示 [J]. 财政研究, 2017 (09): 27-39.

[13] 田五星, 李建发, 张国清. 国家善治导向的政府综合财务报告改革——印尼的经验与借鉴 [J]. 厦门大学学报 (哲学社会科学版), 2017 (03): 57-66.

[14] 姜宏青, 李科辰. 我国政府财务报告分析体系构建研究 [J]. 会计与经济研究, 2017, 31 (03): 18-31.

[15] 骆平原. 中国政府财务报告制度研究 [D]. 中央财经大学, 2017.

[16] 王晨明, 江航翔. 政府综合财务报告制度改革: 机制 创新 突破 [N]. 金融时报, 2017-02-20 (009).

[17] 黄志雄. 政府综合财务报告试编阶段问题研究 [J]. 财政研究, 2017 (02): 38-50.

[18] 艾贞言, 廖添土. 政府财务报告研究进展和述评 [J]. 首都经济贸易大学学报, 2017, 19 (01): 104-112.

[19] 潘琰, 蔡高锐. 完善与发展我国政府财务报告体系的思考——基于政府财务报告与GFS、SNA比较的新视角 [J]. 财政研究, 2016 (06): 66-77.

[20] 王建英, 王彦. 政府综合财务报告应用体系的思考 [J]. 财务与会计, 2016 (11): 28-29.

[21] 常丽. 政府财务报告内部控制研究——基于权责发生制改革的视角 [J]. 会计研究, 2016 (03): 15-20, 95.

[22] 财政部国库司有关负责人就印发《政府财务报告编制办法 (试行)》等三项制度答记者问 [J]. 财务与会计, 2016 (01): 6-8.

[23] 建立健全政府会计标准体系 夯实政府财务报告编制基础——财政部有关负责人就制定《政府会计准则——基本准则》有关问题答记者问 [J]. 财务与会计, 2015 (23): 13-16.

[24] 建立健全政府会计标准体系 夯实政府财务报告编制基础 [N]. 中国会计报, 2015-11-06 (004).

[25] 许云霄. 地方政府财务报告的内容、制度及发展 [J]. 东岳论丛, 2015 (10): 112-116.

[26] 李建发, 张国清. 国家治理情境下政府财务报告制度改革问题研究 [J]. 会计研究, 2015 (06): 8-17, 96.

[27] 齐守印, 苑雪芳. 关于我国建立政府财务报告制度若干问题的理论思考 [J]. 财政研究, 2015 (03): 58-64.

[28] 常丽. 公共绩效管理框架下的政府财务绩效报告体系构建研究 [J]. 会计研究, 2013 (08): 10-16, 96.

[29] 赵西卜. 政府会计建设研究 [M]. 中国人民大学出版社: 财会文库, 2012 (06): 355.

[30] 赵爱玲, 张婧玲. 构建适应我国公共财政的政府财务报告体系研究 [J]. 甘肃社会科学, 2011 (02): 195-198.

[31] 路军伟, 李建发. 政府财务报告模式的反思与重构——基于"价值法"与"事项法"比较的视角 [J]. 厦门大学学报（哲学社会科学版）, 2010 (06): 28-34.

[32] 李昊, 迟国泰. 财政透明: 政府财务报告的使命 [J]. 求索, 2010 (10): 52-53, 147.

[33] 赵合云, 陈纪瑜. 绩效评价导向下政府财务报告系统的优化与扩展——一个系统论的研究视角 [J]. 当代财经, 2010 (08): 122-128.

[34] 余应敏, 王曼虹. 基于财政透明度视角的政府财务报告初探 [J]. 中央财经大学学报, 2010 (01): 1-6.

[35] 刘笑霞. 国外政府财务报告的发展及其启示 [J]. 经济问题探索, 2008 (10): 155-160.

[36] 赵合云, 陈纪瑜. 公共财务受托责任、绩效评价与政府财务报告改革 [J]. 财经理论与实践, 2008 (05): 84-87.

[37] 常丽. 政府财务报告主体的重整——基于财政透明度的视角 [J]. 财经问题研究, 2008 (06): 85-89.

[38] 常丽. 新公共治理、政府绩效评价与我国政府财务报告的改进 [J]. 会计研究, 2008 (04): 19-24, 93.

[39] 张琦. 公共受托责任、政府会计边界与政府财务报告的理论定位 [J]. 会计研究, 2007 (12): 29-34, 96.

[40] 王庆东, 常丽. 政府财务报告改革导向及其实现机制探索 [J]. 会计研究, 2007 (03): 88-90.

[41] 刘笑霞. 论我国政府财务报告制度的构建——基于财政透明度的考察 [J]. 当代财经, 2007 (02): 20-28.

[42] 石英华. 发达国家政府财务信息披露对中国的借鉴与启示 [J]. 财贸经济, 2006 (11): 57-59, 97.

［43］夏维朝．争当政府会计改革先锋、提升财政绩效管理水平——深圳市政府会计准则制度实施纪事［J］．深圳市会计协会．《深圳会计四十年》，中国财政经济出版社，2020．

后 记

根据国家建立权责发生制政府综合财务报告制度的重大改革任务部署，财政部2014年发布了《权责发生制政府综合财务报告制度改革方案》，明确了改革的总体目标、主要任务、具体内容及配套措施，确定了改革的时间表和路线图，标志着此项改革正式启动。在财政部的组织领导下，政府财务报告改革行稳致远，制度建设不断完善，试点范围不断扩大，试点工作卓有成效。但同时，改革仍然面临着很多难啃的硬骨头，总结分析试点工作的问题对完善政府财务报告工作，提高政府财务报告质量具有重大意义。

适逢深圳市社会科学联合会组织申报"深圳市哲学社会科学规划2022年度课题"，深圳市会计协会组织深圳会计领域的部分专家成立课题小组，针对上述问题，申报了专项课题《政府财务报告质量提升研究》。2022年7月，深圳市社会科学联合会组织专家评审，批准该课题立项，立项课题编号为SZ2022B046。课题组负责人为成放晴、苏洋，课题组其他成员包括王芳、王继中、张顺和、王政力、杜伟、赵成燕、柳木华、李丽虹、蒋燕、李莉、谢丹丹、黄越、黄珈珈、张凯文、周笑波。

课题组按照《深圳市哲学社会科学规划课题管理办法（暂行）》要求，组织专家开展调研，认真梳理了影响财务报告编制质量的主要因素，主要包括组织管理因素、政府会计核算因素、成本会计推行因素、财务报告审计公开因素、内控管理因素、预算绩效管理因素以及数字化转型的影响等。每一项因素对财务报告质量的影响都有自己独特的作用机制，课题组在进行深入分析后，也提出了针对每项因素改进财务报告质量的对策建议，以期为各级单位落实权责发生制政府财务报告制度改革、编制高质量政府财务报告贡献绵薄之力。

2022年12月完成课题初稿，2023年2月完成课题终稿，2023年3月1日将完成的课题编辑成专著，由中国财政经济出版社出版，并注明深圳市哲学社会科学规划课题成果之一。

  本专著的编写得到了财政部国库司、会计司，深圳市社会科学联合会，深圳市财政局，深圳市社会组织管理局领导的悉心指导和大力支持，在此表示衷心的感谢！

  本专著由成放晴、苏洋主编，王芳、王继中、张顺和为副主编，王政力、杜伟、赵成燕、柳木华、李丽虹、蒋燕、李莉、谢丹丹、黄越、黄珈珈、张凯文、周笑波等同志参加了编写工作，成旱雨、黄楚娟参加了专著编辑工作。同时感谢区锦英、陈红霞、尹西丽、卢艳芳、杨凯熙、黄媛、沈伟璇对本专著的支持。由于成书时间仓促，错漏之处在所难免，恳请各位专家学者和读者提出宝贵意见。

成放晴　苏洋

2023 年 2 月